『철학』 제89집의 별책

차이와 갈등에 대한 철학적 성찰

한국철학회 편

『철학』 제89집의 별책

차이와 갈등에 대한 철학적 성찰

한국철학회 편

철학과현실사

머리말

이 태 수

한국철학회 회장

　과거 오랫동안 우리의 정서는 차이를 불편하게 여기는 방향
으로 훈련되었습니다. 그러나 이제 차이 자체를 귀한 것으로
생각해야 할 때가 왔습니다. 많은 사람들이 '다양화', '다원화'
가 우리 사회의 발전방향을 특징짓는 키워드라고 진단합니다.
두말할 필요 없이 다양화, 다원화는 차이를 긍정적으로 수용하
는 자세를 전제로 할 때 가능해지는 것입니다.

　그런데, 차이를 긍정적으로 수용한다는 것이 말처럼 쉬운 일
은 아닙니다. 다양화와 다원화는 저절로 대세가 되어 시간이
지나가면 그냥 도래하는 것이 아닙니다. 정말 바람직한 미래의
모습이 우리의 비상한 노력이 없이 거저 실현되는 법은 없습니
다. 우리가 스스로를 추스르려는 노력을 게을리하면, 그동안 강

압적인 전제에 굴종하고 다수의 힘에 순응하면서 우리가 무의식중에 우리 내부에 형성해 왔던 타성이 다시 우리들의 마음을 지배하게 됩니다. 그런 타성은 인간으로 하여금 자신에게 친숙하지 않은 것을 거북하게 여기고 피하게 할 것이며 드디어는 싫어하는 마음을 키워 증오로 증폭시키기까지 할 수 있습니다. 그런 타성의 동조가 과거 인간의 삶을 강압적으로 획일화하려는 폭정을 가능하게 했던 것입니다.

사회의 구성원이 타자를 향해 열린 관용의 마음을 닦아야 차이를 귀하게 여기고 다양화, 다원화된 사회의 장점을 누릴 수 있습니다. 그러나 심성의 수련만이 전부는 아닙니다. 차이를 긍정적으로 수용하고 서로 다른 것들이 평화롭게 공존할 수 있다면 그것도 참으로 대단한 일입니다. 그러나 차이에 대하여 우리는 그렇게 편하게만 생각할 수 없는 것이 진실입니다. 차이는 갈등을 빚을 수 있습니다. 물론 안 일어나도 좋을 공연한 갈등이 많을 것입니다. 하지만 피할 수 없는 갈등도 있다는 사실을 부인할 수는 없습니다. 차이의 심각성을 너무 가벼이 여기고 입으로만 관용의 마음 설교할 때 그것은 차라리 공허한 췌언이 될 수 있습니다. 말만의 관용은 조그만 이해 때문에 생겨나는 갈등에도 아무 효력을 발휘하지 못하고 사그라질 수 있습니다.

차이를 인정하는 것에서 더 앞으로 나아가 차이가 빚어내는 갈등을 적극적으로 처리할 수 있을 때 진정한 의미의 다양화와 다원화가 성취됩니다. 갈등을 극복하고 조화를 이루어낼 때 다양화와 다원화의 진정한 가치가 실현됩니다. 그럴 때 우리는 지금까지 있어 왔던 다양한 것에 더해 또 하나의 귀한 새로운 것을 얻기도 합니다. 두 개의 서로 다른 세계관, 인생관과 가치관이 평화롭게 공존하는 것도 좋지만, 그것들이 서로 모른 체하고 지내기보다는 서로 생산적인 갈등을 하고 스스로를 발전시키고 또 새로운 세계관, 인생관, 가치관을 잉태시키기도 하는 것이 곧 인류문명의 발달인 것입니다.

여기에 모은 글은 차이에 대한 관용적 심성을 주제로 한 덕담의 수준을 넘어서는 것입니다. 냉철한 철학자의 머리로 무엇이 진정한 차이인지 꿰뚫어보면서 나아가 그 차이가 빚어내는 갈등의 정체를 좀더 명확하게 파악하고 그 갈등을 생산적 갈등으로 만들어 결국은 극복과 조화의 길을 열어 보이고자 하는 것이 이 글모음의 진정한 목표입니다. 그런 목표를 달성하고자 모은 글들이지만 그 글들 사이에도 또 차이와 갈등이 있을 수 있습니다. 그렇지만 이 글모음이 동시에 극복의 가능성에 대한 진지한 탐구를 촉진할 수 있는 생산적인 내용을 담고 있으리라고 믿습니다.

차 례

머리말 _ 이태수 / 5

서양철학에서 본 차이와 갈등

　모순과 달리, 같음을 넘어 _ 문성원 / 13

　서양 전통형이상학으로부터 본 차이 _ 박찬국 / 37

동양철학에서 본 차이와 갈등

　유교는 화해적인가, 비타협적인가? _ 정재현 / 71

　원효에 있어서 진리의 존재론적 지위 _ 조은수 / 95

한국사회의 갈등과 대화

　연고주의와 열린 네트워크 사회 _ 한승완 / 125

　헌법철학으로 본 분단과 통일 _ 윤평중 / 157

　젠더 갈등과 다원주의 정치학 _ 허라금 / 183

세계화 시대의 갈등과 대화

　윤리의 보편성 문제와 철인왕 콤플렉스 _ 김선욱 / 215

　한국철학에서의 세계화 갈등 _ 김형찬 / 241

　세계화 시대의 보편화 가능성 탐구 _ 권용혁 / 269

필자 약력 / 301

서양철학에서 본 차이와 갈등

모순과 달리, 같음을 넘어   문성원

서양 전통형이상학으로부터 본 차이   박찬국

모순과 달리, 같음을 넘어*
'차이'에 대한 탈근대적 이해: 알튀세르와 들뢰즈

문 성 원

부산대 철학과

1. 목적론과 차이

차이 문제를 둘러싼 논란을 다룰 때면, 우리는 우선 차이에 대한 이해에도 여러 가지가 있다는 사실, 즉 차이관(差異觀)에도 다양한 차이가 있다는 사실에 주목하지 않을 수 없다. 그런데 이와 같은 일종의 메타적 차이들에 대해서는 차이에 대해 꽤 포용적인 입장을 취하는 경우라 하더라도 무차별한 태도를 보이기 어렵다. 논의의 일관성과 초점이 문제가 되는 까닭이다. 이런 면에서 보면 차이에 대해 논의한다는 것 자체가 차이관의

---

* 이 논문은 부산대학교 자유과제 학술연구비(2년)에 의하여 연구되었음.

차이에 대한 무차별하거나 분산적인 대응을 제약하는 것이라 할 수 있다.

논의는 그 목적을 뚜렷이 의식하지 않을 수 없는 대표적인 경우이지만, 일반적으로 목적 지향적 작업이나 사태에서는 그 안의 기본 요소들 사이의 차이를 아무래도 좋은 것으로 취급하기 곤란하다. 차이들은 기능적 체계나 질서에 포섭됨으로써 직접 목적을 구현하는 데 기여하거나, 적어도 목적 실현 과정의 계기로 작용할 수 있어야 한다. 후자의 경우에 차이들은 일시적이거나 단계적인 것으로만 용인되기도 한다. 어떻든 목적이 지배하는 틀 속에서 차이는 공시적으로나 통시적으로 목적의 단일함에 대하여 부차적인 지위를 차지하는 데 그치는 것이다. 그렇기 때문에 목적을 앞세우는 관점, 즉 목적론의 특성을 갖는 견지에서는 차이가 그 자체로 강조되기 어렵다.

이런 점을 고려하면 여러 차이관을 다루는 논의에서 그 배열의 한 쪽 끝에 목적론적 차이관을 두는 것은 매우 자연스러워 보인다. 차이 자체의 위상을 우선적이고 독립적인 것으로 취급하지 않는, 차이에 대한 소극적인 견지라는 이유에서다. 아닌 게 아니라 차이를 적극적이고 긍정적으로 부각시키고자 하는 현대의 관점들이 보통 그 대극에 놓는 것이 바로 목적론적 관점이다. 특히 헤겔(G. W. F. Hegel) 류(類)의 견지가 주로 거론되는데, 이는 목적에 대한 차이의 종속이 헤겔 철학에서 전형적으로 드러난다고 보는 까닭이지 싶다. 물론 다른 한편으로 이것은 현대에까지 뻗친 헤겔의 영향력을 반증해 주는 것이기도 하다.

잘 알려져 있다시피, 헤겔에게서 차이는 대립을 거쳐 모순으로 나아가는 구별의 한 계기를 이룬다. 구별은 동일성을 전제하는 반성에 의해 성립하므로, 비록 차이가 자기와 다른 것을 지시한다 하더라도, 이 차이는 다시 같음의 연관 속으로 흡수되어 결국 대립으로 이어진다.1) 그러나 사실 대립은 상호 무관한 사물이나 사태 사이에서는 나타나지 않는다. 공통된 어떤 것을 지향하는 차이라야 대립을 야기할 수 있다. 그런데 헤겔은 이러한 대립이 애당초 차이를 파악할 수 있게 하는 개념의 연관 속에 이미 자리 잡고 있다고 보는 것이다. 이를테면, A와 B의 차이를 이야기하기 위해서는 A와 B의 공통적인 같음을 전제하고 그 기반 위에서 A와 B의 규정을 비교할 수 있어야 한다. 그런 만큼 적어도 개념적으로는, 차이를 문제 삼는 것이 공통의 같음과 다름을 함께 놓는 구도인 대립으로 연결되지 않을 수 없다는 것이다.

이와 같은 헤겔의 생각은 우리가 사유할 때 사용하는 개념들이 이미 서로 긴밀하게 연결되어 있음을 보여준다. 헤겔은 그 개념들 하나하나 속에 배어 있는 상호관계를 드러내어 이를 동적으로 체계화하는 매우 흥미로운 작업을 해낸 셈이다. 그렇지만 문제의 소지는 이와 같은 체계화가 기성의 개념 망을 바탕에 두고 사후적(事後的)으로 재구성된 것이라는 데 있다. 이 때문에, (비록 나름의 논리성을 갖추었다고는 하지만) 인위적으로 재구성된 발생적 연관이 개념 밖의 사태에 덧씌워질 위험이 생겨난다. 그럴 때 이 체계는 일정한 도달점을 향해 세계가 나아가는 것으로 이해하는 목적론적 구도에 봉사할 수 있게 된다.

---

1) G. W. F. 헤겔, 『논리학 II』, 임석진 옮김, 지학사, 1982, 1편 2장 참조.

헤겔에게서 차이를 포섭하는 것은 대립에 그치지 않는다. 대립만으로는 목적론에 걸맞은 방향성과 통일성을 확보하기가 힘들기 때문이다. 그래서 대립보다 한 걸음 더 나아간 역할을 맡는 것이 모순이다. 두 항들이 각자 자립성을 유지한 채 아직 외면적으로 맞서는 관계가 대립이라면, 모순은 다른 항을 자기 안에 포함하면서 동시에 배척하는 내적인 자기 관계다. 헤겔에 따르면, 이미 대립에는 이 같은 모순으로 나아갈 수 있는 규정이 들어 있다. 대립이 두 항에서 공통의 어떤 것을 전제하는 한, 그것은 같음 가운데 다름을 포함하며 또 배척한다는 반성적 규정으로 이어지는 까닭이다. 그런데 모순은 이렇듯 서로 양립할 수 없는 측면을 가지므로 결국 존속하지 못하고 해소될 수밖에 없다. 이 모순의 해소, 즉 지양은 헤겔 철학에서 각 국면이 더 고차적인 단계로 이행해 가는 연결고리를 이룬다. 그렇게 하여 모든 차이가 포괄되는 이념의 총체적 체계가 만들어지는 것이다.

차이와 대립 사이가 그런 것처럼, 대립과 모순의 연결 또한 개념적인 관계이다. 실제의 모든 차이가 대립으로 나아가는 것이 아니듯이, 모든 대립이 모순으로 발전하는 것도 아니다. 그러나 헤겔은 모순을 통해 개념들의 연관을 설명하는 데 그치지 않고, 이 모순을 자기 운동의 원리로 내세운다. 모순이 현실세계의 변화와 운동을 통일적으로 설명하는 근본 형식이 되는 것이다. 이런 구상은 개념적 질서와 현실적 질서가 궁극적으로 합치할 수 있다는 다소 희망적이고 목적론적인 생각과 맞물려 있다.

차이에 대한 이상과 같은 헤겔의 견해는 그 목적론적 폐쇄성2)에도 불구하고 이를 비판하고자 하는 관점들도 고려하지 않을 수 없는 분명한 매력을 지니고 있다. 차이가 빚어낼 수 있는 마찰이나 갈등에 대해 원칙적 해결 가능성을 제시하고 있다는 점이 그것이다. 대립, 모순으로 발전하는 차이의 갈등은 더 고차적인 차원에 도달함으로써 해소된다. 『정신현상학』의 '지배와 예속의 변증법'에서 보이는 갈등 해소의 방식은 그 드라마틱한 과정의 한 전형이라고 할 수 있다. 두 자기의식의 투쟁 및 주인과 노예로의 분화, 상호인정을 통한 정신의 성립은 주인과 노예라는 차이조차 애초의 동일성을 바탕으로 극복될 수 있음을 보여준다. 그러므로 헤겔식의 목적론을 거부하면서 차이의 문제를 부각시키려는 입장에서는, 차이에 대한 나름의 이해가 갈등과 변화, 발전 등의 문제를 어떻게 조망하고 어떻게 다루는지를 분명히 드러낼 필요가 있다.

2. 모순과 다른 차이

"1945년에 현대적인 모든 것은 헤겔로부터 나왔으며 현대성의 모순적인 요구들을 화해시키는 유일한 길은 헤겔에 대한 해석을 진전시키는 것이었다. 1968년에는 현대적인 모든 것이 — 즉, 늘 똑같은 마르크스, 프로이트 등이 — 헤겔에 적대적이었다."3) 현대 프랑스 철학의 기류에 대한 뱅상 데콩브(Vincent

---

2) 여기에 대한 자세한 논의는 문성원, 『철학의 시추』, 백의, 1999의 3장, 특히 104쪽 이하 참조.

3) 뱅상 데콩브, 『동일자와 타자』, 박성창 옮김, 인간사랑, 1990, 23쪽. 번역은 필자가 약간 수정했다.

Descombes)의 이 말은 당시의 지적 분위기가 어떻게 바뀌었는지를 단적으로 표현해 준다. 이러한 변화에서 중요한 초점 가운데 하나는 역시 반(反)목적론에 있었다. 학문 내적으로는 구조주의의 등장이 큰 영향을 주었지만, 그 사회적 배경에는 목적론적 사회관 및 그에 따른 기획의 실패가 깔려 있었다. 특히 소련식 사회주의에 대한 실망은 '똑같은 마르크스'가 헤겔에 등을 돌리게 한 주요 이유가 된다.

이런 맥락에서 보면 목적론에 대한 비판이 변화에 대한 요구까지 잠재운 것은 아니라고 할 수 있다. 오히려 관건은 주어진 목적과 그것이 전제하는 동일성에서 벗어난 새로운 변화를 모색하는 일이었다. 구조주의가 그 정태성에 대한 비판을 매개로 포스트구조주의로 넘어가게 된 데에도 이와 같은 문제가 중심 역할을 했다고 보인다. 여기에 따라 차이에 대한 견해 역시 변화한다. 구조 안의 차이에서 구조보다 근원적이고 구조를 넘어서는 차이로. 소쉬르(Ferdinand de Saussure)의 차이나 레비-스트로스(Claude Levi-strauss)의 차이가 전자에 속한다면, 들뢰즈(Gilles Deleuze)의 차이나 데리다(Jacques Derrida)가 내세우는 차이(差移: différance)[4]는 후자에 속한다. 결국 이 차이는 헤겔이 말하는 모순과 다르면서 그 다른 방식으로 변화를 낳을 수 있는 차이여야 했다.

이런 점에서 알튀세르(Louis Althusser)의 대응 방식은 우리의 우선적인 관심을 끌 만하다. 알튀세르는 마르크스주의 진영에 속해 있었던 철학자로, 데콩브의 지적에 직접 해당되는 인

---

4) différance의 번역에 대해서는 자크 데리다, 『법의 힘』, 진태원 옮김, 문학과지성사, 2004의 용어해설(199쪽 이하) 참조.

물이다. 그는 이른바 '인식론적 단절' 테제를 앞세워, 진정한 마르크스는 헤겔과 무관할 뿐 아니라 반(反)헤겔적이라는 주장을 폈다. 하지만 당시 마르크스주의 내에서 광범위하게 사용되던 모순이라는 용어를 버리지는 못하고, 그 모순을 헤겔과 달리 이해하고자 했다. 이때의 초점은 모순에서 단일성과 통일성을 제거하는 데 있었다. 자기 내적 관계로서의 모순이야말로 목적론적 운동의 엔진에 해당한다고 보았기 때문이다. 그 대신 알튀세르가 내세웠던 것은 그 해소 방향이나 도달점이 먼저 주어질 수 없는 '모순', 그러니까 사실상 외적인 관계로서의 대립이다.5)

그런데 이렇게 설정된 모순 아닌 모순에는 그 해소 방향뿐 아니라 해소의 필연성이 전제되어 있지 않다. 모순이라는 이름 아래 역동성의 이미지가 남아 있을 뿐, 각각의 대립항은 독자성을 지니는 것으로 여겨지기 때문이다. 그러한 한, 이 대립 관계는 계속 유지될 수도 있고, 그 관계가 역전될 수도 있다. 물론 대립 자체가 해소될 수도 있다. 하지만 그 양상은 여러 가

---

5) 다음과 같은 알튀세르의 말은 이 점을 잘 보여준다. "노동자 계급은 자본가 계급의 부정, 즉 자본과 권력을 박탈당한, 음의 부호가 달린 자본가 계급이 아니며, 자본가 계급은 부와 권력을 가진, 음의 부호가 달린 노동자 계급이 아닙니다. 두 계급은 동일한 역사를 갖지 않으며, 동일한 세계를 공유하지도 않고, 동일한 수단을 갖지 않으며, 동일한 계급투쟁을 전개하지 않습니다. 하지만 그들은 대립하는데, 이 대립이 참으로 모순입니다. 그들의 대립 관계는 헤겔적인 아름다운 고양과 화해를 통해 대립의 조건들을 초월하는 대신, 그 대립의 조건을 재생산하기 때문입니다." L. Althusser, *Position*, Editions Sociales, 1976, 162쪽. 강조는 필자. 이 언급은 1975년에 이루어진 것이기는 하나, 알튀세르가 자신의 이전 생각을 총괄하여 논의하는 과정에서 나온 것이다.

지다. 두 항이 모두 몰락할 수도 있고, 둘 가운데 하나만 사라질 수도 있다. 그렇다면 두 항이 모두 존속하는 가운데 대립 관계만 사라질 수도 있을까? 즉 대립이 그저 차이에 불과한 것이 될 수 있을까?

알튀세르의 견지에 따른다면, 그것 역시 불가능할 이유가 없어 보인다. 이때 문제가 될 법한 것은 대립이 대립의 조건을 재생산한다는 규정이지만, 여기서의 조건은 이른바 중층결정의 조건이기에, 이를 폐쇄적 결정성을 가지는 것으로 이해하기는 어렵다. 자기 자신을 포함하여 여러 관계와 요소들이 선형적 인과가 아닌 방식으로 서로 영향을 준다는 것, 그래서 여러 층위의 상호관계 속에서 복합적인 결정이 이루어진다는 것이 그 내용의 핵심이기 때문이다. 대립의 두 항이 반드시 하나로 묶이는 것이 아니라면, 오히려 이러한 중층결정의 조건 변화에 따라 두 항은 서로 큰 마찰이 없이 양립 가능한 상태로 나아갈 수도 있다.

물론 이와 같은 귀결은 알튀세르가 의도했던 바는 아닐 것이다. 그가 바란 것은 목적론적이고 결정론적이지 않은 형태로 자본주의의 극복 가능성을 이론화하는 것이었다. 하지만 헤겔식 모순 개념의 해체는 대립이라는 틀마저 해체될 수 있는 여지를 마련해 주었다. 어쩌면 이것은 자본가 계급과 노동자 계급의 모순뿐 아니라 그들 사이의 대립에 대한 의식조차 희미해지고 있는 현실, 적어도 그러한 일면을 보여주는 현실에 잘 들어맞는 것일지도 모른다. 그러나 이런 현실이 갈등의 해소로, 갈등 없는 차이로 이어지는 것은 아니다. 내적 모순에 따른 지양이라는 목적론의 희망을 따돌린 채, 자본주의적 질서는 갈등을 길들이고 억압하며, 순치된 차이를 그 체계 속에 통합해 낸다. 이런 상황에서는 오히려 차이를 활성화하고 이를 갈등 및 변화와 연결짓는 일이 필요하다. 이제 차이의 문제는 모순이 아닌 방식으로, 또 모순을 향한 대립이 아닌 방식으로 기존 체계의 변화 가능성을 찾는 문제가 된다.

이와 관련하여 알튀세르가 기대었던 곳은 대중의 운동과 우발성이었다. 여기서 대중의 운동이란 공산당과 같은 기성의 조직을 벗어난 무정형의 사회적 움직임을 말하는 것이고, 우발성이란 우연적인 마주침에 의한 예기치 않은 사건의 발생6)을 가리키는 것이다. 전자가 후자의 정치적 표현이라면, 후자는 전자의 존재론적 근거가 된다고 할 수 있다. 알튀세르는 에피쿠로스의 원자론까지 원용하여 이 우발성의 원천을 제시해 보고자 한다. 원자들의 빗나가는 운동(클리나멘: clinamen)에 의해 우연적인 결합이 생겨나고 거기에서 우연적인 사건이 만들어진다는 것이다.7) 이것은 불가피하게 생겨나는 자연적인 일탈을 상정하고 그 일탈의 작은 차이로부터 의도할 수는 없으나 기대함 직한 변화의 가능성을 이끌어내려는 시도라고 할 수 있다. 비록 다소 궁색해 보이기는 하지만, 이렇게 하여 차이는 기존의 체계와 동일성을 깨뜨리는 빗나감(déviation)으로서 적극적으로 해석될 여지를 갖게 된다.

---

6) 알튀세르는 이를 '마주침의 유물론(matérialisme de la rencontre)'이라고 부른다. 루이 알튀세르, 『철학과 맑스주의 — 우발성의 유물론을 위하여』, 서관모·백승욱 편역, 새길, 1996, 36쪽. 프랑스어 원본은 L. Althusser, *Erits philosophiques et politique*, 1권, Stock/Imec, 1994, 540쪽.

7) 위의 책, 37쪽 이하 참조.

3. 재현에 앞선 차이

알튀세르처럼 사회철학적이고 정치철학적인 맥락을 전면에 내세웠던 것은 아니지만, 차이 문제와 관련하여 헤겔에게 본격적인 반기를 들었던 철학자 가운데 한 사람이 질 들뢰즈다. 그역시 헤겔의 모순 개념이 차이를 통합하고 해소하는 역할을 한다고 하여 집중적으로 공박한다. 특히 흥미로운 것은 들뢰즈가모순 대신에 '역모순(vice-diction)'8)이라는 개념을 제시하고 있다는 점이다. 모순이 동일성에 봉사하는 것이라면, 역모순은 불

---

8) 질 들뢰즈, 『차이와 반복』, 김상환 옮김, 민음사, 2005, 123-124쪽, 412-413쪽 등 참조. 김상환 선생은 'vice-diction'을 '부차-모순'이라고 옮기고 있는데, 이는 'vice-'가 부차(副次)의 뜻을 가진 데 따른 것으로 보인다. 하지만 'vice-diction'은 들뢰즈가 'contra-diction'에 대비하여 만든 말이고, 이것과 대치되는 의미를 지니고 있다는 점을 고려한다면, '부차-모순'이라는 역어는 그다지 적절해 보이지 않는다. 더구나 모택동이 「모순론」에서 사용한 '주요 모순', '부차 모순'이라는 용어와 관련하여 볼 때 오해의 여지도 크다고 여겨진다. 한편, 박성수 선생은 이 'vice-diction'을 '병렬'이라고 옮기고 있다. 그는 'vice-diction'이 A와 비A의 관계를 취하고 있지는 않지만 실상 '미세한 영역에서의 모순'에 해당한다고 설명하고 있는데, 이런 해석을 받아들인다 하더라도 '병렬'은 의미 전달 면에서 적절한 역어라고 하기 어렵다. 'vice-diction'은 차이들의 단순한 병렬이라기보다는 미세화하면서 차이지는 연결이라 보아야 할 것이기 때문이다(박성수, 「상품개념과 재현의 문제」, 『지구화 시대 맑스의 현재성 · 1』, 문화과학사, 2003, 206쪽 이하 참조). '역-모 순'이라는 말도 'vice-diction'의 원래 조어(造語)상의 의미를 생각할 때 만족스러운 것은 아니지만, 'contra-diction'과 대비시키려는 들뢰즈의 의도를 살릴 수 있다는 점에서, 또 고차적인 쪽으로가 아니라 극미해지는 쪽에서라는 역(逆) 방향을 지시하면서도, 차이의 연결과 이행을 함축한다는 '모순'과 연관된 의미를 살릴 수 있다는 점에서, 다른 번역어들보다는 적합성이 있다고 생각한다.

균등하고 미세한 차이들의 세계로 나아가는 것이다. 들뢰즈는 이 역모순을 라이프니츠 철학의 무한소 및 미분(différentiation)을 다투면서 언급한다.

들뢰즈에 따르면, 헤겔식의 무한, 곧 정신이나 이념처럼 무한히 큰 것 속에서는 동등한 것이 동등하지 않은 것을 자신과 모순관계에 놓는다(contra-dire). 반면에 라이프니츠식 무한, 즉 미분적 관계의 무한소 속에서는 비동등한 것이 동등한 것을 자신과 부차적 관계에 놓는다(vice-dire). 이렇게 비동등한 것이 자신을 배제하는 동등한 것을 배제하지 않고 포괄하는 방식이 역모순이다. 동등한 것이 자기와 다른 것, 즉 비동등한 것을 자기와 양립 불가능한 것으로 놓는 데 반해, 비동등한 것은 자기와 다른 것, 즉 동등한 것을 자기 곁에 부차적으로 둔다. 비동등한 것은 차이를 허용하는 것, 차이 나는(différer) 것이기 때문이다. 그렇기에 비동등한 것은 고정되지 않은 것, 끊임없는 생성이라 할 수 있으며, 동등한 것과 달리 어떤 본질로서가 아니라 동적인 경우(cas)로서 이해된다.

이렇듯 들뢰즈가 역모순을 거론함으로써 노리는 바는 동등한 것과 비동등한 것, 동일성과 차이의 관계를 역전시키는 것이다. 이제 우선적인 것은 동등한 것이 아니라 비동등한 것, 동일성이 아니라 차이가 된다. 이 차이는 비본질적인 것이지만 이차적인 것이거나 본질에 의해 부정되고 밀려나는 것이 아니다. 오히려 본질보다 더 심층적인 것이고 본질이 그 위에 자리 잡게 되는 궁극적인 바탕이다. 이 바탕은 불확실하고 혼돈된 것이다. 그러나 무한소의 차이에 기반한 미분비(dy/dx)가 보여주듯이 규정된 관계를 배제하지 않으며 오히려 그러한 규정을 성립시키는 근원적 층위이다. 차이는 동일성보다 깊은 것, 당연히 모순이나 대립보다 깊은 것이며, 이 깊이 위에 대립이나 제한 따위가 들어서게 된다.

들뢰즈에 따르면, 이 차이의 차원은 원천적이고 강도적인 (intensif) 깊이의 차원이며, 그 안에는 "어떤 것이 자유로운 차이의 상태로 살아 우글거리고 있다."9) 이렇게 불균등함이 충만한 차이의 차원은 재현할 수 있는 것이 아니다. 즉 근원적 차이는 재현을 넘어서 있고, 따라서 동일성을 넘어서 있으며, 일반적 규정을 넘어서 있다. 그러한 한, 부정을 통해 이를 포착해 낼 수는 없다. 부정은 차이를 이차적으로만 파악하게 하기 때문이다. 이런 점에서 볼 때, 차이가 무차별한 것(l'indifférent)이 규정되어 성립한다고 보는 견해는 잘못이다. 근원적 차이는 다만 긍정의 대상일 뿐이다. 되풀이하지만, 동일성이 먼저가 아니라 차이가 먼저고, 이 차이가 모든 것의 출발점이다.

그런데 여기서 한 가지 거듭 주의해야 할 것은 들뢰즈가 긍정하는 차이란 결코 차별적인 차이가 아니라는 점이다. 차별은 재현적 차이와 관계하며 오히려 차이 나는 것을 부정하는 데서 성립한다. 그가 니체(F. Nietzsche)를 끌어들여 주인의 '긍정'과 노예의 '부정'을 논하는 경우에도, 들뢰즈는 이러한 구분을 신분적인 것이거나 사회적 권력과 관련되는 것으로 받아들이지 않도록 주의를 환기한다. 그에 따르면, 주인은 본원적 차이의 긍정에서 출발해 기성의 차별을 부정하는 자이고, 노예는 동일성을 향한 차이의 부정에서 출발해 재현의 보수적 가치를 긍정

---

9) 질 들뢰즈, 『차이와 반복』, 133쪽.

하는 자이다.[10]

기존 체계나 관계의 변화를 지향한다는 면에서 보면, 헤겔의 『정신현상학』에 등장하는 주인과 노예의 역할이 뒤바뀐 격이다. 그러나 들뢰즈는 이런 식의 이해를 거부한다. 주인은 노예의 부정으로서의 주인이 아니고, 긍정은 부정의 부정으로서의 긍정이 아니라는 것이다. 부정의 부정에서 오는 긍정이란 결국 동일성에 봉사하는 것이며, 재현의 질서와 목적론에 귀착하는 것이라고 보는 까닭이다. 이런 점은 알튀세르가 부정의 부정 및 지양의 논리를 강하게 비판하였던 맥락과도 통한다고 할 수 있다.[11]

그렇다면 차이에 대한 들뢰즈의 입론을 통해 귀결되는 변화의 형태는 어떤 것일까? 들뢰즈 역시 알튀세르와 마찬가지로 우연한 변화를 거론한다. 물론 그는 클리나멘의 벗어남보다는 훨씬 포괄적인 차이의 차원을, 강도와 다양체의 차원을 그 근거로 내세우고 있다. 이를 통해 들뢰즈가 먼저 내놓는 것은 항상 달라지는 반복, 항상 새로운 영원회귀로서의 반복이다. 얼른 듣기에 서로 어울리기 힘든 듯한 이 조합 속에서 우리는 고착성과 목적성을 함께 피해 가려는 들뢰즈의 고심을 읽을 수 있다. 그가 볼 때, 이 세계는 다양한 것, 차이 나는 것, 우연한 것이 매순간 전개되는 세계, 말하자면 끊임없이 달라지는 세계이다. 하지만 정해진 과정과 도달점이 없다는 점에서, 이 세계는 언제나 변화하는 자기 자신을 반복하며, 그런 면에서 영원히

---

10) 위의 책, 140쪽 참조. 또한 질 들뢰즈, 『니체, 철학의 주사위』, 신순범 · 조영복 옮김, 인간사랑, 1993, 144쪽 참조.

11) 문성원, 앞의 책, 114쪽 이하 참조.

회귀한다.12) 그러므로 이때의 반복과 영원회귀는 반(反)목적성을 나타내는 표현이지, 어떤 동일성이나 고정성을 뜻하는 것이 아니다.

그렇지만 이러한 의도에도 불구하고 반복과 영원회귀라는 틀은 반목적적 차이의 역동성과 그 실천적 함의를 드러내는 데는 많이 부족해 보인다. 들뢰즈가 가타리(Felix Guattari)와 함께 자본주의 세계의 현실을 더 직접적으로 다루는 가운데, '기관 없는 신체', '탈영토화', '탈주' '소수자-되기', '전쟁 기계' 등 이른바 유목론적 발상과 개념들을 다듬어 내놓은 것은 그러한 부족함을 메우기 위한 노력이었다고 할 수 있다. 이 같은 개념들은 단지 차이가 동일성이나 재현에 우선함을 입증하는 데 그치는 것이 아니라, 그 우선성이 재현적 체계와 부딪힐 때 빚어내는 변화의 형태들을 또한 보여준다. 사실 들뢰즈의 '차이' 철학이 갖는 사회적 호소력은 주로 여기에서 비롯된다고 할 수 있다.

---

12) 들뢰즈는 니체의 영원회귀를 차이의 영원회귀로 이해한다. 그러나 이와 같은 해석은 당장 '동일한 것의 영원회귀(die ewige Wiederkehr des Gleichen)'라는 니체의 규정과 마찰을 빚는다. 들뢰즈는 여기서 '같은 것'을 차이의 되돌아옴이라고 봄으로써 이러한 어려움에서 벗어나고자 한다. 영원회귀가 '같은 것'의 회귀라 하더라도 이 '같은 것'은 미리 주어져 있는 것이 아니라 차이남 자체를 가리킨다는 것이다. 질 들뢰즈, 『차이와 반복』, 626쪽 참조. 이러한 들뢰즈의 해석은 니체의 영원회귀가 생성을 강조하고 있다는 점에서 큰 설득력을 가진다. 특히 니체가 과정에서 목적 표상을 빼어버림에도 불구하고 그 과정을 긍정한다는 맥락에서 영원회귀를 언급하고 있는 점을 볼 때, 더욱 그러하다. 그러나 이런 식의 해석은 니체의 영원회귀를 순간의 구원 또는 순간의 영원성의 확보와 관련지어 이해할 수 있는 면을 소홀히 하는 것 같다. 이 같은 문제들에 대해서는 백승영, 「니체 철학 개념연구 I: 같은 것의 영원회귀」, 『철학』 vol. 63, 한국철학회, 2000 참조.

4. 유목론과 차이

복석 없는 차이의 운동을 내세운다 하더라도 거기에 이떤 지향이 없는 것은 아니다. 들뢰즈-가타리의 유목론적 구도는 분명한 방향과 노림을 지니고 있다. 정주적 체계로부터 벗어나며, 그 고정적 체계와 싸워나간다는 것이 그것이다. 물론 이때의 싸움은 상대방과 같은 무대에서, 상대방과 같은 방식으로 맞서는 것이 아니다. 그러한 대칭적인 맞섬은 결국 상대방과 유사해지거나 상대방에 동화되는 결과를 낳을 것이기 때문이다. 어떤 싸움이 양자를 포괄하는 같음을 전제하는 싸움일 때, 그것은 우리가 앞서 보았던 대로 대립과 모순으로 나아가기 쉽다. 차이의 기획, 유목론적 기획은 그 같은 결과를 피하려 한다. 그러한 한, 이 지향은 차라리 해체적인 것이라 할 만하다. 새롭게 구성하고자 하는 나름의 목표나 체계를 제시하려 하지 않는 까닭이다.

이 기획이 내세우는 주요한 개념이나 방안들을 살펴보아도 내용상의 적극적인 규정보다는 해체 지향적인 성격이 두드러진다. '기관 없는 신체'나 '탈주', '탈영토화' 따위는 그 용어에서부터 그런 인상을 주지만, 적극적 변화를 얘기할 법한 '되기' 역시 도달해야 할 어떤 형상이나 내용을 지시하는 것이라고 보기 어렵다.[13] 기존의 규정과 틀에서 벗어나는 것, 차이지는 생성의 역동성을 회복하는 것이 초점이다. 예컨대 여성-되기와 아이-되기에서 여성과 아이가 가리키는 것은 바로 이런 생성

---

13) 질 들뢰즈·펠릭스 가타리, 『천 개의 고원』, 김재인 옮김, 새물결, 2001, 10장 참조.

자체이다. 동물-되기가 함의하는 바 또한 다르지 않다. 그것은 고정된 분류의 체계나 길들여진 상태 및 관계에서 벗어나고 이를 가로질러 가는 것이기 때문이다. 모든 되기가 분자적이라는 얘기도 마찬가지 맥락에서 이해할 수 있다. 들뢰즈-가타리에서 '되기'는 자기를 고수하는 몰(mole)적인 사물을 넘어 분자적 집합체에 이르는 일이다. 같음을 넘어서는 이러한 되기에서도 개체는 성립하지만, 그 개체는 고정된 규정을 가지지 않은 '이것임(heccéité)'에 불과하다. '이것임'은 분자 또는 입자들의 운동과 정지의 관계로 이루어지며, 주체나 사물로서의 규정을 가지지 않는다. 고정된 규정을 피해 가는 개체 — 이것은 결국 생성 변화하는 선적(線的)인 것일 수밖에 없다. 그래서 그것은 리좀이 된다.14)

'전쟁기계' 또한 해체 지향적이다. 더욱이 이것은 해체 지향성의 의존적 성격을 잘 드러내준다. 들뢰즈-가타리에 따르면, 전쟁기계란 국가장치에 대항하여 전쟁을 수행하는 기계, 곧 유기체적이지 않은 집단적 배치물을 가리킨다. 이 전쟁기계는 정

---

14) 위의 책, 499쪽. 한편, '되기'의 이 같은 해체 지향적 성격에 주목하지 못하면, 들뢰즈-가타리의 구도를 이해하는 데 많은 어려움이 따른다. 특히 '되기'를 주체와 관련지어 파악하려 할 때 그러하다. 최근 이정우 선생이 보여준 착종된 이해가 그 예라 할 만하다. 이정우, 「들뢰즈/가타리의 소수자 윤리학」, 『들뢰즈의 시대가 기억될 것인가?』, 한국철학사상연구회 제28회 정기학술발표회(2005년 12월 3일) 발표논문집 참조. 그는 '되기'에서 우발성, 수동성, 반(反)주체성의 측면과 의도성, 능동성, 주체성의 다른 측면이 부딪히는 일종의 아포리아를 발견(?)하는데, 사실 후자의 면들은 들뢰즈-가타리의 '되기' 구도 안에 넣기 어렵다. 그런 면들은 그 구도에 대한 해석자 자신이나 그 구도를 부여하는 구도 밖의 들뢰즈-가타리에게서 찾아야 할 것이다.

주적 국가 질서 외부에 존재하는 유목민적인 조직의 귀결이다. 즉 일반적인 상식과 달리 전쟁과 전쟁기계는 애당초 국가에 속하는 것이 아니다. 전쟁이란 국가처럼 코드화한 질서를 가진 동일성의 조직체를 흔들고 와해시키는 것으로 이해할 수 있기 때문이다. 즉 들뢰즈-가타리에게 전쟁은 같음의 내부성을 위협하고 다름의 외부성을 도입하는 해체적 활동으로 여겨지는 셈이다. 그러나 이 전쟁과 전쟁기계는, 그것이 국가에 대항하여 작용하는 것인 한, 국가 없이는 존재할 수 없다. 다시 말해, 전쟁기계는 국가에 상관적이며, 그 존속은 국가의 존속에 의존한다.

　그렇다면 국가가 없는 경우는 어떠할 것인가? 특히 국가가 소멸했을 때 전쟁기계나 유목성은 어떤 모습을 띠게 될 것인가? 들뢰즈-가타리는 국가가 역사의 어느 시점에서 생겨난 것이 아니라 처음부터 존재했다고 주장함으로써,15) 이런 의문에 대한 부담을 미리 덜어낸다. 국가 이전이 없었다면 국가 이후를 생각할 여지도 그만큼 줄어들 것이기 때문이다. 사실 들뢰즈-가타리가 전쟁기계의 역할을 설정하는 맥락을 고려해 보면, 이들에게 그와 같은 문제에 대한 답을 기대하기는 어렵다. 들뢰즈-가타리의 관심의 초점은 어떤 새로운 질서의 건설에 있다기보다는 기존의 틀을 넘어서는 저항과 변화의 다양한 여지를 확보하는 데 있다고 보이는 까닭이다.

　물론 들뢰즈-가타리가 파괴적인 해체를 지향하는 것은 아니다. 그들은 탈주를 이야기하면서도 창조적 탈주선과 파괴적 탈

---

15) 질 들뢰즈 · 펠릭스 가타리, 앞의 책, 689쪽 이하 참조.

주선을 구분하며, 변화와 차이의 원천으로서 분자적 역량을 애기하면서도 그것이 파괴적으로 전화할 위험을 경고한다.16) 그러나 탈주 결과의 긍정적인 면모에 대한 적극적인 서술을 찾아보기는 힘들다. 하긴 이런 점을 들뢰즈-가타리의 책임으로 돌릴 수만은 없을 것이다. 워낙 강력해 보이는 자본주의적 현실의 지배력은 섣부른 대안의 제시를 어렵게 한다. 이러한 상황에서는 오히려 그 포섭 능력을 예리하게 분석해 내고 틈새를 비집는 해체적 노력이 소중할 수 있다. 그리고 들뢰즈-가타리의 경우 강도적 차이의 존재론은 여기에 중요한 이론적 뒷받침이 되고 있다.

하지만 이와 같은 차이의 존재론과 해체론적 노력의 결합은, 적극적 대안의 부재라는 점 외에도, 최소한 부분적인 현실 영합이라는 피하기 어려운 대가를 치르고 있는 것처럼 보인다. 특히 세계적 차원의 자본주의 질서가 보여주는 유동적 특성에 대한 들뢰즈-가타리의 감수성은, 자본주의의 탈코드화, 탈영토화하는 역량을 인정하면서 사용가치와 노동가치 등 유동성 밖에 있을 법한 기준을 부인하고 노동과 잉여노동의 구분마저 폐기하는 데로 이어진다.17) 이들이 세계적 차원의 자본주의 움직임을 서술하고 있는 대목들을 보면,18) 이 자본주의적 운동과

---

16) 특히 이런 미시적 역량이 파괴적인 전쟁기계와 결합하면 파시즘이 생겨나게 된다고 분석한다. 위의 책, 437쪽 이하 참조.

17) 이 같은 면에 대한 지적으로는 Eugene W. Holland, "Marx and Post-structuralist Philosophy of Difference", *A Deleuzian Centry?*, ed., Ian Buchanan, Duke University Press, 1999 참조. Holland는 들뢰즈가 경제적 가치를 시장의 유동적인 역동성에 의해 정해지는 것으로 보고 있을 뿐 아니라 '해방의 약속'을 시장 속에서 찾고 있다고 판단한다.

유목적 흐름 사이의 유사성을 떠올리지 않을 수 없다. 질적 규정을 받지 않는 부의 흐름과 역시 질적 한정을 받지 않는 노동의 흐름 사이의 접합으로 자본주의가 형성되었나든지, 원래 영토적이지 않은 자본주의의 운동이 이제 세계적 차원에서 국가에 대항하여 탈영토화의 투쟁을 수행한다든지, 자본주의는 끊임없이 스스로의 한계를 설정하면서 다시 그 한계를 멀리 밀어냄과 동시에 이런 틀을 벗어나는 온갖 흐름들을 사방으로 발생시킨다든지 하는 따위의 언급들은, 들뢰즈-가타리의 유목론이 후기 자본주의의 흐름을 배경으로 생겨난 것이고 그 흐름을 반영하며 그 흐름 가운데 자리 잡고 있는 것임을 확인시켜 준다.

5. 같음을 넘어선 차이로

분명히 들뢰즈-가타리는 자본주의 체계를 벗어나는 흐름과 도주선을 부각시키고자 한다. 그러나 이러한 일탈 또한 자본주의적 현실에서, 또 그 아래 놓인 존재론적 근원에서 비롯하는 것이다. 들뢰즈-가타리는 국가의 바깥은 강조하지만, 자본주의의 바깥을 그와 유사하게 내세우지는 않는다. 그들이 자본주의에서 탈영토화와 도주의 움직임을 찾아내는 한, 그래서 자본주의를 체계에 따른 결합과 그 체계로부터의 일탈이 분리 불가능하게 엮여 있는 것으로 파악하는 한, 이것은 당연하고 불가피한 일일 것이다.

그런데 이런 점은 들뢰즈가 주창하는 일의성(univocité) 및

---

18) 질 들뢰즈 · 펠릭스 가타리, 앞의 책, 13장, 특히 869쪽 이하 참조.

내재성(immanence)의 틀과도 무관하지 않아 보인다. 자본주의적 운동이 일의적 존재의 발양으로 여겨질 뿐 아니라, 자본주의적 현실이 곧 내재성의 면(plan)과, 따라서 일관성(consistance)의 면과 등치될 수 있다는 말이다. 일의성이란 온갖 차이의 차이짐에도 불구하고 그 차이들에 대해 존재가 일의적(一義的)이라는 뜻으로 이해할 수 있고, 내재성이란 궁극적으로 이러한 일의적 차이의 존재를 넘어서는 것은 아무것도 없다는 의미로 새길 수 있다. 그래서 이 내재성이 성립하는 면은 곧 차이의 존재가 빚어내는 일관성이 자리 잡는 면이 된다.19) 이렇게 바라볼 때, 들뢰즈의 차이의 존재론은 자신을 일탈하는 움직임까지 포섭하며 유동하는 자본주의의 존재론으로 파악할 수 있다. 이것은 오늘날의 전세계적인 자본주의의 현실을 생각해

---

19) 일의성에 대한 들뢰즈 자신의 정리는 질 들뢰즈, 『의미의 논리』, 이정우 옮김, 한길사, 1999, 303쪽 이하 참조. 내재성의 면에 대해서는 *Le vocabulaire de Gilles Deleuze*, sous la direction de Robert Sasso et Arnaud Villani, Les Cahiers de Noesis, n. 3, 2003, 272쪽 이하의 정리가 간단하다. 'plan de consistance'의 번역어로는 '일관성의 면' 외에도 '일관성의 구도'(이진경), '고른 판'(김재인), '혼효면(混淆面)'(이정우) 등이 쓰이고 있다. 그런데 '고른 판'은 평균화되고 일면화되어 있는 느낌을 준다는 점에서, 혼효면은 뒤섞임만을 강조하는 듯하다는 점에서 적절한 것 같지 않다. 또 '공존면'이라는 번역도 단순한 공존 이상의 의미를 주지 못한다는 점에서 미흡해 보인다. 'plan'을 '구도'라는 옮기는 것은 '평면'이라는 용어가 줄 수 있는 평평한 면 가운데 하나라는 이미지를 피할 수 있다는 장점은 있지만 인위적이라는 인상을 줄 위험이 있다. '일관성'은 긴밀하게 함께 어울려 있다는(cum-, sistere) 어원적 의미를 제대로 나타내지는 못하지만, 탈영토적이고 강도적 차이들이 내재성 속에서 일의적으로 존재한다는 점을 가리킬 수 있다는 점에서 채택할 만하다고 생각한다.

볼 때, 그다지 엉뚱한 생각이라고 여겨지지 않는다.

물론 들뢰즈-가타리는 이런 식의 해석을 달가워하지 않을 것이나. 그들로서는 당연히 자신들의 이론이 자본주의 존재론을 넘어서 있다고 주장할 법하다. 아닌 게 아니라, 그들이 말하는 소수자 운동은 이 보편화된 자본주의적 현실에서, 즉 자본주의의 공리계(axiomatique)[20]에서 벗어나는 것으로 설정되어 있다. 여기에 따르면, 소수자는 자본주의를 쓰러뜨리고자 하며, 공리화할 수 없는 다양체인 군중(masses)을 구성해 낸다. 이 다양체는 강도적 차이의 끊임없는 흐름에서 비롯하는데, 이럴 때 이 차이들의 일관성의 면은 자본의 조직 및 발전의 면과 대립하게 된다는 것이다.[21] 그렇다면 이들의 존재론은 자본주의의 범위에 국한될 수 없는 것이라고 해야 하지 않을까?

그런데 여기서 한 가지 유의할 것은 들뢰즈-가타리가 거론하는 '자본의 조직 및 발전의 면'을 자본주의 전체로 이해하기는 곤란하다는 점이다. 거듭 말하지만, 그들은 자본주의가 자신의 공리계를 벗어나는 흐름들을 발생시키는 체계라고 여기고 있다. 이런 점에서 보면 자본주의를 일관성의 면으로부터 배제하기는 어렵다. 자본주의 자체가 역동적 차이들의 차원에 바탕을 둔 채 이를 구현하고 있다고 보는 것이 차이의 존재론의 견지에서도 합당할 것이기 때문이다. 그렇지 않다면, 자본주의는 심

---

20) 공리계는 코드를 넘어서는 한층 보편적인 것이다. "공리계는 본성을 특정하지 않은 채 아주 다양한 분야에서 동시에 무매개적으로 실현되는 순수하게 기능적인 요소와 관계들을 직접적으로 취급한다. 이와 달리 코드는 각각의 고유한 분야들과 관련되며 규정된 요소들 간의 특정한 관계들을 표현해" 준다. 질 들뢰즈 · 펠릭스 가타리, 앞의 책, 872쪽.

21) 위의 책, 902-903쪽 참조.

층의 차이의 차원과 구별되는 현상의 차원에 국한되고 이 자본주의를 벗어나는 소수자 운동만이 다시 심층의 차원과 관계하는 것으로 파악되어야 할 것이다. 게다가 그럼에도 불구하고 이 현상의 차원이 심층의 차원을 일깨운다는 기묘한 논리가 필요해질 것이다.

그렇더라도 명시적인 주장 면에서는 들뢰즈-가타리의 존재론이 자본주의의 틀을 벗어나 있다고 할 수 있을지 모른다. 하지만 이들이 서술하고 있는 소수자 운동의 면모가 해체적이고 선언적인 것에 머물러 있는 한, 이를 뒷받침하는 차이의 존재론을 자본주의의 존재론과 실질적인 차이가 있는 것으로 생각할 여지는 크지 않아 보인다. 자본주의를 넘어서는 어떤 적극적인 생성이 제시되어 있지 않은 탓이다. 생성하는 차이의 모델은 실로 후기-자본주의적인 것이 아닌가? 이런 점은 자본주의가 지배적인 현실을 이른바 내재적 존재론으로 포착하려는 시도가 벗어나기 어려운 한계가 아닌가 싶다.

사실 내재성과 일의성 속의 차이는 어떤 의미에서건 같음을, 즉 하나의 틀을 전제하는 것이다. 그러한 한, 그 차이들은 자신들을 포섭하는 이 틀에서 벗어나지 못하며, 이 틀에 해당하는 것이 무엇이냐에 따라 실질적인 내용상의 제약을 받게 된다. 이런 점과 관련하여 알랭 바디우(Alain Badiou)는 일의성을 강조하는 들뢰즈의 철학이 진정한 다수성(multiplicité)을 확보하지 못한다고 지적한 바 있다.[22] 차이가 진정으로 같음을 벗어나려면 이 같음에 대해 초월적이거나 초과적인 것이어야 한다.

---

22) 알랭 바디우, 『들뢰즈 — 존재의 함성』, 박정태 옮김, 이학사, 2001, 특히 50쪽, 76쪽 이하, 203쪽 등 참조.

이러한 차이는 동일자의 한계를 넘어서는 것이므로 우리는 이 차이가 타자에서 비롯한다고 말할 수 있다. 바디우에서처럼 초과(excès)가 문제인 경우에는 이 타자가 동일자의 공백과 원리적 비완결성을 지시하며, 레비나스(Emmanuel Lévinas)에서처럼 윤리적 초월이 문제인 경우에는 동일자의 수동성과 책임성을 아울러 드러낸다. 어느 경우건 타자는 동일자의 한계를 보여주지만 동일자 내에서 포착될 수 없는 것으로 나타난다.

이런 점에서 보면, 들뢰즈에서의 차이는 타자가 없는 차이라고 할 수 있다. 들뢰즈도 타자 또는 타인을 언급하기는 하지만, 이 타자는 같음을 넘어서는 것이라기보다는 주로 지각적 세계의 한 구조로 다루어진다.23) 즉 여기서 타자는 지각하는 '내'가 지금 경험하지 못하는 세계를 대신 지각해 주는 자로, 그래서 지각의 가능성을 확보해 주는 자로 여겨지는 것이다. 그럼으로써 타자는 개체적 차원이 성립하는 한 구성요소로 작용한다. 이것은 마치 헤겔에서의 타자가 보편적 정신 속에서 자기의식이 개별자로 성립하는 데 필수적인 계기가 되는 것과 유사하다. 들뢰즈가 헤겔처럼 한층 고차적인 차원으로 나아가는 목적론적 수렴의 과정을 구성하지는 않는다 하더라도, 타자를 동일자의 틀 아래 놓는다는 점에서는 헤겔과 마찬가지라고 할 수 있다. 요컨대 들뢰즈의 차이의 철학은, 그 발산적(發散的)이고 해체 지향적인 반(反)목적론의 특성에도 불구하고, 내재적 존재론이라는 면에서는 헤겔에서 크게 멀어지지 못한 셈이다.

그러므로 이제 차이에 관한 현대 철학의 스펙트럼을 다루는

---

23) 질 들뢰즈, 『차이와 반복』, 588쪽 이하; 질 들뢰즈, 『의미의 논리』, 481쪽 이하 등 참조.

순서는 어떤 내재성에도 속하지 않는 차이, 즉 같음을 넘어선 타자에서 비롯하는 차이를 다루는 데로 나아가야 할 것이다. 우리는 이 길을 향한 과정에서 하이데거(Martin Heidegger)의 '존재론적 차이'가 지니는 의미를 잠시 음미해 볼 수 있을 것이며, 데리다의 '차이(差移)'가 지니는 사상사적 맥락을 검토해 볼 수 있을 것이고, 또 그가 어떤 연유로 해서 이전에는 치열하게 비판했던 레비나스의 타자를 '환대'하게 되는지를 살펴볼 수 있을 것이다. 그렇게 하여 우리가 레비나스에게서 만나게 되는 차이는 타자에 대한 관계에서, 무엇보다 우선적인 '비대칭적 관계'에서 성립하는 차이이다. 그것은 가까이하고 받아들일수록 더욱 커지는 차이이며, 그래서 결코 동화할 수 없는 차이지만, 갈등과 대립을 넘어 참된 정의의 원천이 되는 차이이다. 이 차이는, 레비나스의 타자가 그러하듯, 이미 우리에게 근접해 있고 달라붙어 있으며 우리 논의에 삼투해 있다고 해도 좋을 것이지만, 그 구체적 전개의 장소는 아마 이 자리에서 멀지 않은 기회로 미루어져야 할 것 같다.

서양 전통형이상학으로부터 본 차이

박 찬 국

서울대 철학과

1. 서양 전통형이상학에 대한 최근의 비판이 갖는 특성

플라톤에서 헤겔에 이르는 이른바 서양의 고전적인 전통형이상학에 대한 비판은 어제 오늘에서야 제기된 것은 아니다. 그러나 현재 포스트모더니즘과 포스트구조주의 그리고 들뢰즈나 레비나스 철학이 지성계 일각에서 선풍적인 주목을 받게 되면서 제기되고 있는 전통형이상학에 대한 비판은 기존의 비판과는 상당히 다른 성격을 가지고 있다. 경험주의, 실증주의, 과학주의 그리고 칸트 철학에 의한 기존의 형이상학 비판이 형이상학의 허구성과 비과학성에 초점을 맞추고 있다면, 최근의 비판은 전통형이상학이 창조적인 생성과 개체 그리고 차이를 배제하고 억압함으로써 20세기에 나타난 전체주의체제들에 사상적 기초를 마련해 주었다는 데 초점을 맞추고 있다. 전통형이상학에 대한 종래의 비판이 흄이나 칸트 철학에 뿌리를 두고 있다면, 최근의 비판은 니체나 하이데거 혹은 아도르노에 뿌리를 두고 있다.

이러한 최근의 비판에 따르면 전통형이상학은 첫째로 생성을 영원불변한 실재의 파생물이나 가상으로 봄으로써 생성을 폄하하고 억압하는 한편 그러한 생성의 영역에 속하는 육체와 감성을 억압한다. 니체의 전통형이상학 비판에서 가장 전형적으로 나타나는 이러한 비판은 서양 형이상학의 역사를 일종의 플라톤주의의 역사로 본다.

최근의 비판이 전통형이상학에 제기하는 두 번째 비판은 이른바 전통형이상학의 본질주의에 향해 있다. 이러한 비판에 따르면 전통형이상학은 개념적으로 파악될 수 있는 본질과 전체가 있으며 개체는 이러한 본질과 전체에 의해서 규정되어 있다고 보는 본질주의에 빠져 있다. 이러한 본질주의는 개체와 차이 그리고 다양성을 억압한다.

아울러 최근의 비판은 이러한 전통형이상학은 범논리주의의 입장에서 전체를 개념적으로 파악하려고 했던 헤겔의 형이상학에서 정점에 달한다고 본다. 그리고 이러한 비판은 이러한 전체론적 거대서사가 20세기 전체주의의 사상적 단초가 되었다고 주장한다.[1]

이러한 비판들은 그 일부 혹은 전부가 전통형이상학에 대한

---

1) 리오타르(J.-F. Lyotard), 『포스트모던적 조건(La condition postmoderne)』, 이현복 옮김, 서광사, 81쪽 이하.

최근의 비판에서 거의 단골메뉴처럼 등장하는 것들이다. 이러한 비판에는 일정한 타당성도 있을 수 있겠지만 전통형이상학에 대한 오해와 왜곡에서 비롯된 것일 수 있다. 나는 이리한 비판들을 제기하는 최근의 다양한 사조들 각각에 대해서 그것이 전통형이상학을 어떻게 비판하고 있으며 그러한 비판이 과연 타당한지를 상세하게 검토할 능력도 없거니와 짧은 논문에서 그렇게 할 수도 없다. 여기에서는 다만 서양의 고전적 철학 전통이라고 할 수 있는 플라톤에서 헤겔에 이르는 전통형이상학이 어떠한 성격을 갖고 있는지, 그리고 그것들을 어떻게 받아들일 것인지를 하이데거의 전통형이상학 비판에 대한 검토를 통해서 고찰해 보고자 한다.

전통형이상학에 대한 최근의 비판을 검토하는 이 작업에서 굳이 하이데거를 준거점으로 삼은 것은 무엇보다 하이데거가 최근의 형이상학 비판이 원용하는 주요한 사상적 원천들 중의 하나라는 데 근거가 있지만, 다른 한편으로는 전통형이상학에 대한 그의 대결은 전통형이상학에 대한 가장 모범적인 대결들 중의 하나라고 생각되기 때문이다. 전통형이상학에 대한 하이데거의 대결은 플라톤에 대한 니체의 비판에서 볼 수 있는 것처럼 전통형이상학에 대한 통속적이고 피상적인 이해에 입각해 있는 것이 아니라 그것에 대한 해박하면서 깊은 이해에 입각해 있다.

여기서는 다양성과 차이의 문제를 중심으로 전통형이상학에 대한 하이데거의 대결을 검토할 것이며, 이러한 검토를 통해서 과연 전통형이상학이 다양성과 차이를 배제하고 있는지, 그리고 모든 존재자들의 다양성과 차이를 드러내고 존중하기 위해서 철학은 어떠한 방향을 취해야 하는지에 대해서 살펴볼 것이다. 그리고 이러한 고찰에 입각하여 과연 전통형이상학과 그것의 정점으로 간주되는 헤겔의 형이상학이 20세기 전체주의의 기원인지, 아니면 20세기 전체주의는 다른 곳에 기원을 두고 있는지를 고찰할 것이다.

2. 서양의 고전적 형이상학은 왜 존재의 관점에 설 것을 요구하는가?

서양의 고전적 형이상학에서 본질은 어떤 사물의 무엇임, 즉 그것이 그렇게 있고 다르게 있을 수 없다는 것을 의미한다. 본질은 그 사물을 내용적으로 가능케 하는 것이다. 따라서 하나의 사물은 그것의 본질을 근거로 해서만 이러저러한 것으로서 말해질 수 있다. 플라톤에서 이러한 본질은 이데아(형상)라고 불린다. 그것은 시간적인 모든 변화와 생성에 의해서 침해되지 않고 존속하는 그 사물의 근본 모습이다. 따라서 본질은 영원한 본질이며, 영속적이고 불변적인 현전성이다. 이러한 본질을 상실하게 되면, 그것을 소유했던 것은 단순히 변화되는 것이 아니라 소멸하게 된다. 즉 그것은 본질적으로 파괴되는 것이다.[2]

본질은 광대무변한 우주 안에서 개별적인 존재자들이 갖는 올바른 위치를 지시하는 것이다. 무수한 존재자들이 서로 얽혀 충돌하는 이 세계 안에서 어떤 존재자가 존립하기 위해서는 그

---

2) 막스 뮐러, 『실존철학과 형이상학의 위기』, 박찬국 옮김, 서광사, 23쪽.

존재자는 자신에게 지정된 본질을 실현하지 않으면 안 된다. 존재자가 자신의 본질을 무시할 경우 그것은 곧 사멸에 봉착한다. 예를 들어 인간이 다른 동물을 흉내 내면서 살 수는 없으며 그는 자신의 본질인 이성을 실현하는 것을 통해서만 자신의 존립을 유지할 수 있다.

따라서 서양의 고전적 형이상학은 존재자의 자체적 존립을 가능케 하는 것을 본질이라고 보고 있다. 본질은 사르트르가 주장하는 것처럼 존재자를 복속시키는 것이 아니라 존재자를 그 자신으로 해방하는 것이다. 존재자가 자신의 본질에 따르는 것은 자신에게 부과된 외적인 목표나 명령에 따르는 것이 아니라 자기 자신의 목적에 따르는 자기 구속이다. 존재자는 이렇게 자신의 본질에 따를 경우에만 자기 이외의 힘들과 작용원인들에 의해서 희롱당하지 않고 자신을 실현할 수 있다.[3]

존재자들에게 이렇게 세계 전체에서 그것이 어떻게 존재해야 하는지를 지시해 주는 본질은 그러면 어디에서 비롯되는 것인가? 그것은 사르트르가 말하는 것처럼 개별자가 만들어내는 것일 수는 없다. 본질은 오히려 개개의 존재자들의 존립을 가능하게 하는 것이기 때문에 그것들이 스스로 만들어내기보다는 주어지는 것이다. 그러면 개개의 존재자들에게 본질을 부여하는 것은 무엇인가? 이렇게 개개의 존재자들에게 본질을 부여하는 것이야말로 본질의 근원이다. 이렇게 본질들의 근원에 해당하는 것을 서양의 전통형이상학은 존재라고 불렀다.

본질은 현실적인 존재자들인 개체들과는 달리 초시간적인 영

---

3) 위의 책, 179쪽.

원한 것이기에 본질의 근원인 존재도 초시간적이며 영원한 것이다. 따라서 존재는 본질을 어떤 시간적인 과정에서 만들어내는 것이 아니다. 다시 말해서 존재가 먼저 존재하고 난 후 본질이 존재하는 것이 아닌 것이다. 본질은 존재가 존재하는 방식이다. 즉 본질은 본질들의 근원인 존재가 개개의 존재자들에게서 존재하는 방식이다. 다시 말해서 본질은 존재자가 존재 '내에서' 차지하는 본질적인 장소이다. 이러한 본질적인 장소들은 존재 내에서 서로 구별되고 한계지어진다. 본질은 존재와 존재자를 매개하는 것이며, 그것은 존재자에서 존재가 임재하는 것과 동시에 존재자가 존재 안에서 존재하는 방식이다.

존재는 이러한 본질들을 서로 통일시키고 그것들에게 개개의 존재자들을 질서지우는 힘을 부여한다. 본질이 어떤 특정한 종류의 존재자들의 존립을 가능하게 하는 것이라면, 존재는 모든 본질들의 근원으로서 모든 존재자들의 존립을 가능하게 하는 궁극적 일자이면서 모든 존재자들이 그 안에서 일정한 위치와 한계를 가지면서 존재하는 궁극적인 포괄자다.

플라톤에서 헤겔에 이르는 서양의 고전적 형이상학은 이러한 궁극적인 포괄자인 존재의 관점에서 존재자를 고찰할 것을 주창한다. 이는 존재자는 이러한 존재의 관점에서만 제대로 파악될 수 있다고 보기 때문이다.

존재자를 존재의 관점에서 고찰한다는 것은 무엇보다도 존재자를 어떠한 특정한 존재자, 특히 탁월한 존재자인 인간의 관점에서 고찰하지 않는다는 것을 의미한다. 즉 그것은 존재자를 그것이 인간에 대해서 갖는 관계, 즉 유용성이나 이용 가능성 등의 관점에서 고찰하지 않는다는 것이다.

또한 존재자를 존재의 관점에서 고찰한다는 것은 역사학이나 자연과학처럼 어떤 사건을 그것에 선행하거나 동시적인 혹은 후속하는 사건과의 연관하에서 고찰하지 않는다는 것을 의미한다. 이 경우 어떤 사건은 다른 사건에 대한 원인이나 결과로서 고찰될 뿐이며 결코 그것 자체로서 파악되지 않는다. 그것은 항상 설명되어야 할 다른 사건의 계기로 간주될 뿐이다. 다시 말해서 그것은 어떤 자연연관이나 역사적 연관의 한 계기일 뿐이다. 개별과학은 존재자를 '기능적으로' 사유한다. 그것은 존재자를 어떤 것에 대한 기능이나 어떤 것 안에서 그것이 차지하는 기능에 있어서 고찰한다. 이러한 관점에서 존재자는 본래적으로 파악되지 못한다. 이러한 관점은 존재자를 일정한 타자에 대한 기능으로서 고찰하는 것이며 이를 통해서 존재자를 그것 자체로부터 소외시키는 것이다.4)

그렇다고 해서 존재자를 모든 관계와 기능으로부터 완전히 분리해서 보는 것을 통해서 존재자가 그 자체로서 파악되는 것도 아니다. 존재자는 이미 무수한 존재자들과의 관계 속에서 존재하기 때문에 이러한 관계에서 벗어나는 것은 존재자를 오히려 소멸로 이끌 것이다. 아울러 전적으로 고립된 것은 인식될 수 없다. 인식은 항상 존재자를 어떤 이해 가능한 연관 안으로 편입시키는 것이며 존재자를 개별자로서 단순히 응시하는 것이 아니기 때문이다.

이에 대해서 존재의 관점은 존재자들 그 자신으로부터 소외시키지 않고 그 자체로서 드러나게 한다. 그것은 존재가 궁극

---

4) 위의 책, 132쪽.

적인 포괄자로서 어떠한 한계를 갖지 않으며 그것 안의 어느 개별자에 대해서도 타자일 수 없기 때문이다. 그것이 어떤 개별자의 타자일 경우 그것은 또 하나의 개별자에 지나지 않을 뿐이며 포괄자가 아닐 것이다. 존재는 한정되고 규정된 것이 아니라 무한하고 절대적인 것이다. 존재자가 존재에 대해서 갖는 한계가 바로 본질이다. 그러나 존재는 그 자신 어떤 한계를 갖지 않기에 자신의 한계를 존재자에게 강요하는 것이 아니라 그것을 그 자체로 해방시킨다. 무한하고 절대적인 것으로서의 존재만이 존재자를 구원하여 그의 본질로 향하게 하며, 이러한 본질을 통해서 존재자는 한갓 기능으로서의 의의를 넘어선 자체적인 의의를 갖게 된다.

　서양의 고전적 형이상학은 본질이란 이렇게 최대의 것이면서 존재자 각각에게 그것에 맞는 한계와 형태, 즉 본질을 부여하는 존재 안에서만 존재한다는 것을 알고 있었다. 따라서 아리스토텔레스에서 인간에 의한 본질의 추상은 능동적인 정신의 빛 안에서만, 다시 말해서 그러한 존재를 자신 앞에 표상하는 정신의 빛 안에서만 수행될 수 있는 것이다. 토마스에서도 본질 인식은 능동적인 지성의 빛을 통해서만 생기할 수 있고 자연의 빛을 매개로 해서만 수행될 수 있다.5) 헤겔이 '진리는 전체'이며 '전체의 관점에서만 존재자의 진리가 파악될 수 있다'고 주장하는 것도 위와 같은 맥락에서였다고 생각된다.

---

5) 위의 책, 136쪽.

3. 전통형이상학에 대한 하이데거의 문제 제기

서양의 고전적 형이상학에 대해서 최근에 쏟아지고 있는 비판은 그것이 이렇게 사물을 최대의 전체인 존재의 관점에서 보려고 함으로써 개별자를 그러한 전체의 한 계기로 전락시킨다는 데에 쏟아지고 있다. 이와 관련하여 아도르노는 "전체가 진리다"라는 헤겔의 말을 비꼬아서 "전체는 거짓말이다"라고 말하고 있다.[6]

그러나 이는 전통형이상학이 상정하는 전체와 개별자의 관계에 대한 오해에 입각하고 있는 것은 아닐까? 개별자를 그 자체로서 파악하고 그 자체로서 존중한다는 것은 존재자를 그렇게 그 자체로서 파악하고 그 자체로서 존중하겠다는 결의만으로는 되지 않는다. 우리 인간은 사물을 항상 어떤 관점에서 본다. 보통 아무런 선입견 없이 보겠다고 우리가 아무리 결의해도 우리가 의식하지 못하는 선입견이 거기에 개입해 있는 것이 보통이다. 최근에 하버마스와 같은 사람은 존재자를 그 자체로서 볼 수 있는 관점으로서 의사소통적 이성의 관점을 제시하고 있지만, 전통형이상학의 관점에서는 그것도 사실은 제한된 인간 이성의 관점이라고 볼 것이다.

이에 대해서 서양의 고전적 형이상학은 존재자들을 그 자체로서 보고 그 자체로서 존중하기 위해서는 최대의 전체인 존재의 관점에 서지 않으면 안 된다고 본다. 따라서 전통형이상학

---

6) 바이어발테스는 헤겔 철학에 대한 아도르노의 비판을 헤겔 철학의 입장에서 설득력 있게 반박하고 있다. Werner Beierwaltes, Adornos Nicht-Identisches, in: *Identität und Differenz*, Frankfurt am Main, 1978.

이 개체와 타자성을 무시했다는 비판에 대해서 우리는 전통형
이상학은 나름대로 각각의 존재자들을 그 자체로서 파악하고
존중하려고 했다고 보지 않으면 안 된다. 헤겔의 전체만 하더
라도 개체에 자신을 강요하는 추상적인 보편성이 아니라 개체
의 개체성을 보존하면서 그 안에서 자신을 전개하는 구체적인
전체이며 구체적인 보편성이다. 오히려 그는 전체 혹은 보편을
개체와 대립시키는 추상적인 형이상학에 대해서 통렬하게 비판
하고 있다.

　이렇게 볼 때 전통형이상학의 문제점은 그것이 존재자들을
존재라는 근원적인 것을 상정하면서 그것의 관점에서 고찰하려
고 한다는 데에 존재하지 않는다. 그것의 문제점은 전통형이상
학이 서 있는 관점이 존재의 관점이 아니라 오히려 존재의 일
부인 인간 정신의 관점에 지나지 않을 수 있다는 데에 있는 것
이다. 전통형이상학은 자신은 전체와 존재의 관점에서 존재자
들을 고찰하고 있으며 이를 통해서 존재자들을 그 자신에로 해
방시키고 있다고 주장하고 있지만 그것은 사실은 인간의 제한
된 정신의 관점에서 존재자들을 보고 있는 것은 아니냐는 것이
다. 이런 관점에서 전통형이상학에게 의문을 제기한 사람이 바
로 하이데거이다.

4. 서양의 전통형이상학과 존재망각

　하이데거는 고대 그리스인들은 궁극적인 포괄자로서의 존재
를 경이(Erstaunen)라는 근본 기분에서 경험했다고 말하고 있
다. 경이란 찬연(燦然)하게 자신을 개현하는 존재 전체에 대한

경탄이다. 이러한 기분 안에서 우리는 어떤 하나의 특이한 존재자에 대해서 경탄을 느끼는 것이 아니라 세계 전체에 대해서 경탄을 하게 된다. 이렇게 세계 선제가 선적으로 새롭게 자신을 드러내는 기분을 하이데거는 근본 기분(Grundstimmung)이라고 부르고 있는데, 경이라는 기분은 서양 전통형이상학의 시원에서 그리스인들을 엄습했던 기분이다.

플라톤 이전의 그리스 철학은 경이라는 기분 안에서 이렇게 찬연한 모습으로 자신을 드러내는 존재 전체를 퓌지스(Physis)로 보면서 그것의 본질적인 성격을 이해하려고 한다. 이 경우 그것의 본질적인 성격을 이해한다는 것은 외관상의 혼란과 무질서에도 불구하고 통일과 질서를 이루고 있는 전체로서의 자연에 대한 찬양(Hymne)과 송가의 형태로 나타난다. 그리스인들이 경험한 퓌지스란 그것의 주재(Walten)하에서 각각의 존재자가 그것의 고유한 본질에 있어서 빛을 발하며 나타나면서도 (erglänzt) 그것들이 서로 조화를 이루는 개방된 장(das Offene)이다.[7]

퓌지스는 '존재자 전체의 자기운행(sich selbst bildende Walten des Seienden im Ganzen)'이다.[8] 그것은 해가 뜨고 장미꽃이 피듯이 지속적으로 자신을 개시하는 것(das ständige Aufgehen)으로서 산과 바다, 나무와 새를 주재하는 것이다. 퓌지스는 존재자들을 관장하는 전체성(die Ganzheit)이다. 그러나 퓌지스는 전체이지만, 모든 것을 포괄하는 커다란 그릇과 같은 것도 아

---

7) 하이데거 전집 55권, *Heraklit*, 164쪽 참조.
8) 하이데거 전집 29/30권, *Grundbegriffe der Metaphysik*, 38쪽 이하.

니다. 아울러 그것은 존재자와 분리되어 존재하는 것이 아니다. 존재자와 분리되어 존재한다면 그것은 또 하나의 존재자에 불과할 것이기 때문이다. 따라서 퓌지스의 개현(Lichtung), 존재자 전체의 전체성(die Ganzheit)의 열림은 존재자의 '위'나 '배후에서' 일어나는 것이 아니라, 오직 존재자를 통해서만 그리고 존재자로서만 일어난다. 퓌지스가 이렇게 존재자들을 통해서 존재하는 한, 존재자들은 모두 퓌지스의 성격을 띤다. 즉 모든 존재자는 그 자체로 성장하며 자신을 개시하는 방식으로 존재한다.9)

존재자는 이렇게 자신을 드러내는 것으로서만 존재하기에 존재자의 진리는 우리 인간의 지적인 파악 시도를 통해서 비로소 드러나는 것이 아니다.10) 존재자가 우선 존재하고(ist vorhanden) 그 후에 우리들의 표상행위를 통해서 비로소 그것의 진리가 드러나는 것이 아니라, 오히려 그것은 자신의 진리를 드러내는 것으로서만 존재한다. 이 경우 사유란 존재자를 대상화하여 그것의 작용법칙을 냉철하게 파악하는 것이 아니라, 현존하는 존재자의 진리에 응답하는 것(Entsprechen)이다.

그런데 플라톤과 아리스토텔레스에서 존재에 대한 사유는 상당히 다른 형태를 취하게 된다. 여기서 전체에 대한 물음은 '전체에 대한 개념적인 파악'이라는 형태로 나타난다. 이들에게 사유는 찬연하게 자신을 드러내고 있는 전체에 대한 찬양이 아니라 일단 눈앞에 존재하는 존재자들을 단서로 하여 존재자들

---

9) 하이데거 전집 55권, 58쪽 참조.
10) 하이데거 전집 8권, *Was heißt Denken?*, 95쪽 이하.

의 본질구조를 탐색하고 이러한 본질들 간에 성립하는 전체적인 관계를 탐구하는 것이 되는 것이다.

그러나 하이데거는 플라톤과 아리스토텔레스조차도 퓌지스의 경험'으로부터' 사유했다고 본다. 플라톤과 아리스토텔레스가 경이라는 근본 기분에서 드러나는 퓌지스의 경험으로부터 사유하고 있다는 것은 플라톤의 이데아라는 말이 본래는 존재자 자체가 '제시하는' 모습이라는 데서도 드러난다. 그것은 인간의 지적인 파악 노력에 의해서 비로소 드러나는 것이 아니라, 자신을 스스로 드러내는 존재자의 모습(Anblick)을 의미한다. 이 경우 이러한 모습(Anblick)은 존재자의 시선(Blick)으로부터 사유되고 있다.

"존재 — 이데아 — 는 모든 존재자에서 자신을 드러내면서 그것으로부터 밖으로 시선을 번득이는 것(das in allem Seienden sich zeigende und aus ihm Hervorblickende)이다."[11]

인간의 시선에 나타나는 존재자는 그것의 존재에 있어서 인간에게 그것을 있는 그대로 드러내도록 요구하는 시선이다. 인간 자신도 그의 시선을 통해서 자신을 드러내지만, 그 경우 그의 시선은 모든 존재자들의 존재가 자신을 드러내는 곳이다. 그러한 의미에서 인간은 하나의 탁월한 존재자이다. 이에 그리스인들의 시선은 존재자의 시선에 의해서 보이는 봄(angeblickte Vernehmen)이다. 이에 대해서 근대인의 시선은 계산을 통해 존재자에 덫을 씌우고 그것을 습격하고 정복하는 시선이

---

11) 하이데거 전집 54권, *Parmenides*, 154쪽.

다. 이런 의미에서 "근대인의 시선은 슈펭글러가 니체를 따라서 말했던 것처럼 맹수의 시선이다. 즉 근대인의 시선은 꿰뚫어 보는 시선(Spähen)이다."12)

이렇게 플라톤과 아리스토텔레스는 자신들의 철학이 경이라는 근본 기분에서 열리는 퓌지스의 경험에 근거하고 있다는 것을 알고는 있었으며 그것으로부터 사유했지만, 그러한 퓌지스의 개현의 사건을 그들은 자명한 것으로 간주하면서 그것을 사유하는 것을 자신들의 사상적 과제로 여기지 않았다. 그 대신에 그들은 퓌지스 안에서 개현되고 있는 존재자 전체의 본질과 이러한 본질들 간의 연관을 개념적으로 파악하는 것을 자신들의 사상적인 과제로 보았다. 그런데 이렇게 경이라는 근본 기분에서 일어나는 퓌지스의 개현의 사건, 즉 존재자 전체가 자신을 스스로 드러내는 사건이 물어지지 않고 자명한 것으로 전제됨으로써, 이러한 개현의 사건은 망각될 위험에 처하게 된다.

이렇게 퓌지스의 개현의 사건이 망각되어 간다는 것은 존재자에 대한 진정한 경험도 불가능하게 되어 간다는 것을 의미한다. 현존재가 경이라는 근본 기분을 떠나지 않을 경우에만 존재자는 자신을 근원적으로 드러내기 때문에, 경이라는 근본 기분이 상실될 경우에는 존재자에 대한 한갓 호기심과 계산이 지배하게 되는 것이다. 이를 통해 존재자에 대한 탐구가 가졌던 절실함과 진지함은 사라지고 존재자는 인간의 표상행위의 대상이 된다. 그리고 이때 진리는 인간이 존재자에 대해서 정립한 표상과 존재자와의 일치로서, 즉 판단의 올바름으로서 이해되

---

12) 하이데거 전집 54권, 159쪽.

는 것이다. 인간의 인지능력은 분산되고 산만하게 되며, 단순소박하면서도 근원적인 것을 경험할 수 없게 된다. 퓌지스의 경험으로부터 멀어지면 멀어질수록 그리고 그것이 망각되면 망각될수록, 인간의 이성이나 의식이 전면에 들어서게 되며 이를 통해 존재는 빠져 달아나버린다(sich entziehen).[13]

이와 함께 플라톤에서는 다른 한편으로 존재자의 본질이 "정신에 대해, 즉 지적 인식과 지적 직관에 본질적인 것으로" 파악되는 경향이 존재한다. 즉 그것은 " '이성에 필연적인 것'과 '정신적인 것'으로서, 즉 형식 질료적(Form-materiell)이고 정신 감성적인 것(Geist-sinnlich)의 전체 안에서 정신적인 형식으로서" 파악된다.[14] 그리고 진리란 이러한 정신적 형식, 즉 이데아와의 일치를 의미하는 것이 된다.[15] 이와 함께 존재는 정신적 직관에 의해서 언제든지 파악될 수 있는 '지속적인 현전'으로서 이해된다. 이에 따라 존재는 현상하는 것의 배후에, 즉 모든 변화의 배후에 존재하는 기체 내지 근거로서 간주되는 것이다. 이러한 근거, 존재자의 본질은 불변적이며 항상적으로 존재하는 것이다. 존재는 생성과의 대립하에서 사유된다.

이와 관련하여 하이데거는 플라톤의 철학에서 서양 전통형이상학의 본질적인 특성인 존재-신론(Onto-Theo-logie)의 성격이 처음으로 나타나고 있다고 본다. 즉 플라톤은 눈앞의 존재자들로부터 출발하면서 최고의 존재자의 인식으로 나아가고 다시 이로부터 존재자 전체를 설명하고 있다는 것이다. 경이라는 근

---

13) 하이데거 전집 14권, *Zur Sache des Denkens*, 56쪽 참조.
14) 막스 뮐러, 앞의 책, 44쪽
15) 하이데거 전집 45권, *Grundfragen der Philosophie*, 18쪽 이하 참조.

본 기분에서 일어나는 퓌지스의 개현은 그 자체로서 이해되지 (verstanden) 않고, 존재자 전체가 하나의 최고의 근거로부터 설명되는(erklärt) 것이다. 하이데거는 이러한 존재신론에서 모든 존재자들을 최고의 존재자로 소급하여 설명함으로써 이러한 최고의 존재자에 의존하여 존재자 전체에서 자신의 안전을 확보하려는 인간의 욕망을 읽어내고 있다.

플라톤의 철학에서 이미 절대적인 존재자와 세계의 관계를 인과관계로서, 즉 절대자가 세계를 만들고 보존한다고 보는 형이상학적인 사유방식의 단초가 보이는 것인데, 존재자의 전체를 제약자와 피제약자의 관계구조로 보는 이러한 사유방식이야말로 서구의 형이상학의 전통을 지배하게 되는 사유방식인 것이다. 근대에 있어서 이러한 제약자와 피제약자의 관계가 인간의 의식을 중심으로 사유된다 할지라도 그러한 사유구조에는 변함이 없다.

그럼에도 불구하고 위에서 언급한 것처럼 하이데거는 플라톤의 이데아나 아리스토텔레스의 형상이라는 개념은 아직 퓌지스의 경험으로부터 사유되고 있다고 본다. 사물의 본질로서의 이데아는 아직 우리가 사물에 대해서 형성하는 견해가 아니라, 사물이 거기에서 비롯되고 거기에 자신의 존립을 갖는 것이다. 이 점에서 하이데거는 본질을 이데아로 보는 고대적 규정은 본질을 의식의 아프리오리로 보는 근대의 규정보다 더 깊고 풍요로운 것으로 보고 있다.

하이데거는 근대에서는 경이라는 기분이 완전히 상실되고 퓌지스로서의 자연이 완전히 은닉됨으로써 인간은 분산된 존재자 전체 앞에서 불안한 위치에 처하게 된다고 본다. 이 경우 모든 존재자는 인간의 안전을 위협하는 것으로서 나타나며, 이에 이성은 존재자의 작용법칙을 완전히 파악하려 함으로써 그것을 자신의 수중에 두려고 노력하게 되며, 주체가 자신의 지배영역을 끊임없이 확장하려는 진보의 이념이 근대를 규정하게 된다.

근대에서 존재자는 자신의 진리를 스스로 드러내는 것으로서가 아니라 대상으로서, 즉 표상된 것의 작용법칙의 파악을 통해 존재자를 확실하게 자신의 시선 아래에 두려는 표상행위를 위한 대상으로서 나타난다. 이러한 표상작용은 본질적으로 '회의'인 바, 그것은 대상을 의심할 수 없을 정도로 확실하게 확보하는 것을 목표하는 것이다.

이에 따라 근대 철학에서 세계는 고유한 본질을 갖는 존재자들로 구성되는 것이 아니라 전체적인 작용법칙에 의해서 규정되는 비자립적인 계기들의 기능연관으로서 나타나게 된다. 존재자는 이러한 완결된 체계(System)의 계기들로서 자신의 자립성과 고유한 본질을 상실한다. 개별사물이 자신의 존재를 자체 내에 갖는 자립적인 실체로서 간주되었던 고대와 중세의 세계상은 완전히 다른 세계상을 통하여 대체된다. 세계는 이제 전체 내의 한갓 계기(Moment)로서 존재하는 존재자들의 기능적 연관일 뿐이다.

하이데거는 이러한 근대의 세계해석은 근대 철학에서 여러 가지 형태를 취하고 있는 것은 사실이지만 기본적으로 그것은 헤겔의 형이상학까지 포함해서 존재자들을 하나의 전체적인 기능연관의 체계로 편입시키는 성격을 가지고 있다고 본다. 그리고 하이데거는 이렇게 존재자들의 고유한 존재를 무시하는 근대 철학의 경향은 현대의 기술문명에서 극단에 이른다고 보고 있다. 이러한 기술적 세계에서 존재자는 아무런 자체적인 본질을 갖지 않고 계산 가능하고 변환 가능한 에너지로 간주되고 있다. 하이데거의 유명한 다음 구절은 이런 맥락에서 나온 것이다.

"어떤 하나의 지대(地帶)는 석탄과 광물을 내놓도록 닦달당한다. 지구는 이제 채탄장으로서, 대지는 한갓 광물의 저장고로서 나타난다. 농부들이 이전에 경작하던 밭은 그렇지 않았다. 그때의 경작은 키우고 돌보는 것이었다. 농부의 일이란 토지를 닦달하는 것이 아니라, 씨앗을 자신의 생장력에 맡기고 그것들이 잘 자라도록 보호하는 것이었다. 그러나 오늘날의 토지경작은 자연에게 강요하는, 이전과는 다른 종류의 경작방법 속으로 흡수되어 버렸다. 그것은 자연을 닦달한다는 의미에서 강요한다. 경작은 이제 기계화된 식품공업일 뿐이다. 공기는 이제 질소를 내놓도록 강요당하고, 대지는 광석을, 광석은 예컨대 우라늄을, 우라늄은 — 파괴를 위해서든 평화적 이용을 위해서든 — 원자력을 내놓도록 강요당한다."16)

기술적 세계에서 존재자는 무제약적이고 영원한 존재가 본질을 통해서 현현하는 곳이라는 의미를 상실하게 되며 이와 함께 존재자는 인간이 아무런 거리낌 없이 이용하고 지배할 수 있는 대상이 된다. 존재자는 자신을 스스로 드러내는 것으로서 인정되지 않고 그가 어떤 목적을 위해서 얼마나 효율적으로 기능하는가만이 관심사가 되는 것이다. 이와 함께 존재자들이 자신들의 고유한 본질과 진리를 드러내면서 인간이 그것들과 교감할 수 있는 퓌지스로서의 '세계'는 사라지고, 존재자들에 대한 체

16) 하이데거 전집 7권, *Vorträge und Aufsätze*, 18-19쪽.

계적인 계산과 조작을 통해서 인간이 만들어내는 인공적인 세계만이 존재하게 된다. 우리가 태어나서 죽어가는 가장 가까우 며 소박한 퓌지스로서의 세계는 은폐되고, 거대한 기술적 생산물에 대한 추구, 내적인 공허가 고개를 쳐드는 것을 막기 위한 향락과 오락수단의 발달, 비합리적인 체험이 그것을 대체하게 된다.

이러한 기술적 세계에서 존재는 그리스인들에게서처럼 경이라는 기분을 통해서 우리를 엄습하면서 존재자들을 우리에게 자신을 개시하는 것으로서 아니라 우리가 존재자들을 이용하고 지배할 목적으로 그때그때마다 기투하는 조작적인 가설이 된다. 존재자는 이러한 조작적인 가설이 요구하는 측면에서만 자신들을 내보일 것이 요구되는 것이다. 궁극적인 포괄자로서의 존재 자체가 아니라 존재자들의 지배를 목표로 하면서 다양한 조작적인 가설들을 만들어내는 인간들의 의지가 존재자들이 자신을 드러내는 궁극적인 지평이 된다. 바로 이 점에서 하이데거는 현대기술문명에서의 총체적인 존재망각에 대해서 말하고 있는 것이다.

그런데 하이데거는 이렇게 존재 자체가 존재자들을 지배하려는 인간의 의지와 동일하게 된 것은 이미 존재 자체의 관점에서 설 것을 주창했던 서양의 고전적 형이상학에 의해서 준비되었다고 본다.

예를 들어 독일관념론에서는 초본질적인 무한한 존재가 우리들 내의 가장 내적인 본성이 됨으로써 존재는 우리의 가장 내면적인 절대적인 소질, 다시 말하여 우리들의 본질이 된다.[17] 이를 통해서 존재 자체는 주관성의 본질이 되며, 존재의 진정한 초본질성과 무본질성은 유지되지 못한다. 존재가 '존재 자체로서'가 아니라 오히려 주관에 속하는 것으로서 간주됨으로써 한편의 존재와 다른 한편의 본질과 존재자 사이의 차이는 소멸하고 말며 존재는 망각되고 있다.

더 나아가 하이데거는 이러한 관념론은 우리가 앞에서 본 것처럼 플라톤의 철학 내부에 이미 잠재해 있던 것이라고 말하고 있다. 하이데거가 보기에 플라톤의 철학은 이미 주체의 형이상학이다. 플라톤의 형이상학에서 이미 본질적인 것은 존재에 본질적인 것이 아니라 정신적인 통찰, 즉 이성에게 본질적인 것이다. 따라서 본질개념은 감성과 대립된 것으로서의 이성개념, 즉 인간의 한 능력과 밀접한 관계를 맺게 된다. 이성은 본질이 드러나게 되는 장이며, 본질은 정신적으로 보인 것, 즉 이성적인 것으로 규정된다. 이와 함께 정신과 이성은 본질의 장소로서 존재와 존재의 진리와 동일하게 된다. 이를 통해서 정신이라는 탁월한 능력을 갖는 주체가 플라톤 철학의 중심문제가 되는 것이다. 플라톤에서 존재자의 해석은 정신으로부터 그리고 정신 안에서 보인 본질로부터 시작하며, 이와 함께 서구의 전통형이상학이 시작되는 것이다.18)

플라톤에서 헤겔에 이르는 고전적 형이상학에서 모든 존재자의 인식 가능성과 인식됨을 위해서 개시되어 있는 지평이 되고 있는 것은 존재가 아니라 정신적인 영원성이며 존재보다는 이러한 정신이 갈수록 전면에 나서게 되는 것이다. 이렇게 인간

---

17) 막스 뮐러, 앞의 책, 43쪽.
18) 위의 책, 29쪽.

의 정신이 갈수록 전면에 나서게 되는 인간 중심적 경향은 니체에서 극단적으로 추구된다. 니체는 인간 내의 무한한 정신을 존재 자체로 보는 것이 아니라, 구체적인 인간의 의지를 존재 자체로 본다. 모든 규범은 이러한 인간 의지가 자신의 고양과 강화를 위해서 임의적으로 설정한 것이 된다. 하이데거는 이러한 니체의 철학을 현대기술문명을 정초하는 철학으로 본다. 이러한 기술시대에서는 사유범주나 도덕규범조차도 칸트가 말하는 것처럼 인간에게 선험적으로 이미 마련되어 있는 것이 아니라 지배의지로서 존재하는 구체적인 경험적인 인간이 그때그때마다 자신의 삶을 유지하고 강화하기 위해서 기투하는 조작적인 가설 정도로 간주되는 것이다.

플라톤에서 헤겔에 이르는 정신의 관념론과 니체가 정초하는 기술적 사유는 자신과 자기의 모든 계획을 의식하고 이것들과 자신을 타자 안에서 재발견하기 위해서 사유의 타자, 즉 존재 안에서 그것 자체로서 드러나는 존재자를 한갓 저항으로 간주한다. 이렇게 나 자신과 나의 사유를 타자 속에서 재발견하는 것을 통해서 타자성은 지양된다. 이러한 지양에 의해서 타자는 저항성을 잃고 오히려 정신의 충족으로 되며, 자기 자신과 자기의 사상만을 아는 정신의 절대적 지배가 성취되기 때문이다.19) 기술이야말로 나의 지배의도를 충족시키면서 모든 존재자를 지배하는 것을 가능케 하므로 정신의 절대적 지배는 이러한 근대 기술에서 완성된다.

이에 하이데거에게 서양 형이상학의 역사는 인간의 주체성이

---

19) 위의 책, 91쪽.

존재자들을 고찰하는 궁극적 지평으로서 갈수록 전면에 부각되어 가면서 존재 자체가 망각되어 가는 역사다.

5. 존재의 개시와 근본 기분

그러면 존재 자체는 어떻게 우리에게 개시되는가? 존재가 최대의 전체이고 이러한 전체는 자신의 눈앞에 대상화시켜서 보고자 하는 인식주체조차 포괄하는 것이기 때문에 그것은 우리에게 하나의 대상으로서 파악될 수는 없다. 따라서 존재는 인간이 대상화하여 파악하는 것이 아니라 자신을 개시하는 것으로서만 인간에게 드러나며, 하이데거는 존재는 경이(Erstaunen)이나 불안(Angst) 혹은 깊은 권태(tiefe Langweile)와 같은 현존재의 근본 기분에서 자신을 개시하는 것으로 보는 것이다.

기분이란 모든 정서적인 것이 그렇듯이 수동적인 성격을 갖고 있다. 기분은 우리가 임의로 조작해 낼 수 없으며 기분은 단적으로 우리를 엄습하는 것이다. 그러나 많은 통상적인 기분은 우리가 그 기분의 원인을 찾아 통제할 수 있다. 예컨대 시험이 주는 공포는 공부를 열심히 한다든지 신경안정제를 복용하는 것 등을 통해 우리가 완화시킬 수 있는 것이다. 근본 기분이란 이러한 기분들과는 달리 그것의 원인을 우리가 대상화시켜서 파악할 수 없으면서도 그것을 통해 우리 자신의 실존 전체, 즉 우리가 사물을 인식하고 그것에 대해서 행위하고 어떤 사태를 느끼는 방식이 근본적으로 변화될 수 있는 기분을 말한다. 아울러 이러한 기분에서는 존재자 전체가 이러한 기분에 의해 엄습되기 전과는 전혀 다르게 드러난다. 예를 들어 우리가 불안이란 근본 기분에 의해서 엄습되었을 때 우리는 우리 자신의 삶을 비롯해서 모든 존재자들이 무의미한 것으로 드러나는 것이다.

현존재의 근저에서 일어나는 이러한 근본 기분의 사건을 통하여 현존재는 이미 존재 자체에 열려 있으며 또한 이를 통해 자신을 포함한 모든 존재자에게 열려 있다. 현존재가 근본 기분을 통해 존재에 나가 있음으로써 자신을 포함한 존재자 전체가 이렇게 존재라는 가장 포괄적인 지평으로부터 나타날 때, 현존재는 퇴락한 자신으로부터 진정한 자신의 본질로, 즉 진정한 자기(Selbst)로 고양되며 모든 존재자가 하이데거가 말하는 현-성(An-wesen)이라는 의미에서의 자신의 진정한 본질(Wesen)을 빛을 발하면서 드러내게 되는 것이다.

하이데거에서는 독일관념론에서 보는 바와 같은 종합적이고 사변적이며 합리적인 형이상학으로부터 궁핍하고 소박한 사유로의 전회가 일어난다. 이렇게 수동적인 사유야말로 우리가 삶에서 부딪히는 우연한 사건들에 의해서 동요되지 않고 인간을 비롯한 모든 존재자들의 고유한 본질을 존중하고 그것들이 자신을 발현하도록 도울 수 있는 본래적인 부동심과 충만함 그리고 자유를 증여한다.

6. 하이데거의 전통형이상학 해석에 대한 비판적 고찰

그러나 과연 하이데거가 주장하는 것처럼 전통형이상학은 존재를 망각하고 있는 것인가? 그것에는 나름대로 궁극적인 포괄자로서의 존재에 대한 경험과 그것에 대한 지시가 담겨 있는 것은 아닌가?

전통형이상학에 대한 하이데거의 파악은 과학기술문명의 발생으로 이어지는 서양의 고전적 형이상학의 역사의 일정한 흐름을 제시하고 있다고 볼 수 있지만 그렇다고 해서 그것이 서양의 고전적 형이상학의 경향 자체의 반영이라고 볼 수는 없지 않을까? 그는 형이상학에서 단지 하나의 본질적인 특성에 지나지 않는 것을 형이상학의 본질 전체로 보고 있는 것은 아닐까? 이미 많은 비판가들이 서양 형이상학의 역사를 현대의 기술문명에서 완성되는 표상적 사유의 역사, 즉 모든 것을 대상화시켜서 파악하는 사유의 역사로서 파악하는 것에 대해서 이의를 제기했다.

  "서구 형이상학은 그것이 실로 위대한 형이상학일 경우에는 항상 자기 자신에 반해서 그리고 표상 가능성과 대상화에 반해서 사유하고 있다."[20]

하이데거가 형이상학 안에 이미 모든 것을 대상화하는 표상적 사유를 극복하고자 하는 경향이 작용하고 있음을 간과했을 경우, 우리는 하이데거가 형이상학을 오해하고 있다고 말할 수 있을 것이다. 또한 서양의 고전적 형이상학 내에 하이데거가 비판하는 표상적 사유로서의 형이상학을 극복할 수 있는 단초들이 존재할 경우에는 우리는 오히려 하이데거가 말하는 존재망각의 극복을 위한 많은 통찰들을 형이상학으로부터 얻을 수 있을 것이다.

---

20) 위의 책, 296쪽.

이와 관련하여 볼프강 드 보어는 「형이상학에 대한 하이데거의 오해」라는 논문에서 존재망각의 극복과 관련해서 하이데거의 입장과는 대립된 입장을 취하고 있다. 보이에 따르면 존재망각은 전통형이상학의 역사 자체에 존재하는 것이 아니라 오히려 현대의 유럽인들이 2천 년에 걸쳐서 서구의 역사를 지탱해 온 위대한 형이상학적 전통을 망각한 데서 비롯된다.21)

형이상학에서 존재자들의 최고의 근거인 신은 단순히 인간의 이성에 의해서 구명될 수 있는 근거가 아니다. 표상적 사유에서는 근거 자체도 개념적으로 파악될 수 있지 않으면 안 된다. 그 경우에만 근거로 나아가는 것은 '의미를 가질 수 있고 '유용한' 것이 될 것이다. 그러나 최고의 존재자, 즉 근원으로 나아갈 경우에는 '개념적으로 파악될 수 없고 이에 우리의 통제를 벗어난 것(das Unverfügbare)'이 문제가 되기 때문에 우리에게 유용한 것이 문제되고 있지 않다. 막스 뮐러는 "형이상학의 역사에서도 제1 원인은 신비주의의 심연(Abgrund)과 마찬가지로 심연일 수 있으며, 제대로 사유된 존재의 유비에서 제1 원인은 일의적이고 연속적인 제2 원인의 계열로부터 단절되어 있으며 제1 원인에의 도달은 항상 '초월' 내지 '비약'이며 결코 직선적인 진행은 아니라는 사실"을 지적하고 있다.22) 최소한 플라톤에서 플로티노스 그리고 아우구스티누스에서 아퀴나스에 이르는 고전적 형이상학에서는 "심연, 즉 개념적으로 적확하게 파악되기보다는 오히려 항상 제대로 파악되지 않고 인간의 말

---

21) Wolfgang de Boer, "Heideggers Mißverständnis der Metaphysik", in: *Zeitschrift für philosophiscshe Forschung* IX(1955), 502쪽.

22) 막스 뮐러, 앞의 책, 297쪽.

안에서 말해질 수 없는 것으로 머무는 유비적 근거 이외의 어떠한 근거도 충분한 근거일 수 없다"는 것이다.

따라서 우리는 하이데거가 주장하는 것처럼 서양의 고전적 형이상학이 존재자 전체를 최고의 존재자로부터 설명하면서 이를 통해서 신을 존재자 전체 내에서 인간이 자신의 안전을 확보할 수 있는 수단으로서 이용하려고 했다고 보아서는 안 된다. 서양의 위대한 형이상학은 신을 '인간이 처리할 수 있는 근거'로서 파악하지 않았다. 그것은 "인간을 항상 그의 근거로 귀의케 하고자 했을 뿐이다."23)

이와 아울러 형이상학의 신을 존재자 전체의 피안에 존재하는 존재자로서 보는 하이데거의 해석조차 의문스럽게 된다. 하이데거에 따르면 현존재는 다른 존재자로부터 끌어낼 수 없는 그의 가장 고유한 가능성들로부터만 자신을 이해할 수 있다. 후기 하이데거에서는 현존재가 아닌 존재자조차도 다른 존재자로부터 설명될 수는 없는 것으로 파악되고 있다. 이에 반해서 하이데거에 의하면 존재자를 신의 피조물로 보는 기독교적 서구적 해석은 존재자 전체를 하나의 최고의 존재 자체에 의해서 산출된 것으로 보는 것이며 이와 아울러 존재자 전체를 그 자체와는 다른 존재자로부터 이해하고 있다. 무상한 지상의 삶 위에 상존하는 존재자인 신이 지상의 존재자를 '위로부터 이와 아울러 외부로부터' 규정하고 있다는 것이다.

그러나 우리는 볼프강 드 보어와 함께 형이상학의 신에 대한 하이데거의 해석이 신과 창조개념에 대한 '이신론적인'(프로테

---

23) 위의 책, 297쪽.

스탄트적이고 근대적인) 해석에 의거하고 있지 않는지라는 의문을 제기할 수 있다. 이러한 이신론적 해석에서는 인간의 존재에 대한 형이상학적인 물음에서 인간적인 것과 신적인 것을 철저하게 분리하고 있다.24) 보어는 이와 관련하여 "신은 사물을 창조하고 피안으로 떠난 것이 아니라 사물들은 그로부터 나왔으면서도 그 안에 존재한다"는 아우구스티누스의 말을 인용하면서 피조물들이 비롯된 근거, 그것들의 가장 고유한 기원은 피조물들과 함께 살아 있으며 피조물들을 계속해서 조명하고 있다고 말하고 있다. 아울러 그는 이러한 것이 일어날 수 있다는 사실에 모든 진정하게 형이상학적인 사유가 확고하게 뿌리박고 있는 종교적 경험의 가장 근원적인 비밀이 존재한다고 말하고 있다.

헤겔의 철학을 비롯한 독일관념론만 하더라도 논리적으로 자연과 인간의 역사를 구성하는 측면이 있지만 카울바하가 주장하는 것처럼 근대 자연과학의 이른바 '구속된' 자연(gefesselte Natur)에 대해서 퓌지스로서의 자유로운 자연(freie Natur)이 가지고 있는 독자적인 권리와 특성을 드러내고 있는 측면이 있다.25) 이와 관련해서 가다머도 헤겔에게는 대상화하는 사유의 방법 이상에 구속되어 있는 측면과 구체적인 이성경험에 입각한 측면이 있다고 말하고 있다.26)

---

24) Wolfgang de Boer, 앞의 논문, 520쪽.
25) Friedrich Kaulbach, *Einführung in die Metaphysik*, Darmstadt, 1991, 134쪽 이하.
26) Hans-Georg Gadamer, Hegel und Heidegger, in: *Gesammelte Werke* III, Tübinge, 1987, 97쪽.

서양의 전통형이상학이 이와 같이 표상적 사유를 극복할 수 있는 단초들을 이미 가지고 있다면, 하이데거에서 형이상학의 근거로의 진입을 의미하는 형이상학과의 대결은 형이상학에 의해서 전적으로 망각된 본질적 근거로의 귀환이 아니라 형이상학에 의해서 이미 통찰되고 사유되기조차 하였으나 사태에 적합하게 사유되지는 않았던 본질적 근거로의 귀환이라고 할 수 있다. 이와 관련하여 우리는 푀겔러와 아울러 그리고 또한 가다머와 아울러 다음과 같은 물음을 제기할 수 있을 것이다.

"그러면 우리는 한스-게오르그 가다머와 더불어서 이러한 전통들로부터 존재를 '자신을 밝힘(Sichlichten)'으로서 그리고 언어로서 사유하고, 플라톤으로부터 플로틴으로, 플로틴과 아우구스티누스로부터 헤겔로, 최종적으로 헤겔로부터 하이데거로 이르는 하나의 계열을 생각할 수는 없을까?"[27)]

이 경우에 우리는 형이상학에서 존재망각의 극복을 위한 소중한 통찰들을 배울 수 있을 것이다. 이때 전통과의 대화는 하이데거가 말하는 것처럼 전통형이상학에서 사유된 것 안에서 아직 사유되지 않은 것을 사유하는 것을 단순히 의미하지 않고, 야스퍼스가 말하는 것처럼 이미 사유된 것을 더 명확하고 사태에 더 적합하게 사유하는 것을 의미하게 된다. 야스퍼스만 해도 차축시대(Achsenzeit) 이래 동양과 서양의 고전적 철학에서는 이러한 궁극적 초월자에 대한 경험과 그것에 대한 통찰이

---

27) Otto Pöggeler, *Heidegger und die hermeneutische Philosophie*, Freiburg, 1983, 61쪽.

주내용을 이루고 있다고 보면서 이들 내에서 인간과 존재자 그리고 세계에 대한 중요한 통찰들을 얻을 수 있다고 보고 있는 것이다. 이 경우 서양의 전통형이상학과의 대결은 그것 내에 이미 존재하는 통찰들을 더 궁극에까지 사유하는 것을 의미한다. 물론 우리는 형이상학을 원래 그대로 교조적으로 수용할 수는 없다. 형이상학과의 대결은 형이상학 안에 존재하는 근원적인 통찰들을 회복하는 것을 의미한다.[28]

그럼에도 불구하고 우리는 형이상학의 역사에 대한 하이데거의 해석의 공적을 전적으로 부인해서는 안 된다. 존재사에 대한 하이데거의 해석은 그것이 한편으로는 형이상학의 역사를 단순화하는 그만큼 형이상학에서 극복되어야 할 것이 무엇인지를 명확히 드러내고 있는 것이다. 그리고 다른 한편으로 우리는 형이상학의 역사에 대한 이렇게 단순하면서도 바로 그 때문에 예리한 해석을 철저하게 사유하는 것을 통해서 표상적 사유를 극복하는 단초들을 형이상학 자체에서 발견할 수 있으며 우리가 더 명확히 사유해야 할 유산으로서 계승할 수 있다. 이런 의미에서 막스 뮐러는 이렇게 말하고 있다.

"그 해석은 일면적이면서도 그러한 해석모델은 우리들의 시각을 예리하게 하는 데 크게 기여할 수 있다."[29]

---

28) Heinrich Rombach, *Strukturontologie*, Freiburg/München, 281쪽.
29) 막스 뮐러, 앞의 책, 298쪽.

7. 20세기의 전체주의와 전통형이상학

이상에서 우리는 하이데거가 존재망각의 극복을 통해서 인간을 비롯한 존재자 각각의 고유한 본질을 진정으로 경험하는 철학을 지향했음을 보았다. 그럼에도 불구하고 왜 하이데거는 한때 나치당에 가입할 정도로 나치즘에 빠질 수 있었는가? 이것은 전통형이상학에 대한 최근의 비판이 주장하는 것처럼 그가 존재자들을 근원적인 일자로서의 존재로 환원시켰기 때문인가? 필자는 이러한 비판에 대해서 하이데거가 한때나마 나치즘에 경도되었던 것은 존재라는 근원적인 일자의 관점을 지향했기 때문이 아니라 그가 현대기술문명의 현실을 총체적으로 타락한 현실로 보면서 전면적인 혁명을 지향했기 때문이라고 본다. 그리고 나는 이러한 태도는 하이데거뿐 아니라 에른스트 블로흐나 게오르그 루카치처럼 20세기의 전체주의에 경도되었던 철학자들에게 공통된 태도라고 생각한다. 단적으로 말해서 필자는 20세기 전체주의의 기원은 전통형이상학이나 존재로의 귀의에 원인이 있는 것이 아니라 20세기의 대사상가들과 대중들을 사로잡은 독선적인 유토피아주의에 있다고 보는 것이다.

독선적인 유토피아주의는 현실과 이상, 존재와 당위를 절대적으로 대립시키면서 현실과 존재를 절대적으로 타락하고 부패한 것으로 간주한다. 그리고 독선적인 유토피아주의의 주창자들은 자신들이야말로 썩은 현실에 대한 가장 철저한 대립자로서 이상사회를 대변한다고 믿으면서, 현실의 유지나 현실의 온건한 개량을 주창하는 자들은 현실의 악에 의해서 물든 자로서 제거해야 할 대상으로 간주한다. 따라서 독선적인 유토피아주의는 철저한 사상통제와 무자비한 살육을 통해서 현실에 자신들의 이상을 폭력으로 강요한다.

하이데거에게는 이러한 독선적인 유토피아주의의 성격이 존재한다. 하이데거는 이른바 존재의 진리가 구현되는 새로운 시대를 대망하며 이러한 새로운 시대는 현대기술문명의 파탄을 통해서 도래하리라고 믿는다. 이러한 묵시론적인 소망은 나치즘과 함께 20세기 전체주의의 양대축을 형성했던 볼셰비즘에 루카치나 블로흐와 같은 대사상가들이 경도되었던 이유이기도 하다. 그들은 현실 자본주의를 절대악으로 부정하면서 절대선으로서의 공산주의 사회를 지향했으며 자본주의에서 공산주의로 나가는 역사의 불가피한 운동에 자신의 미력을 보태야 한다고 생각했다. 이는 하이데거가 존재의 진리가 역사적으로 새롭게 자신을 드러내고 있는 현 시점에서 그 존재의 진리가 존재자들 내에 깃들 수 있도록 자신을 바쳐야 한다고 본 것이나 마찬가지다.

이에 반해 나치즘과 마르크스주의와 같은 20세기 전체주의 사상의 기원으로 지목되곤 하는 헤겔의 철학은 정작 현실과 이상의 매개를 중시했던 개혁의 사상이다.[30] 더 나아가 헤겔은 근대 초기에 이미 나타났던 독선적인 유토피아주의에 대한 최초의 비판가들에 속한다. 헤겔은 『정신현상학』에서 프랑스혁명

---

30) 이에 대해서는 다음을 참조할 것. 헤르만 뤼베(Hermann Lübbe), 『독일의 정치철학(Politische Philosophie in Deutschland)』, 권혁면 옮김, 정음사, 1985년, 55쪽 이하. 뤼베는 보통 반동적인 철학자들로 간주되어 온 헤겔 우파들도 전혀 반동적이지 않았음을 분명하게 보여주고 있다. 이에 대해서는 이 책의 1부 '헤겔 우파의 정치이론'을 참조할 것.

당시 자코뱅들이 이른바 부패한 현실에 자신들의 순수한 당위를 내세우면서 자신들의 이상을 테러를 통해서 현실에 강요하려고 했다고 비판하고 있다. 바로 이러한 이유로 나치혁명이라는 나름대로의 혁명을 추진했던 나치 체제에서 헤겔 철학은 인기가 없었다. 나치 치하에서 가장 많이 다루어졌던 사상가는 헤겔이 현실과 당위를 대립시킴으로써 자코뱅의 테러와 사상적으로 통한다고 비판했던 국수주의적 사상가 피히테였다.31)

그러면 이러한 유토피아적 독선주의는 어디서 비롯되는 것인가? 나치즘과 볼셰비즘과 같은 현대의 전체주의는 유토피아적인 독선주의에 입각한 절대선을 지향한다는 점에서 전제군주의 자의적인 변덕이 지배하는 기존의 전제정과는 다르다. 그것은 자코뱅 이래로 보이는 근대의 전형적인 산물이다. 주지하듯이 칼 뢰비트는 하이데거를 비롯해서 마르크스주의에 보이는 묵시론적 유토피아주의의 기원을 기독교의 세속화에서 찾았다. 그것은 기독교의 초시간적인 피안을 미래라는 세속적인 시간에 실현하려는 열망의 산물이다. 니체가 말하는 '신의 죽음'과 함께 피안도 붕괴되어 버렸지만 자신의 절대적인 구원에 대한 열망에 여전히 사로잡혀 있는 인간은 피안을 이제 다가올 미래에 실현하려는 것이다. 이런 의미에서 콜라코프스키는 "전체주의는 천국을 지상에 실현하려는 절망적 시도"라고 규정하고 있다. 20세기 전체주의의 기원은 이와 같이 전통형이상학과는 전혀 무관한 데 존재한다고 여겨진다.

---

31) Hans Sluga, *Heidegger's Crisis — Philosophy and Politics in Nazi Germany*, Harvard University Press 1993, 30-31쪽.

동양철학에서 본 차이와 갈등

유교는 화해적인가, 비타협적인가? 정재현
원효에 있어서 진리의 존재론적 지위 조은수

유교는 화해적인가, 비타협적인가? *

정 재 현

제주대 철학과

1. 서 론

유교의 성격과 관련해서 크게 두 가지 상반된 평가들이 있어
온 것 같다. 대체로 유교를 비판하는 사람들은 유교가 차별과
배제의 논리를 깔고 있다고 주장한다. 가부장적 종법주의에 입
각한 남녀노소, 장자(長子)와 차자(次子), 적자(嫡子)와 서자(庶
子) 간의 차별, 사회분업사상에서 보이는 상공인(工商人)에 대
한 차별, 위정척사로 표현되는 이단사상의 배척은 이런 비타협
적, 배제적 논리의 핵심으로 인정된다.[1] 이와는 반대로 유교에

---

* 이 글을 읽고 날카로운 논평을 해주신 신정근 선생님, 논문 발표 당일
소중한 지적을 해주신 황경식 선생님께 감사드린다.

호의를 가지고 있는 사람들은 유교를 화해의 철학 혹은 다원화 시대의 선구로 말한다. 몇 해 전 두유명이 다산기념 철학학술 강연회에서 제시한 유교인문주의의 생태주의적 전환, 다원주의와 보편윤리에의 공헌, 페미니즘과의 공존에 대한 주장들이 유교의 이런 화해적 입장을 잘 보여주고 있다. 또한 탈근대를 부르짖는 서구에서 공자사상에 관한 대표적인 철학적 접근이라 할 수 있는 에임스 & 홀(Roger T. Ames & David Hall)의 미적 합리주의로서의 유교 해석도 유교의 이런 화해적 측면을 강조한다. 그렇다면 도대체 무엇이 유교의 참모습인가? 유교는 억압과 배제의 사유인가? 화해와 타협의 사유인가? 혹은 둘 다인가?

위의 문제와 연관해서 유교에서 자주 거론되는 표현 중에 화이부동(和而不同)2)이나 이일분수(理一分殊)3)가 있다. 이것은 차이와 차별을 나타내는 부동(不同)이나 분수(分殊)와, 동일성이나 조화를 나타내는 이일(理一)이나 화(和)의 양 측면이 유교에 다 있다는 것이다. 물론 차이와 차별이 바로 비타협성을 의미하는 것이 아니고, 동일성이나 조화가 바로 화해성을 의미하

---

1) 한동안 우리 사회에서 크게 주목받았던 김경일의 공자비판도 이런 측면에서 이루어졌다.

2) 이것은 공자의 표현이지만, 分을 통한 조화의 이념은 순자에 와서 잘 정리된다. 순자에 있어서, 分은 어디까지나 和를 위한 수단이다. "義以分則和 … 群而無分則爭", 『순자』, 「왕제」.

3) 理一分殊는 송대의 주자학자들이 사용한 것이지만 그 근본 정신은 이미 원시유교에서도 확인할 수 있다. 이 개념의 구체적 의미에 대해서는 최진덕, 「이일분수의 철학적 반성」과 김홍경, 「주희 이일분수설의 총체적 이해」라는 논문들을 참조.

는 것도 아니다. 오히려 반대로 차이와 차별이 화해성을, 동일성이나 조화가 비타협성을 함축할 수가 있는 것이다. 이런 이유들로 유교가 비타협적이냐, 혹은 화해적이냐의 문제에 대한 해답은 다중의 분석 이후에나 가능할 것 같다.

2. 유교는 비타협적이다

유교는 보편적인 사상으로 많이 치장되어 왔으나, 그것은 사실 차별적, 배타적 이념이다. 먼저 유교에는 특정한 계급적 시각이 함유되어 있다. 유교 혹은 공자 사유의 계급성을 지적하는 입장은 공산화된 이래로 유물사관에 입각해서 중국 전통사상을 해석해 온 중국 본토의 학자들이 주로 취해 온 입장이다. 그들에 의하면 공자의 유가사상은 노예주나 토지 소유자들의 입장을 반영하는 봉건적 사고이다. 예컨대, 조기빈은 유교의 이론은 몰락한 노예주들 혹은 소지주계급의 이론일 뿐이라고 한다. 공자의 인(仁)은 흔히 '애인(愛人: 사람을 사랑하는 것)'(『논어』,「안연」)이라 말해지는데, 이것은 추상적이고 보편적인 윤리 원칙, 즉 모든 사람을 사랑하는 인류애를 의미하는 것이 아니다. 공자에 있어서 인(人)은 민(民)을 포함하는 모든 인간이 아니라, 노예 즉 피지배층인 민(民)과 대조되는 노예주, 즉 지배층을 가리키기에, 공자에 있어서 인(仁)이란 단지 '지식인 등용을 통한 인물정치'를 가리키는 것일 뿐이다. 이런 계급적 시각에서 바라본 공자의 유교는 전체적으로 도덕적 인간인 군자와 비도덕적 인간인 소인의 대립을 보여주는 것이 아니라, 서주의 노예제를 옹호한 반동주의자 군자(君子)와 봉건제를 옹호

한 혁신세력인 소인(小人) 간의 대립을 보여주는 것이라고 한
다.4)

유교의 인종적 성격을 보여주는 해석도 있다. 이른바 유교문
화중심주의라고 할 수 있는 중화주의론이 그것이다. 물론 중화
주의를 최근의 동북아공정에서 보이는 중국의 패권주의와 동일
시할 수 없다는 입장도 있다. 후자는 무력에 의한 지배력의 확
장을 기하는 것이고, 전자는 문화적 영향력의 확대를 꾀하는
것이라는 것이다.5) 그러나 문화적 영향력의 확대도 궁극적으로
는 자신의 영향력을 타자에게로 확대시키는 것이기에, 더욱이
문화적 영향력의 확대에서도 폭력의 사용은 그 수단으로 흔히
볼 수 있었기에, 패권주의와 중화주의의 차이라는 것이 얼마나
분명하게 가능할지 의심스럽다. 따라서 강정인이 지적하듯이
중화주의는 서구문화중심주의처럼 어느 정도 보편적 문화에 대
한 지향의 측면을 갖고 있지만, 그것에는 또한 타문화에 대한
배타적 편견이 도사리고 있는 것이다.6) 특히 신정근에 따르면,
공자, 동중서, 주희를 위시한 유교 철학자들의 사유는 그 기원
에 있어서 보편문화 구현의 열망에서 나온 것이라기보다는,
"특정 지역에 거주하는 종족의 고유한 생존을 가능하게 하는

---

4) 시게자와 도시로는 조기빈과는 다르게 공자의 입장이 봉건적 생활양식
   과 영주제를 옹호하기 위한 것이라고 한다. 그러나 공자의 仁사상이 계
   급적 성격을 가지고 있다고 보는 것은 조기빈과 같다. 시게자와 도시로,
   『역사 속에 살아 있는 중국 사상』, 이혜영 옮김, 예문서원, 2003, 14-32
   쪽 참조.

5) 유희성, 「중화주의는 과연 패권적인가?」, 한중철학회 추계세미나 발표,
   2005 참조.

6) 강정인, 『서구중심주의를 넘어서』, 아카넷, 2004.

지속의 문제와 연관"[7])되어 나온 것이라고 한다. 다시 말해 유교의 궁극적 가치인 인(仁)이나 리(理)는 '인간다움'이나 '인간이 마땅히 따라야 할 인간적 도리'라는 그 보편적 성의와는 달리 중국 전통문화, 즉 특정 인종의 가치관을 깔고 있다. 따라서 유교 철학자들에게서 보이는 어느 민족이나 문화가 있으면 다 중화라는 사고는 어떤 보편적 문화에 대한 찬양이 아니라, 타문화를 배격하고, 중국문화만을 우월한 문화로 보는 편견이 배어 있다. 예컨대, 『논어』, 「자한」 편에서 보이는, 군자는 오랑캐 땅에 살아도 아무 누추한 것이 없다는 말은 일반적으로 생각하듯이 도의 보편성을 지적[8])하는 것이 아니라, 타문화에 대한 중국문화의 우월성을 주장하는 것이다.[9])

위에서 언급한 유교에 대한 계급적 해석과 인종적 해석은 유교가 다른 계급과, 다른 문화의 사람들도 수긍할 수 있는 가치의 객관적 기준을 제시하지 못하고 있다고 주장하는 것이다. 그러나 조기빈의 계급적 해석은 공자사상이 민(民)을 변화시켜 인(人)으로 가게 하는 측면, 즉, 아무리 민(民)의 계급으로 태어났어도, 배움에 의해 인(人)의 계급으로 갈 수 있다는 보편적 평등성이 있음을 잘 설명할 수 없다. 마찬가지로 신정근의 인

---

7) 신정근, 「중화주의와 '중국철학'의 동맹」, 109쪽. 신정근은 이 논문에서 과정으로서의 철학함과 성과로서의 철학을 구분하는데, 필자가 보기에 그의 이런 구분은 유교 철학자들의 사상이 배타적 성격을 가졌음을 지적하는 그의 논문의 논지를 크게 손상한다고 생각한다. 성과로서의 철학은 제쳐놓고, 단순히 과정으로서의 유교가, 즉 발생적으로 유교가 배타적이었다는 것이 무슨 큰 의의가 있을 수 있을까?

8) 김승혜, 『원시유교』, 민음사, 1994, 93쪽.

9) 신정근, 앞의 논문, 110쪽.

종적 유교 해석의 경우에도, 논의의 초점을 설사 과정으로서의 철학함의 측면에 국한시킬 경우에도, 과연 일이관지(一以貫之)의 성격을 띤 공자의 인(仁)이나 경험세계로부터 벗어나 있는 것으로 그려진 주자의 리(理)가 공자나 주자 각각에게 하나의 문화적 편견을 나타내는 개념으로 쓰였다고 보기는 힘들 것 같다. 그렇기에, 공자는 한마디로 인(仁)을 정의하려 하지 않았고, 주자는 사랑의 감정과 그 감정의 리(理)인 인을 애써 구별하려고 하였던 것이다.10) 이 점에서 유교가 가진 한계나 폭력성을 지적하면서도 보편적 측면을 아울러 인정하는 김상준의 모랄폴리틱으로서의 유교 해석은 주목할 만하다. 김상준의 해석은, 유교에는 보편적 도덕주의와 폭력적 일원주의가 병존해 있다고 한다. 그리하여, 유교는 일면으로는 그 보편적 도덕주의를 통해 군주의 자의적 권력행사를 규제하는 순기능을 하지만, 다른 면으로는 전제왕권의 권력 강화를 도모하는 폭력성을 노정한다는 것이다. 물론 그는 이 폭력이 제국주의의 폭력과는 다르다고 한다. 비록 폭력적 결과는 같은 것처럼 보이지만, 제국주의의 폭력은 의도된 것이고, 유교의 폭력은 의도되지 않은 것이기 때문이라는 것이다.

그러나 의도된 폭력과 의도되지 않은 폭력의 구분은 명료하지 않다. 공자는 불의(不義)에 대해 무력정벌을 주장했는데, 불의와 의(義)의 구별은 항상 분명한 것은 아니다. 최근 중국의

---

10) 이 점에서 유교를 단순한 관습주의, 보수주의로 보는 한센(Chad Hansen)의 견해는 비판받아야 한다. 이런 비판의 입장에 대해서는 Marion Hourdequin, "Tradition and Morality in the Analects: A Reply to Hansen", *Journal of Chinese Philosophy* 31:4, Dec., 2004 참조.

동북공정에서 보이는 패권주의, 아니 조선시대의 비성리학 혹은 천주교에 대한 탄압들에서 보여준 유교의 폭력성은 서구의 제국주의나 서구중심주의와 크게 다르지 않은 듯하나. 오히려 피해자의 자발적 동의에 입각해서 이루어진다는 사실 때문에, 그것이 폭력인지도 모르게 당하게 되는 더 무서운 폭력들이라고 할 수 있다.

3. 유교는 화해적이다

유교의 화해성을 강조하는 입장들이 있다. 생태주의적 해석과 해체주의적 해석이 그것이다. 생태주의적 해석은 이일분수(理一分殊)에서 이일(理一) 즉 보편적 동일성을 강조하고, 해체주의적 해석은 이일분수에서 분수(分殊) 즉 개개 사물들 간의 차이를 강조한다.

모종삼, 당군의, 전목, 풍우란, 두유명을 비롯한 일련의 현대 유교학자들은 유교전통의 복원을 말한다. 그것은 오랫동안 전제적이고, 반페미니즘적이고, 복고적이고, 심지어 비타협적인 것으로 인식되어 온 유교에 대한 명예회복의 성격을 띤다. 이들에 따르면, 유교에 대한 오해는 편협한 근대 이성주의와 자유주의의 관점에 기인한 것이다. 물론 이들은 유교가 오랫동안 유교 문화권에서 봉건적 전제주의의 모습으로 민중들에게 많은 억압을 주었음을 인정한다. 근대 이성주의와 자유주의가 이런 억압받는 민중들에게 보편적 인권의 개념, 자유, 평등의 자유주의와 민주제도의 이념을 깨우쳐준 긍정적 측면도 부인하지 않는다. 그러나 이들은 종종 아시아의 근대화 과정에서 유학이 단순한 전체주의, 집체주의,11) 봉건 전제주의로 묘사되고, 나아가 그 시기에 등장한 개발독재나 사회주의체제를 유학과 결부시킴으로써 유교를 평가절하시키는 데 대해 이의를 제기한다. 이들이 보기에 유학은 전제적 봉건주의를 옹호하는 입장이 아니고, 오히려 분권적 민본주의를 옹호하는 입장이고, 유학의 철학적 입장은 상하위계적 질서의 강조보다는 '천인합일(天人合一)'이라는 생태적 세계관에서 잘 드러난다. 이것은 맹자나 왕양명에서 보이는 세계에 대한 정감적 파악을 의미한다. 다시 말해서 기와가 부서지는 광경에도 마음 아파하는 그런 정감적 마음 혹은 주객일치(主客一致)의 상태로 세계를 파악하는 것이다. 이러한 유기체 철학은 개인이 집단의 이익에 복종해야 됨을 강요하는 전체주의나 집체철학이 될 수 없다. 유교가 개인주의, 가족주의, 인종주의, 민족주의, 인간중심주의 등으로 오해되어 온 것은 자아, 공동체, 자연, 하늘이 동심원적으로 확장되고, 나아가 통합되는 유교의 이념을 간과한 때문이다.

이 생태주의적 해석과 관련해서 특히 우리의 주목을 끄는 것은 모종삼의 '도덕적 형이상학(moral metaphysics)'으로서의 유교관이다. 모종삼은 유교의 핵심적 사상가로 맹자와 왕양명을 생각하고, 그들의 생태주의적 세계관을 양지(良知)의 선험적 도덕성에 입각한 형이상학으로 해석해 낸다. 이것은 일종의 범도덕주의적 세계인식이라고 할 수 있다. 그는 '지적 직관(智的直覺)'이나 '양지감함설(良知坎陷說)'이라는 개념들을 통해 주관

---

11) 유가 특히 신유학이 단순한 집체주의가 아니라 강한 자유주의의 전통에 있다는 주장에 대해서는 시어도어 드베리, 『중국의 '자유' 전통』, 표정훈 옮김, 이산, 1998을 보라.

과 객관의 분리를 강조하는 과학적 인식에 대해, 천인합일의 일원론적 세계인식이 가지는 우월성을 천명한다. 모종삼은 유교의 생태주의적 세계인식, 혹은 그의 표현에 의하면 유교의 '도덕적 형이상학'이 칸트가 해결하지 못했던 자유와 자연 혹은 실천이성과 이론이성의 간극을 메우는 역할을 할 수 있다고 본다. 모종삼을 위시한 생태주의자들이 지적하듯이 틀림없이 유학자들은 심지어 천인분리(天人分離)를 말하는 순자까지도 천(天)과 인(人) 즉 자연과 인간의 연속성을 의심하지 않고 받아들인다. 그러나 이런 생태적, 도덕적, 조화적 태도의 표명이나 수용만으로 칸트나 서구의 철학자들이 말하는 자연과 자유의 갈등상황이 해소되지는 않는다. 다시 말해 조화를 바라는 우리의 태도만으로 조화가 성취되지는 않는다. 생태주의적 세계관이 자연과 자유 사이의 갈등을 진정으로 조화시키기 위해서는 그 세계관에 대한 좀더 구체적인 논증을 통한 정당화의 과정이 필요하다.

생태주의적 혹은 범도덕주의적 유교 해석과 유사하게 유교를 근대의 편협한 이성주의의 폭력성으로부터 벗어나게 해주는 대안으로 등장하는 해석이 해체주의적 해석이다. 앞의 생태주의적 유교 해석이 동일성이나 초월성을 강조하였다면, 이것은 주로 차이나 내재성을 강조한다. 이 입장의 옹호자들은 먼저 근대 이성주의에 입각한 기존의 편협한 유교 해석의 문제점을 언어적, 역사적, 문헌적 연구를 토대로 지적해 낸다. 이런 연구들에 의해 복원된, 적어도 진(秦)·한(漢) 이전의 중국철학은 약간의 예외를 제외하고는 대체로 논리적 질서(logical order)보다는 미적 질서(aesthetic order)에 속한다. 후자는 초월적, 본질적이기보다는 내재적, 우연적인 철학이다. 로티나 제임스와 같은 문예적 실용주의자나 데리다와 같은 해체주의자의 사유가 유교의 이런 모습을 보여주기 위해 도입된다. 이들 해체주의의 옹호자들은 근대 서구의 이성주의가 서구의 보편주의나 본질주의에 기반을 두고 있으며, 이러한 본질주의, 초월주의는 기본적으로 배제의 논리를 함유하고 있다고 가정한다. 이러한 초월주의, 본질주의로부터 자유로운 유교의 철학은 따라서 자연스럽게 해체주의적이고 다원적인 철학이다.12)

그러나 유교를 해체주의로 보는 입장은 사실 유교가 보여주는 일원적 혹은 객관적 진리관에 비추어볼 때, 상당히 논란이 있다. 유교는 상대주의가 아니고, 하나의 진리를 믿기 때문이다.13) 비록 차이와 차별을 말하지만 이것은 어디까지나 커다란 통합이나 조화를 염두에 두고 있다. 유교의 라이벌인 노장사상을 해체적으로 해석하고, 유교를 거꾸로 본질주의, 이성주의로 보는 해석이 가능한 이유가 여기에 있다. 예컨대, 공자의 나의 도는 일이관지(一以貫之)한다는 것이나, 『중용』에서 도는 서로 충돌하지 않는다가 보여주는 것은 도의 일원성(一元性)을 말하는 것이다.14) 이런 점에서 모든 분수(分殊)는 궁극적으로는 있

---

12) 이승환은 유교의 이런 탈근대적 해석을 서구의 필요성에서 기인한 것으로 보아, 결국은 제국주의시대의 오리엔탈리즘과 다를 바 없는 것으로 파악한다. 이승환, 『유교 담론의 지형학』, 푸른숲, 2004, 67-68쪽.

13) 이상익이 보기에, 이일분수로 표현되는 유교의 관용론은 이런 객관적 진리에의 믿음 때문에 서구 자유주의자들의 관용론과는 달리 회의주의나 불가지론에 의존함이 없고, 따라서 도덕적 상대주의는 물론 '추잡한 삶'의 예방까지도 가능하게 한다. 이상익, 『유교전통과 자유민주주의』, 심산, 2005, 192-193쪽.

는 그대로 긍정되지 않는다.15) 분수(分殊)는 항상 이일(理一)과
의 관련성 속에서 정해진다. 개별자들은 꼭 공동체의 발전에
기여해야 한다는 것이다.16) 이처럼 유교는 만물은 모두 각각에
게 주어진 역할이 있다고 믿고, 이 주어진 역할들의 조화를 수
행해 나가려는 하나의 완결된, 닫힌 체계를 지향하고 있다. 이
런 점에서 유교의 중용의 철학은 얼핏 상당한 포용의 장점을
가지는 듯하지만, 그것은 사실 어떤 점에서 타자를 용납하지
않는 폐쇄성을 지닌다.17) 현실을 강조하는 철학이 종종 현실의
모순에 눈을 감을 수 있듯이, 종합을 강조하는 철학도 종종 자
신을 위주로 한 통합만을 말할 수 있다. 이하배가 말한 대로
우리와 현실을 너무 강조하면 우리와 현실이 왜곡되는 것처럼
조화와 상생의 강조가 오히려 약자의 희생을 강조하는 효과가
있게 되는 법이다.18) 이런 점에서 필자는 유교의 유기체 철학,
상관주의 철학19)은 서구의 이성중심주의, 자본주의와는 다르지

---

14) 흔히들 우리는 한국과 같은 유교국가에서의 다종교의 공존현상이 다원
   주의를 의미한다고 보는데, 로즈만(Gilbert Rozaman)은 종교와 문명은
   다른 것이며 따라서 한국사회의 다원종교 허용을 문화다원주의와 연결
   시킬 수는 없다고 하였다. 로즈만, 『동아시아 문화와 사상』 제5호,
   2000, 218-219쪽,

15) 이상익, 앞의 책, 167쪽.

16) 위의 책, 168쪽.

17) 이택후는 "같은 것을 구해 바깥의 사물들을 포용·흡수하고 동화해 자
   신을 넓혀 나가는 것이 중국 지혜의 특징 가운데 하나"라고 했는데, 사
   실 이런 사고는 그도 인정하듯이 모든 것이 자신의 체계에 다 갖추어
   져 있다고 보는 폐쇄성, 폭력성을 함유하고 있다.

18) 이하배, 「박종홍의 '우리철학' 모색—유교철학의 '현실'적 재구성?」,
   성균관대 학술심포지움발표, 2005.

19) 이택후는 유교의 상관주의를 음양오행사상의 상징체계와 연결시킨다.

만, 역시 동일화의 논리라고 생각한다.[20]

유교의 유기체주의는 전체에 수렴되지 않는 존재, 어떤 의미에서 진정한 타자를 생각하려 하지 않았기에 진정한 의미에서 화해적일 수 없었다. 따라서 분(分)을 통한 화(和)도 타인에 대한 억압일 수밖에 없었다. 유교가 진정한 타자를 상정하지 않았다는 것은 타자와의 거리가 지나치게 가까운 데서 기인한다. 이른바 상관적 사고, 혹은 음양적 사고라고 할 수 있는 이런 유기체의 철학에는 에임스 & 홀이 지적하듯이 하나가 다른 하나를 완벽히 근거지우는 초월적 관계가 부재하고, 대신 서로가 서로를 근거지우는 상관적 관계가 강조된다.[21] 천인(天人)이 그렇고, 명실(名實)이 그렇고, 음양(陰陽)이 그러하다. 아마도 유교의 모든 대립 쌍이 이런 상관적 구조를 지닐 것이다.[22] 그

그에 의하면 유교는 현실로 내려오지도 못하고, 초월적으로 가지도 못했다(이택후, 『중국고대사상사론』, 정병석 옮김, 한길사, 2005, 350-351쪽). 이것은 일종의 조숙형의 체계론적 사유로, 여기에는 폐쇄성, 순환성, 질서성의 우주론의 체계도식이 있다. 이것은 혹시 아리스토텔레스의 유기체 철학이 그 완결성 때문에 실험과학의 발전을 저해한 사실과 유사하다. 아리스토텔레스와 근대 과학혁명의 문제, 그리고, 상징적 언어관과 표상적 언어관의 차이로 근대 과학혁명을 설명한 것에 대해서는 Mary Tiles, *An Introduction to Historical Epistemology*, 127-168쪽 참조.

20) 핑가렛이 유가의 도를 '교차로가 없는 길(A Way without a Cross-roads)'이라고 묘사하는 것도 이 점에서일 것이다.

21) David L. Hall and Roger T. Ames, *Thinking Through Confucius*, Albany: State University of New York Press, 1987, p.13.

22) 이런 상관적 구조를 잘 볼 수 있는 것이 유가의 '덕의 단일성(the unity of virtue)'의 개념이다. 禮, 仁, 知 등의 미덕들은 미덕이 되기 위해 서로를 필요로 한다. 김승혜, 앞의 책, 114-115쪽 참조.

레이엄이 서구의 이분법은 갈등을 말하는 반면 동아시아의 이분법은 상보를 말하는 것이라 하고,23) 이택후도 유가의 사유구조를 다음과 같이 자체의 요소들의 상호견제와 상호보완의 성격으로 이해한 것은 그들이 유교를 바로 상관주의로 보기 때문이다.

"결국 혈연, 심리, 인도, 인격은 이러한 실천(용)이성을 특징으로 하는 사상형식으로서의 유기적 전체를 형성했다. 그것이 유기적 전체를 가지게 되는 이유는, 이들 요소 상호간의 견제와 작용을 통해 상호균형과 자기조절, 자기발전을 할 수 있었고, 또한 어느 정도의 폐쇄성을 가지고 있어서 항상 외재적인 간섭 또는 파괴를 배척해 왔기 때문이다. 예를 들면 두 번째 요소인 심리원칙(사랑에는 차등이 있다는 차별애를 가리킴)의 억제 아래 세 번째 요소인 인도주의의 경향이 한쪽으로만 발전하려는 경향을 저지시킴으로써 '겸애(兼愛)'와 '비공(非攻: 먼저 공격하지 않음)'을 강조하는 묵가 학설의 공격이 끝내 성공하지 못하도록 만들었다. 또한, 세 번째 요소인 인도주의의 제약 아래 개체인격의 경향이 일방적으로 발전하여 개인의 공적이나 향락 또는 자기구원을 추구하는 것 역시 불가능하게 되어 버렸다."24)

타인에 대한 공격을 무화시키는 이런 상반된 경향의 공존을 강조하는 유교의 입장은 포용적이기는 하지만, 결국은 타인의 비판을 진지하게 받아들이지 못하게 했다. 이것은 타인으로 하여금 유교로 포섭이 되든지 아니면 영원히 겉돌게 하든지의 양자택일을 강요한다.25)

---

23) A. C. Graham, *Disputers of the Tao*, 227쪽.
24) 이택후, 앞의 책, 96쪽.

4. 객관적[26] 다원주의의 길

유교의 배타성을 강조하는 몇몇 입장은 유교가 지닌 이념의 보편성을 간과하고 있고, 반면에 유교의 화해성을 강조하는 입장들은 아직은 근거가 뚜렷하지 않은 낭만적이고 신비적인 천인합일(天人合一)의 차원을 강조하여 보편성에서 기인하는 폭력에 무방비 상태거나, 혹은 개체들 간의 차이와 차별을 지나치게 강조해 무책임한 상대주의로 빠질 위험이 있었다. 우리가 갈 수 있는 적절한 길은 아마도 이 두 입장의 단점을 지양하여, 이념의 보편성을 인정하지만 그 보편성이 폭력성을 노정하지 않게 하는 길일 것이다. 즉, 절대적이지 않으면서 객관적인 진리의 길을 추구하는 것이다. 이 객관적 진리의 길은 물론 다양성과 차이를 조화시킬 수 있어야 한다.

유교의 배타성을 말하는 사람들이 유교의 이념이 표방하는 보편성을 부인하는 이유는 그것이 실질적인 것이 아니라 단지 명목적인 것일 뿐이라는 인식을 하기 때문이다. 예컨대, 유교에는 누구나 노력하면 군자가 될 수 있다는 보편주의가 있다고

---

25) 유교가 논증의 맥락보다는 주로 설명의 맥락에서 자신의 주장을 정당화하려 한 것은 이 점에서 이해 가능하다. 그러나 이병덕이 지적하듯이 "부연설명은 이미 자신의 중심 주장을 받아들이는 사람에게는 도움이 되는 방식이지만, 자신의 중심 주장을 받아들이지 않는 사람에게는 전혀 효과적이지 않다." 「직관의 방법과 논증의 방법에 대한 논평」, 철학연구회 추계학술대회발표논문집, 1999.

26) 여기서 말하는 '객관적'의 의미는 '인식주체를 벗어난'의 의미는 아니다. 객관적 다원주의의 객관은 오히려 대상세계의 다양성을 아우를 수 있는 인식주관의 논리적이거나 형식적인 능력·구조를 강조하는 말이다.

말하면, 유교의 배타성을 말하는 사람들은 유교사회의 불평등 현상에 주목하여, 그것은 단지 사탕발림에 불과하다고 할 것이다. 김승혜는 유교의 기회균등의 원칙과 유교사회의 불평등 현상의 불일치에 대해, 유교의 평등개념이 실제의 불평등으로 나타나는 것은 "사상 자체의 약점에서보다는 인간사회가 지닌 역사성과 복합성에서"27) 기인하는 것으로 보아야 한다고 하였다. 그는 이런 입장을 견지하여, 맹자의 왕도정치도 "어떻게 보면 현대적 민주주의의 이상을 거의 다 간직하고 있다고도 보겠으나, 구체적으로 민의를 측정하는 방안이 제시되고 있지는 않았다는 한계성을 지닌다"28)고 말했다. 그런데 구체적으로 민의를 측정하는 방안이 결여된 이념에 대해 현대적 민주주의의 이상이 다 간직되어 있다고 하기는 힘들 것 같다. 구현의 방식이 없는 이념은 그 자체 결함이 있는 것으로 보아야 한다. 이상익은 유교가 민(民)의 주권을 실제에 반영시키는 방법권도 없고, 법전에도 민(民)의 기본권이 설정되어 있지 않음에도 유교의 이념은 주권재민(主權在民)이었음을 강조하고 있는데,29) 그의 말처럼 방법론도 있고 기본권도 있다고 해서 바로 완벽한 주권재민일 수는 없지만, 그러나 그런 것들이 결여된 주권재민의 이념이란 것은 더욱더 문제가 있는 것일 것이다. 논리실증주의자들의 주장처럼, 어떤 단어의 의미는 그것의 검증방식과 연결되어야 하는 것이라면, 어떤 구체적 구현의 수단이 없는 이념은 그 자체 문제를 가지고 있다고 보아야 한다. 이 점에서 보

---

27) 김승혜, 앞의 책, 284쪽.
28) 위의 책, 330쪽.
29) 이상익, 앞의 책, 321-324쪽.

자면, 유교는 어쩌면 본질적으로 비타협적 요소를 가지고 있다고 말할 수 있다. 그것은 유교가 구체적 화해의 수단이 결여된 화해주의이기 때문이다. 따라서 유교가 폭력적이 되지 않으려면, 즉 명실상부하게 화해로우려면, 그런 이념을 실현시킬 구체적 방법이 뒤따라야 한다.

같은 차원은 아니지만, 방법에 소홀하고, 이념에만 몰두하는 것은 해체주의적 유교 해석도 마찬가지이다. 해체주의자들은, 서구중심주의가 이룩한 보편과 유교문화가 이룩한 보편의 성격 차이를 유비적으로 지적함으로써 유교의 비폭력성을 부인하려 한다. 그들에 따르면, 서구의 보편은 플라톤의 이데아와 같은 초월적 존재에서 성립하는 반면, 유교문화의 보편은 예(禮)와 같은 구체적 관습들 사이의 유사성에서 성립한다. 따라서 서구중심주의는 하나의 중심을 가지고 있는 반면, 유교는 그렇지 않다. 다시 말해, 서구에서는 신, 원인, 추상체 등등의 실체적 혹은 초월적 존재들이 다른 존재들의 기반으로서 등장하는 반면, 유교에는 그런 초월적 존재들이 없다고 한다. 그 결과 서구는 근본적으로 그런 궁극적 실체나 초월적 존재들과의 동일화가 철학의 근본 목표가 되는 동일화의 철학의 길을 걸어온 반면, 유교는 그렇지 않을 수 있었다고 한다. 이처럼 해체주의적 해석자들은 보편성은 바로 절대주의 혹은 본질주의를 함유하는 것으로 생각하여, 상대적으로 이런 보편성을 띠지 않는 유교를 다원주의로 규정할 수 있었다. 하지만 유교에 보편적 존재가 없다고, 유교가 과연 의도된 바대로 다원주의로 나아갈 수 있을까? 혹시 구체적 존재들을 절대적으로 주장하게 되거나 혹시 잘못하여 상대주의의 길로 나서지는 않을까? 서구에서 플라톤의 '이데아(idea)'나 루소의 '일반의지(general will)' 등과 같은 본질이나 추상체의 도입이 바로 관습주의나 상대주의의 위험성을 벗어나려는 시도에서 이루어졌음을 상기해 보면, 이러한 의심은 단지 기우가 아니다.30) 따라서 유교의 해체론적 해석자들이 말하는 구체적 보편성, 혹은 미적 보편성의 성격이 실제적으로 분명히 밝혀지기 전까지는 이들의 입장은 아직 객관적 다원주의의 길을 제시하지 못하고 있다고 할 것이다.

결국 효과적으로 유교의 객관성, 비폭력성, 그리고 화해성을 동시에 확보하기 위한 시도는 이념의 선성(善性)만을 강조하거나 이념의 성격을 구체적 분석 없이 막연히 제시하는 것만으로는 불충분하다. 이념의 보편성을 구현시킬 수 있는 좀더 구체적인 방법, 좀더 합리적인 절차가 제시되어야 한다. 이런 객관적 절차나 방법의 과정을 통해 자연스럽게 보편적 이념이 구현되는 것이 바람직하다. 유교의 비타협성을 주장하는 사람들이 유교의 이념은 명목뿐이라고 보는 것은 유교에는 이처럼 이념은 있지만 그 이념을 구현할 방법론이 부재하다는 것이다. 이는 역으로 말하면 방법론의 개발을 통해서 유교의 이념이 단지 명목에 떨어지지 않고, 그리하여 유교의 객관적 다원주의의 길이 확보될 수 있음을 뜻한다. 유교가 비타협적이라는 주장은 이렇게 적극적인 노력을 통해 극복되어야 한다.

방법론의 부재와 함께 유교의 객관적 다원주의의 길을 막고 있는 것은 유교이념의 성격에 대한 오해이다. 예컨대, 최진덕이 "송명이학의 가장 기본적인 통찰은 인간이 추구해야 할 진리

---

30) 사실 理가 禮나 그와 유사한 관습들과 동일시되었을 때, 사회적 약자에 대한 理의 폭력성은 신정근의 앞의 논문에 잘 나와 있다.

혹은 선(善), 다시 말해 천리란 인간의 작위에 앞서 자연적으로 이미 주어져 있다는 것이다"31)라고 했을 때, 우리는 그의 유교 해석이 유교의 이념이 대체로 일상성을 중심으로 전개되어 왔다는 점을 강조한다는 점에서 충분히 이해될 수 있지만, 유교의 진리가 이미 구체적인 형태로 정해진 것 같은 착각을 준다는 점에서 문제가 있다고 본다. 문제는 이처럼 고정된 진리의 차원에서 유교의 진리를 말한다면 그것을 주장하는 유학자의 의도가 어떻든 그것은 거대한 폭력으로 다가온다는 점이다.

과거의 역사적 상황에서 어쩔 수 없이 받아들였던 각종 존재론과 형이상학이 어쩔 수 없는 유교의 본질은 아니다. 이택후의 해석이 하나의 좋은 예가 될 수 있다. 그는 기본적으로 유교가 농업경제와 씨족공동체의 물적, 경제적 토대에 근거를 둔 것임을 인정한다. 이 점에서 그는 다른 대륙의 학자들처럼 유물사관을 신봉한다. 하지만, 그는 다른 학자들처럼 바로 이것으로부터 유교의 반동성, 한계성을 끄집어내지 않는다. 그가 보기에, 유교는 단지 박물관의 유물이나 도서관의 서적처럼 현대산업사회에는 직접 적용할 수 없는 사유가 아니라, 거기에는 그 자체 독립적이고, 또 보편적으로 수용될 만한 사유의 측면들이 있다. 그가 강조하는 것은 사유의 역사성을 결정론적으로 받아들이지 말고, 새로운 역사창조를 가능하게 하는 적극적 방식으로 받아들이자는 것이다. 사유가 물리적, 역사적 상황에 의존한다는 것은 우리의 주체적, 창조적 역할을 부인하는 것이 아니고, 우리가 우리의 물리적, 역사적 조건을 바탕으로 새로운

---

31) 최진덕, 앞의 논문, 49쪽.

사유를 창조할 수 있다는 것이다. 역사적 결정론과 인간의 능동적 창조성을 조화시키려는 그의 역사본체론은 이런 점에서 주목할 만하다.32)

이택후는 분명하게 말하고 있지 않지만, 역사적 산물인 유교가 새로운 역사창조의 자원으로 작용하기 위해서는, 다시 말해서 유교에서 말하는 천리(天理)의 보편적 진리가 다양성과 차이를 조화시키기 위해서는, 이 유교의 진리는 형식적인 것33)이 될 수밖에 없을 것 같다. 왜냐하면 특정한 내용이 있는 객관적 틀은 언제나 절대성의 편견을 동반하고, 따라서 타문화에 대해 폭력으로 전환될 가능성이 있기 때문이다. 물론 이런 형식적 진리는 무엇이나 받아들이는 텅 빈 형식이 아니고, 무엇인가 잘못된 경험적 내용을 규제하는 규제적 기능을 해야 하는 것이다. 이런 형식적 원리들로 많은 사람들이 생각하는 것은 충서(忠恕), 성(誠) 혹은 성기성물(成己成物) 등이다. 김비환은 유교가 정말로 다원주의적이려면, 유교는 자신의 진리관, 자아관의 내용들을 포기하고, 오직 충서와 같은 형식적 규칙만을 말해야 한다고 했다.34) 문병도도 유교의 일이관지(一以貫之)에 해당하는 초월적 진리로 서(恕)의 형식적 원칙을 든다.35) 정대현은

---

32) 이는 전통 속에서 改新의 창조적 계기를 발견하는 가다머(Hans-Georg Gadamer)의 작업을 연상케 한다.

33) 이택후가 분명히 말하는 것은 '문화심리구조'이다. 그러나 이 개념이 이 글에서 말하는 형식으로서의 유교의 진리는 아니기에 이택후가 분명히 말하지 않는다고 썼다.

34) 김비환, 「유교민주주의에 있어서 유교, 자유주의, 그리고 가치다원주의」, 『유교문화연구』 제1집, 2000, 110-111쪽.

35) 문병도, 「유가사상에 있어서 초월성과 내재성의 문제」, 『동양철학연구』

서구의 자유와 평등을 대체할 인류의 근본적 가치로 성기성물(成己成物)을 제시한다.36) 이러한 개념들은 모두가 유교를 다원주의와 화해시키기 위한 시도에서 나온 것이다. 우연적이지만 이 개념들이 마침 서구 역사에서도 보이는 보편적 원칙들과도 유사하기에37) 우리는 조화의 이념으로서의 유교의 미래를 밝게 볼 수가 있다.

5. 결 론

유교가 화해적이냐, 비타협적이냐의 질문에 대한 답은 한마디로 비타협적이라는 것이다. 유교의 비타협성은 유교가 보편적이지 않다는 것이 아니고, 오히려 유교가 가진 보편성의 성격에서 온다. 그것은 바로 방법론이 부재한 보편적 이념이라는 것이다.

유교의 이념이 보편적이려면, 아니 객관적 다원주의이려면 그 이념의 원칙은 충서(忠恕)와 같은 형식적 원리여야 한다. 그리하여 그런 충서의 원리를 통해 정당화되는 유교의 행위나 관습들은 역사를 통해 끊임없이 만들어져야 한다. 유교가 비타협

---

vol. 39, 2004.

36) 최근 『교수신문』의 기사 참조.

37) 예컨대 恕는 칸트의 정언명령이나 기독교의 황금률과 유사하다. 물론 恕나 황금률이 그 자체만으로는 냉소적 무관심주의나 가학주의를 배제하기 어렵다는 지적도 있을 수 있으나, 恕가 忠(도덕적 진정성)과 항상 같이 쓰인다는 점에서 어느 정도 이런 위험성을 벗어나지 않을까 생각한다. 恕에 대한 이런 비판에 대해서는 신정근, 『논어의 숲, 공자의 그늘』, 서울: 심산, 2006 참조.

적이 되는 것은 유교이념의 원칙이 형식적이라는 것이 망각되거나 또는 그 형식적 원리에 의해 역사상 한번 정당화된 구체적 행위나 관습들이 바로 절대적 원직으로 제시뇌었을 경우었다. 그러므로 유교를 객관적 다원주의로 만들기 위해 우리에게 필요한 것은 바로 유교의 보편적 형식적 원리를 사용하여 우리의 행위나 관습의 준칙들을 더 객관적이고 보편적인 기반 위에 놓기 위해 끊임없이 노력하는 일일 것이다.

참고문헌

『논어』
『맹자』
『순자』
『주자전서』
『전습록』
강영안, 『도덕은 무엇으로부터 오는가 — 칸트의 도덕철학』, 소나무, 2000.
강정인, 『서구중심주의를 넘어서』, 아카넷, 2004.
강정인·안외순, 「서구중심주의와 중화주의의 비교 연구」, 『國際政治論叢』 제40집 3호, 2000.
김비환, 「유교민주주의에 있어서 유교, 자유주의, 그리고 가치다원주의」, 『유교문화연구』 제1집, 2000.
김상준, 「조선시대의 예송과 모랄폴리틱」, 『한국사회학』 35/2, 2001.
김승혜, 『원시유교』, 민음사, 1994.
김형효 등, 『민본주의를 넘어서』, 청계, 2002.
김홍경, 「朱熹 理一分殊설의 총체적 이해」, 『현상과 인식』 14/1,

1990.

杜維明, 「현대 신유학인문주의의 생태주의적 전환」, 「보편윤리와 유학」, 「종교적 다원주의에 대한 유학적 인식」, 제5회 다산기념철학강좌, 2001.

牟宗三, 『心體與性體』, 臺灣 正中書局, 1968.

_____, 『중국철학특강』, 정인재·정병석 옮김, 형설출판사, 1985.

_____, 『심체와 성체』, 양승무·천병돈 옮김, 예문서원, 1998.

문병도, 「유가사상에 있어서 초월성과 내재성의 문제」, 『동양철학연구』 vol. 39, 2004.

시게자와 도시로, 『역사 속에 살아 있는 중국 사상』, 이혜영 옮김, 예문서원, 2003.

시어도어 드베리, 『중국의 '자유'전통』, 표정훈 옮김, 이산, 1998,

신정근, 「중화주의와 '중국철학의 동행'」, 『동양철학』 23, 2005.

유희성, 「중화주의는 과연 패권적인가?」, 한중철학회 추계세미나 발표, 2005.

尹乃鉉 외, 『中國의 天下思想』, 민음사, 1988.

이상익, 『유교전통과 자유민주주의』, 심산, 2005.

이승환, 『유교 담론의 지형학』, 푸른숲, 2004.

李澤厚, 『중국고대사상사론』, 정병석 옮김, 한길사, 2005.

이하배, 「박종홍의 '우리철학' 모색 — 유교철학의 '현실'적 재구성?」, 성균관대 학술심포지움발표, 2005.

정인재, 「모종삼의 양지감함설」, 『중국학논총』 10, 1997.

조기빈, 『반논어』, 조남호·신정근 옮김, 예문서원, 1996.

최영진, 「유교, 하나와 여럿의 형이상학 — 종교다원주의의 성리학적 기초」, 한국철학회 2002년 춘계학술대회발표집.

최진덕, 「이일분수(理一分殊)의 철학적 반성」, 『헤겔연구』 vol. 7, 1997.

프랑수아 줄리앙, 『맹자와 계몽철학자의 대화』, 허경 옮김, 한울아카데미, 2004.

황갑연, 「모종삼의 양지감함론 연구― 도덕과 지식의 융합에 관한 이른」, 한국중국학회, 『중국하보』 52집, 2005.

Graham, Angus, *Disputers of the Tao*, Open Court, Illinois, 1989.

Hall David L., and Ames, Roger T., *Thinking Through Confucius*, Albany: State University of New York Press, 1987.

_____, *Anticipating China*, Albany: State University of New York Press, 1995.

Hansen, Chad, *A Daoist Theory of Chinese Thought*, New York: Oxford University Press, 1992.

Hourdequin, Marion, "Tradition and Morality in the Analects: A Reply to Hansen", *Journal of Chinese Philosophy* 31:4, Dec., 2004.

Kwok, D. W. Y. ed., *Protest in the Chinese Tradition*, Center for Chinese Studies, University of Hawaii, 1989.

Nivison David S., *The Ways of Confucianism*, Open Court Publishing Co., 1996.

Rorty, Richard, *Philosophy and the Mirror of Nature*, Princeton, N.J.: Princeton University Press, 1979.

Tiles Mary and Jim, *An Introduction to Historical Epistemology*, Cambridge: Blackwell Publishers, 1993.

Wang, Aihe, *Cosmology and Political Culture in Early China*, U.K.: Cambridge University Press, 2000.

원효에 있어서 진리의 존재론적 지위

조 은 수

서울대 철학과

1. 들어가는 말

원효의 진리 인식의 방법론을 대표하는 것으로 흔히 화쟁, 회통 등의 개념을 든다. 현대 불교학자들은 이것을 두 가지 상반된 견해의 융용 또는 절충으로 흔히 해석한다. 그런데, 회통이란 서로 상반된 입장이나 사태들을 조화하고 꿰뚫어 화해시킨다(reconcile)는 뜻의 화엄철학에서 나타나는 독특한 방법론적 개념이다. 또한 사물이나 현상들 간의 무애와 원융의 성질을 중심으로 하여 사물 간의 관계성과 상호 의존성의 시각에서 세계를 파악하는 것은 화엄사상의 특징이기도 하다. 따라서 이러한 방법론과 세계관을 원효의 사상의 특징으로 이해하는 것은 원효의 사상적 발달의 최종점에 화엄사상을 놓는 입장에 걸맞은 것이다. 그러나 원효의 저술에서 특징적으로 나타나는 분석과 차별과 논리의 세계를 고려한다면 이러한 융융, 절충, 화해 등은 원효의 사상적 특징을 다 드러내 주는 것이라 할 수 없다.

화쟁이 무엇인가에 대한 해석에 있어서 화쟁을 두 가지 상반된 견해의 공존 내지 평화적 화해로 해석하여서는 원효의 화쟁이론이 전형적인 절충주의를 대변한다는 비판[1]을 피할 수 없을 것이다. 차이를 조화한다거나 다름을 화해한다는 것은 인식되는 차이와 다름에 대해 그러한 차이의 존재 자체를 부정하는 것인가, 아니면 차이가 있음을 인정하지만 윤리적인 입장에서 서로의 차이를 덮고 서로의 공통점을 더 들여다보자는 의미인가? 원효의 사상을 화해와 조화의 사상이라고 하는 해석에서 흔히 간과되고 있는 것은 원효의 불교사상의 근저에 깊이 배태되어 있는 중관사상적 세계관과 방법론이다. 원효는 진리가 고착되어 있으며 항구 불변하다고 믿는 실체론적 진리 해석에 대해 깊은 불신을 보이며, 중관사상의 핵심인 진제와 속제 간의 상대성, 주체와 객체의 틀의 부정, 그리고 이중부정의 논리를 차용하여 이러한 해석들을 비판하고 있다. 이 논문은 원효의 저술 『대승기신론별기』, 『기신론해동소』, 『열반종요』, 『금강삼

---

1) 1998년 가을 미국 종교학회의 연례대회에서 원효 사상에 대한 세션이 구성되었는데 질의응답시간에 해외 불교학자들이 발표자들에게 보인 반응이 그 좋은 예이다. "그렇다면, 이 말도 맞고 저 말도 맞다는 말이냐" 또는 "내 손바닥의 10전(다임)이 당신에게는 25전(쿼터)과 같다는 말이냐"는 등의 질문들이었다.

매경론』, 그리고『법화종요』등을 분석하여 이(理), 진여(眞如), 공(空) 등의 개념을 사용하여 논술되고 있는 원효의 진리 개념을 분석하고, 그의 진리 인식의 태도와 진리의 존재론적 지위에 대한 그의 독특한 입장을 찾아보고자 한다.

2. 사상적 배경

원효는 7세기 중반 신라시대에 살았던 불교 승려로서, 방대한 양의 불교 저술과 그 속에 드러나는 해박한 불교 지식과 이론의 독창성, 그리고 화려한 문장력으로 한국의 가장 대표적인 불교사상가로 꼽힌다. 그러나 그의 사상적 독창성이 무엇인지, 특히 그의 사상적 요체가 무엇인지를 정확히 알기 위해서는 당시 동아시아 지성계의 상황을 살펴볼 필요가 있다. 당시 중국 당나라는 범아시아적이고 코스모폴리탄적인 개방적 사회를 형성하고 있었고, 지식인들 간에 자유로운 사상적 교류와 새로운 사상의 유입이 이루어지고 있었다. 한 연구에 의하면 중국에서 번역되거나 저술된 어떤 불교 문헌들은 겨우 몇 개월 정도의 시간차를 두고 신라의 학승들에게 알려졌다고 하니, 그 당시의 문화와 지식 교류의 왕성함을 알 수 있겠다.

당시 불교라는 것은 단지 종교일 뿐만 아니라, 문화와 사상을 지배하는 지식 담론이었다. 예로, 서역 구법승인 현장이 인도에서 16년 후 돌아오면서 많은 텍스트를 새로 들여옴으로써 중국 불교학의 세계를 흔들어 놓고 새로운 사상 체계가 성립하도록 한 계기를 제공하였다는 것은 새로운 사상의 유입과 그것에 의한 새로운 세계관의 형성의 예를 보여준다. 원효와 그의 법 친구 의상이 당시에 중국에 유학을 가고자 한 것도 현장 문하에서 공부를 하기 위한 것이라고 전기는 적고 있으며, 원효의 저술 속에 드러나는 유식학에 대한 지식의 깊이와 양을 본다면 당시 이미 유식학의 이론을 서적을 통해 익히 알고 있던 원효가 현장이 인도에서 많은 새로운 유식이론서들을 가지고 돌아왔다는 것을 알고 그를 직접 만나서 그 문하에서 공부하고 싶어한 것은 충분히 짐작할 수 있는 일이다.

원효는 이 같은 문화와 학술의 황금시대를 살면서 당시 최고의 지식문화를 흡수하였던 사람으로 보인다. 그의 저술에서 보이는 수많은 인용, 단지 대승불교 주요 경전뿐만 아니라, 이전에 중국 불교를 풍미하였던 삼론종의 사상가인 승조나 길장의 저서의 인용, 더구나 노자, 장자 등의 빈번한 인용을 볼 때, 그는 단순히 불교에 국한되는 학승이라기보다는 당시의 당나라를 중심으로 한 범아시아 문화권의 지식인의 전형으로 보인다. 불교 학승으로서의 그의 면면을 본다면 그가 남긴 방대한 저술(80여 종의 책을 저술하였다고 알려져 있으며 그 중 21종이 현존함)2)에서 다루고 있는 다양한 불교 사상과 이론의 종류는 너무나 광범하여, 대승불교의 주요 경전인 반야경, 화엄경, 법화경, 열반경 등 모두에 대해 종요나 주석서를 썼고, 당시 대승불

---

2) 대승 경전인 반야경, 화엄경, 법화경, 열반경 등의 요지를 설명하거나 주석한 책들(大慧度經宗要, 華嚴經疏, 法華經宗要, 涅槃經宗要, 解心密經疏); 정토 사상 계통(無量壽經宗要, 彌勒上生經宗要, 阿彌陀經疏, 彌陀證性偈); 유식과 여래장 계통(中邊分別論疏, 大乘起信論疏, 大乘起信論別記, 二障義, 金剛三昧經論); 계율에 관한 책들(瓔珞本業經疏, 菩薩戒本持犯要記, 菩薩戒本私記); 논리학(判比量論); 간단한 에세이 류(大乘六情懺悔, 發心修行章, 十門和諍論) 등이다.

교의 가장 대표적인 사상인 중관사상이나 유식사상뿐만 아니라 계율과 정토 사상에도 주석을 쓰고 자신의 독립 에세이들을 쓰는 등, 그는 실로 당시 중국과 동아시아 불교학의 지식 지평에 존재했던 넓은 불교이론의 스펙트럼을 다 섭렵하였다는 것을 알 수 있다.3)

3. 진리 개념의 분석: 심진여와 심생멸4)

원효의 저술 속에는 여러 불교의 관심 주제들이 등장하고 있지만, 그 중 일관되게 등장하는 논의는 심(心)과 법(法),5) 즉 인식과 인식의 대상과의 관계에 대한 것이다. 이것이 중요한 이유는 불교는 깨달음을 얻기 위한 종교이고, 불교는 깨달음이란 세계와 존재에 대한 새로운 인식을 통해 얻어지는 것이며, 그 인식이란 현상세계의 본성, 또는 성질에 대해 깊은 고찰을

---

3) 따라서 원효의 사상적 요체가 무엇인가에 대해서는 하나로 정의하기가 매우 어려운 문제이다. 그 이유로는 앞에서 본 대로 그의 저술의 사상적 입장이 다양하고 또한 그의 넓은 불교 교학에 대한 지식들을 자신의 저술 속에서 종횡무진으로 인용하고 그 이론적 틀을 사용하고 있기 때문이다. 이러한 원효의 넓은 학문적 시야와 태도로 인해 그를 어느 학파에 소속하는 것으로 한 가지로 규정하는 것은 극히 어렵다. 실제로 그동안 원효에 대해 국내에서 출판된 수백 편의 논문과 수십 권의 서적들은 그 내용에 있어서 원효의 중심 사상을 무엇이라 볼 것인가 하는 것에 여러 다른 입장들을 보이고 있다. 그 입장들을 정리하면, 화쟁, 중관과 유식의 종합, 여래장 사상 등 여러 가지이다.

4) 이 소제목은 이 논문의 논평자인 이효걸 교수의 의견을 반영한 것이다. 그 분의 논평이 이 논문의 수정에 많은 도움이 되었음을 밝히고 감사 드린다.

5) 여기서 법(法)이란 현상, 존재 요소 등을 뜻한다.

한 연후에 얻어진다고 하기 때문이다. 현상세계와 존재의 본성에 대한 깊은 고찰이란, 원효가 많이 인용하고 있는 유식불교의 삼성설로도 설명할 수 있다. 존재는 마음의 분별, 식별 작용에 의해 갖가지 모습으로 나타나고(분별성, 分別性), 또한 존재들이 존재하는 방식, 또는 우리가 그것을 인식하는 방식은 서로서로가 의존하고 상호 관련하는 식으로 존재한다는 것(의타성, 依他性),6) 한편 존재의 성질은 원성실성(圓成實性)이니, 그것은 현상의 본체적 측면을 말하는 것으로, 글자 그대로 원만하고 이루어져 있고 참되다는 것이다.

현상세계에 대한 인식과 존재에 대한 고찰은 언어에 대한 태도를 결정하기를 요구한다. 붓다의 초기 가르침인 원시불교에서부터도 이미, 언어 사용은 그 언어에 대응하는 불변의 실재를 가정하게 만든다는 점을 들어 언어의 한계를 지적하지만 동시에 깨달음을 얻기 위해서는 언어를 사용하여 사물에 대한 정확한 인식과 세계에 대한 합리적 이해를 가져야 한다는 점을 강조한다. 따라서 원시불교 경전에는 대화와 토론을 통한 가르침, 언어의 잘못된 사용법을 분석하여 우리가 갖는 관념과 굳은 믿음들을 흔들어 버림으로써 깨달음으로 인도하는 수많은 사례들이 등장하고 있다.

원효도 또한 언어는 임시적인 방편일 뿐이며 그것을 통해서는 실체나 진리를 얻을 수 없다는 언어의 한계를 적극적으로 그리고 강력하게 설파하면서, 그러한 한계에도 불구하고 언어

---

6) 여기서 존재와 인식, 즉 객체와 주체는 서로 다른 것이 아니다. 유식불교에 의하면 존재는 인식에 의해서만 존재할 뿐이다. 삼계유식(三界唯識)이고 유식무경(唯識無境)이라는 것이다.

를 통해서만 진리를 드러내고 전할 수 있다는 언어의 효용을 강조한다. 원효의 언어에 대한 서술을 『기신론소』를 중심으로 정리해 보면 다음과 같다. 『대승기신론』에 나오는 다음의 유명한 구절, "심진여라는 것은 하나의 법계[즉 일심]의 대총상 법문의 체이며 심성의 불생불멸한 측면을 말한다. 모든 현상이란 분별하여 따지는 마음에 의해서만 그 다양성을 띠고 드러나는 것이며 만약 마음의 생각을 떠난다면 이세상의 모든 대상세계의 다양한 모습도 없다. 따라서 이 세상의 존재들은 원래부터 언어나 말의 모습을 떠나 있고 이름이나 글의 모습을 떠나 있고 마음이 대상으로 삼을 수 있는 것이 아니며, 궁극적으로는 평등하며, 바뀌거나 달라지는 것도 없고, 파괴될 수도 없는 것이다. 오직 일심일 뿐이다. 따라서 이것을 진여라고 한다. 일체의 언설(言說)은 임시적인 이름일 뿐 실체가 없는 것이요 다만 망념(妄念)을 따른 것이어서 그 실체를 얻을 수 없다"[7]에 대해 "진여(眞如)는 평등하며 말을 여의었다고 하는 까닭은 모든 언어와 말은 오직 임시로 지은 이름(假名)에 불과하기 때문이며, 따라서 참된 성질에 있어서는 끊어 버리지 않을 수가 없기 때문이며 또 저 언설이 단지 헛된 생각, 즉 망념에 따라 생긴 것이므로 참된 지혜의 [입장에] 있어서는 여의지 않을 수 없는 것이다"[8]라고 풀이했다. 즉 모든 언어와 말은 마음의 헛

---

7) 心眞如者 卽是一法界大總相法門體 所謂心性不生不滅 一切諸法唯依妄念而有差別 若離心念 則無一切境界之相 是故一切法從本已來 離言說相 離名字相 離心緣相 畢竟平等 無有變異 不可破壞 唯是一心 故名眞如 以一切言說 假名無實 但隨妄念 不可得故. (『대승기신론』, 한국불교전서(이하 HPC)1.743b14-21)

8) 所以眞如平等離言者 以諸言說唯是假名 故於實性不得不絶 又彼言說

된 분별 작용이 만들어낸 거짓 이름일 따름이기 때문에 존재의 참모습은 말이나 글로 표현할 수 없다는 것이다.

그러나 한편, 『대승기신론』에서 "언어와 말의 궁극은 말에 의하여 말을 버리는 것이다(言說之極 因言遣言)"라고 한 데 대해서 원효는 주석하기를, "말에 의하여 말을 버리는 것은 마치 소리로써 소리를 그치게 하는 것과 같다(因言遣言 猶如以 聲止聲也)"라고 설명하고 있다. 언어와 말이 본질적으로 임시적으로 사용하는 도구적인 것(假名)일 수밖에 없는데도 언어가 필요한 것은 말로써 말의 잘못을 바로잡기 위함이라는 것이다. 따라서 "희론(戱論)으로 희론을 멸하고", 즉 논리를 위한 논리, 이론을 위한 이론인 희론을 써서 다른 이론들을 격파하고 말을 그치게 하는 것이다.

위에서와 같이 언어의 기능성과 효용성은 인정하지만, 언어가 존재의 참모습을 그릴 수 있다는 것은 부정한다. 그렇다면 진리는 언어에 의해 드러날 수 없고 존재의 참모습은 말이나 글로 표현될 수 없다면 '절대적인 진리' 즉 불교에서 말하는 '진여(眞如)'를 파악할 수 있는 길은 영원히 차단되는 것인가? 또는 존재에 대한 어떠한 논설도 불가능한 것인가? 이에 대해 원효의 해석은 우선 절대적인 진리의 세계와 현실의 세계 간의 차이를 확인해 두고, 현실의 세계의 모습을 절대적 진리의 세계와 혼동하지 말 것을 가르친다. 『대승기신론』에서 말하고 또 원효에 의해 풍부하게 주석되고 있는 진여의 세계(진여문, 眞 如門)와 현실의 세계(생멸문, 生滅門)의 구분이 그것이다.

但隨忘念 故於眞智不可不離. (『기신론소』, HPC1.744a12-15)

그 차이는 다음과 같다. "진여의 세계는 염(染)과 정(淨)을 꿰뚫어보는 모습, 즉 그 차이를 인정하지 않고, 염과 정이 다르지 않음을 보는 세계이나. 이렇게 보아서 염과 정을 따로 구별하는 것이 없다. 이에 반해, 생멸문이란 염과 정을 따로 구별하여 드러내는 세계이다."

그러나 이 심진여와 심생멸은 또한 서로 다른 것이 아니라고 한다. "이 세상의 현상 중에서 이 염·정의 존재요소의 카테고리에 속하지 않는 것은 없다. 따라서 이 생멸문 또는 진여문에 의해 모든 존재가 다 망라된다. 통(通)이냐 별(別)이냐 하는 차이는 있지만 서로 동일한 것이며 서로 부정하지 않는다. 따라서 이 두 심진여문과 생멸문은 서로 다른 것이 아니다(불상리, 不相離)."9)

『대승기신론별기』에서는 불상리(不相離)에 대해 다음과 같이 주석한다. "진여문이란 여러 존재요소들의 통상을 보는 것이다. 통상 외에 다른 존재요소들이란 없으므로 모든 법들이 이 통상에 망라된다. 마치 흙먼지가 질그릇의 통상이 된다. 통상과 별도로 질그릇이 없으며 질그릇이 미진이라는 카테고리 속에 포섭되는 것과 같다. 이와 같이 두 가지 문을 가정하고 있지만, 이 두 가지가 체를 달리하는 것은 아니다. 두 가지 문이 서로 다르며 서로 통하지 않는다고 한다면 진여문 중에는 리(理)를 껴안지만 사(事)를 껴안지는 않고, 생멸문 중에는 사를 껴안지만 이를 껴안지 않는 식으로 될 터인데, 이제 이 두 가지 문으

---

9) 眞如門者染淨通相 通相之外無別染淨 故得總攝染淨諸法 生滅門者別 顯染淨 染淨之法無所不該 故亦總攝一切諸法 通別雖殊 齊無所遺 故 言二門不相離也 總釋義竟. (『기신론소』, HPC1.741b7-12)

로 서로 융섭하고 서로 통하여 그 끝과 경계가 서로 나뉘지 않기 때문에 이것을 일러 '두 가지 문이 서로 떨어져 있지 않다'라고 하는 것이다."10) 이같이 진여문에도 생멸문에도 각각 리(理)·사(事)가 있지만, 그 성질이 다르다고 설명한 후에, 마치 『섭대승론(攝大乘論)』에서 삼성(三性)이 서로 의지하는 것을 설명한 듯이 "다르지도 않고 다르지 않지도 아니하다"라고 한다. 이 삼성이 같지도 않고 다르지도 않은 뜻, 즉 불일불이(不一不異)함을 잘 이해한다면 백가의 쟁론을 화합하지 못할 것이 없을 것이라고 한다.11)

---

10) 眞如門是諸法通相 通相外無別諸法 諸法皆爲通相所攝 如微塵是瓦器通相 通相外無別瓦器 瓦器皆爲微塵所攝 眞如門亦如是 生滅門者 卽此眞如是善不善因 與緣和合變作諸法 雖實變作諸法 而恒不壞眞性 故於此門亦攝眞如 如微塵性聚成瓦器 而常不失微塵性相 故瓦器門卽攝微塵 生滅門亦如是 設使二門雖無別體 二門相乖不相通者 則應眞如門中攝理而不攝事 生滅門中攝事而不攝理而今二門互相融通際限無分 是故皆各通攝一切理事諸法 故言二門不相離故. (『대승기신론별기』, HPC 1.741b24-c1)

11) 이도흠은 원효의 이분법적 사고에 대한 부정을 데리다의 이항대립(binary opposition)적 사유와 비교하면서, 데리다는 이성중심주의에 바탕을 둔 서양의 형이상학은 정신/육체, 이성/광기, 주관/객관, 내면/외면, 본질/현상, 현존/표상, 진리/허위, 기의/기표, 확정/불확정, 말/글, 인간/자연, 남성/여성 등 이분법에 바탕을 둔 야만적 사유이자 전자에 우월성을 부여한 폭력적인 서열제도이며, 처음과 마지막에 '중심적 현존'을 가정하려고 하는 인간의 욕망에서 비롯한 것이라고 비판한다고 하면서 원효의 불일불이(不一不二)와의 비교를 시도한다. 이도흠, 『화쟁기호학, 이론과 실제』, 한양대 출판부, 1999 참조.

4. 진리 인식의 태도: 중관의 공과 불공의 측면에서

또한 생멸문 안에는 공(空)의 뜻과 불공(不空)의 두 가지 뜻이 다 있다고 한다. 불공의 뜻은 인연을 따라 생멸의 세계가 나타나는 것을 말한다. 그렇다면, 불공에 비해 공의 뜻은 무(無), 즉 없음을 말하는 것이니 어떻게 인연을 따라 유(有)의 세계, 존재의 세계가 나타날 것인가 하고 묻는다. 이에 대해 대답하기를, "두 가지 뜻이 같아서 다르다고 할 수 없다. 공에 의해서도 유를 지을 수 있다"고 한다. 왜냐. 만일 공이 반드시 공일 뿐이라면 마땅히 유를 지을 수 없지만 이 공도 또한 공이므로 유를 지을 수 있다는 것이다. 공이 공하다는 것은 두 가지 뜻이 있는데 첫째는 대품반야경 등의 경전에서 말하는 일체법이 공하고 이 공한 것도 또한 공하므로 이를 공공(空空)이라고 한다는 것과 같고, 진여문에 속한다. 두 번째는 유가 유의 자성이 없으므로 공이 되는 것으로 이 공은 공성이 없기 때문에 유를 지을 수 있으니 이를 공공이라고 하고 이러한 공공은 생멸문에 속한다고 한다.[12]

즉, 공과 불공, 무와 유 등의 개념어들을 써서 진여의 세계와 생멸의 세계가 다름이 있지만 또한 다르지도 않다고 함을 설명하고 있다.

---

12) 問 若生滅門內二義俱有者 其不空義可有隨緣作生滅義 空義是無 何有隨緣而作有義 答二義是一 不可說異 而約空義亦得作有 何者 若空定是空 應不能作有 而是空亦空 故得作有 然此空空亦有二義 一者 有法性空 是空亦空 有之與空 皆不可得 如是空空 有眞如門. (『대승기신론별기』, HPC1.742.b10-19)

말을 바꾸어 표현해 보면, 절대적 진리의 입장에서 보는 세계는 다름 아닌 이 현상세계라는 것이다. 이것은 유식사상과 함께 인도 대승불교의 양대 축인 중관사상에서 핵심적으로 다루는 문제이다. 진리에 두 가지 차원이 있음을 이야기하고, 언어에 의한 왜곡 없이 사물을 있는 그대로 보는 경지인 진제와 세상 사람들의 상식적인 관점인 속제를 상정하고는, 속제를 의지하지 않고서는 진제를 얻을 수 없으며 열반을 얻을 수도 없다고 한다.

그것은 또한 진여문에서 말하는 리(理)라는 것이 곧 공을 가리키기 때문이기도 하다. 진리의 세계는 무분별이고 그것이 중도의 입장이라는 말은 원효의 저술을 통해 무수히 많이 발견되는 것이다. 중도, 공의 입장에서는 차이 또한 분별이라는 것은 가능치 않다. 이것을 원효는 거듭 '불일불이'라고 설명하고 있다.

5. 서로 다른 진리 주장들의 갈등을 해소함: 화쟁

이상의, 일심(一心)을 심진여와 심생멸의 두 측면으로 나누었다가 다시 합일하거나, 또는 다른 여러 개념 틀, 리(理)/사(事), 공(空)/불공(不空), 무(無)/유(有) 등의 개념을 이용해서 다시 나누고 합일시키는 방식을 박종홍 박사는 원효의 "신축자재한 개합(開合)의 방법"이라고 불렀다. 또한 이것을 화쟁의 논리라고도 했다. 여기에서 많은 학자들이 원효의 가장 중심 사상이 된다고 하는 화쟁이란 무엇인가에 대한 논의를 시작할 필요가 있다.

화쟁(和諍)이라는 말을 한국철학사의 담론 속에서 부각시킨 사람으로 박종홍 박사를 들 수 있다. 그는 『한국사상사 — 불교편』에서 원효에 관한 장을 '화쟁의 논리'라는 이름으로 얼고, 원효 사상의 고유성과 특수성을 천명하면서 그의 사상을 철학적으로 탐구할 것임을 선언하였다. 여기서 그는 화쟁을 원효 사상의 가장 근본적 특성이라고 진단하고 화쟁에 대해 다음과 같이 설명하고 있다. "석가모니 당시에는 몇 가지 견해와 입장만 존재하여 그 속에서 진리를 얻을 수 있었다. 그러나 시간이 갈수록 여러 가지 상이한 이론과 해석들이 등장하게 되고, 누가 옳고 그른지 다투게 됨에 따라 교리적 반목이 심해지게 되었다. 이런 갈등과 분쟁 속에서 원효의 사상이 등장함으로써 모든 논쟁들이 중재되고 다양한 견해가 통합되기에 이르렀다"[13]는 것이다. 이와 약간 다른 해석으로 이기영 박사의 해석을 들 수 있다. 그는 "화쟁의 원래 의미는 '편견에 사로잡힌 싸움을 지양하고, 회통적인 이해를 통해 원융무애한 관계를 이룩하는 것'이다"라고 하고, 화쟁이란 싸움을 지양하고 화해와 이해를 통한 화합을 말하며, 신라 통일의 정신이었고 앞으로 이 사회가 나아가야 할 바라고 역설했다.[14]

하지만 회통이라는 말은 원효의 화쟁이라는 말과는 그 정의와 사용법에 있어서 분명히 구별되어야 한다. 또한 원효의 화쟁이 개념이 반드시 '융합적' 사유 방식을 옹호하는 것이라고 단정하기는 어렵다. 나중에 살펴보겠지만 화쟁이란 입장의 차

---

13) 박종홍, 『한국사상사 — 불교편』, 서울: 서문당, 1972, 86-88쪽.
14) 이기영, 「원효의 화쟁사상과 오늘의 통일문제」, 『불교연구』 11, 12, 455-456쪽.

이와 다름에 대한 분석적 고찰에서 시작하는 것이며, 이러한 차이와 같음에 대한 충분한 이해 이후에야 쟁론 간의 대화가 비로소 시작된다. 또한 화쟁이라는 말을 쓸 때 이미 어떤 분쟁이나 쟁론이 먼저 존재하거나 당장 주의를 요하는 어떤 상황이 펼쳐진 것으로 가정하고 있는데 이것은 하지만 원효 당시의 상황으로 볼 때 그렇게 해석해야 할 필연성이 없다는 점을 지적해야 할 것이다.

그 외 많은 학자들이 화쟁의 의미에 대해 다른 해석들을 내놓았다.15) 이 중 두드러진 것으로는 화쟁을 언어의 문제로, 즉 언어가 실체를 드러내지 못하므로 언어의 유한성을 감안한다면 서로 다른 입장 간의 차이는 자연히 해소된다는 뜻으로 해석하

---

15) 화쟁이라는 말의 다의성에 대해서는 화쟁이 정치적 차원으로 확장하여, 사회적 조화나 평화를 지향한다는 해석을 넘어서 권력에 순응하고 일치시키려는 이데올로기로서 사용되었다는 주장을 들 수 있다. 불교 역사상에 나타난 여러 특정사상들을 불교의 근본 이념에 배치하는 것으로 규정하고 일본의 문화와 사회에 대해 비판의 목소리를 내고 있는 일본의 불교학자 하카마야 노리아키 교수는 그의 『비판불교』라는 책에서, 일본 문화에서 오랫동안 숭상되고 있는 개념인 和라는 이념이 "和는 숭상되어야 한다"로 시작하는 쇼오토쿠 태자의 17조 헌법에서 나온 것으로 알려지지만 사실은 원효의 화쟁이론에서 나왔다고 주장한다. 그에 따르면 원효의 화쟁이념에 영향을 받은 신라의 삼론종 학승이 일본에 건너와 화쟁사상을 퍼뜨려 당시 지배층에 회자되었고 나중에 『일본서기』가 편찬되면서 쇼오토쿠 태자의 17조의 하나로 기록되었다는 것이다. 그는 원효의 화쟁이론은 극단적인 절충주의 이론이며 이것이 일본의 전체주의자들이 조화와 일치의 이데올로기를 만드는 기초 작업에 이용되었다고 하고, 또한 전쟁 이후 일본의 전체주의 이념이 부활하는데 기여했다고 주장한다. 袴谷憲昭,「和の反佛敎性と佛敎の反戰性」,『東洋學術硏』 26-2, 1987, 11쪽; 袴谷憲昭,『批判佛敎』, 동경: 大藏出版社, 1990, 275-304쪽.

는 것이다. 필자는 화쟁이라는 것은 언어의 문제라기보다는 진리를 어떤 것으로 이해하는가 하는 논의로 접근해야 한다고 생각한다. 앞에서 본, 이 세계를 신여와 생멸의 두 관점에서 보는 세계와 존재에 대한 이해의 도식 속에서 자연스럽게 도출되는 문제의식이라고 논의라고 본다. 다시 말하면 심진여와 심생멸의 이중적인 구조, 즉 심진여와 심생멸은 같은 일심의 두 측면이며, 다르면서도 같다고 하는 전제에 비추어본다면, 생멸의 입장에서 보는 세계의 모습은 그 자체 타당한 존재 위치를 가지는 것인가, 모든 분별, 차이라는 것은 상대적 의미에서만 진리성을 가지는가, 하는 등의 질문이 나올 수밖에 없다. 그런 점에서 원효의 저술을 통해서 서로 상충하고 경쟁하는 하는 진리가 있을 때 그 진리 간의 차이와 다름에 대해 어떻게 이해할 것인가 하는 질문이 끊임없이 등장하고 있다.

원효의 저술에서 화쟁이라는 말이 어떤 의미로 쓰였는지를 다시 점검해 본다면, 우선 원효의 저술에서 '화쟁'이라는 말이 하나의 단어로 쓰인 예는 『십문화쟁론』의 제목 해석 외에는 거의 드물고, 『열반종요』에 나오는 "和百家之異諍" 등과 같이 '화'와 '쟁'이 따로 떨어져 하나의 구절로 쓰인 것이 대부분이다. 또한 『열반종요』에서는 "[열반경은] 여러 경전의 부분을 통합해서 온갖 흐름을 한 맛으로 돌아가게 하고 부처의 뜻의 지극히 공정함을 열어서 백가의 이쟁을 화해시킨다(和百家之異諍)"[16]라고 하고 이러한 점에서 열반경을 교(敎)와 리(理)가 일치하는, 이교일미(理敎一味)의 경전이라고 한다. 그런데 여기서

---

16) 統衆典之部分 歸萬流之一味 開佛意之至公 和百家之異諍. (『열반종요』, HPC1.524a16)

백가의 이쟁이라고 하는데 그 '쟁'이 무엇인가를 따져보기 위해서는 『열반종요』에서 무수히 나오는, "어떤 사람이 말하기를(惑有說者)", "여러분들이(諸師)", "그분들(彼師)", "여러 가르침(諸宗)" 등의 용어에 주의해 볼 필요가 있다. 조금 더 구체적으로 그 전형적인 예를 소개하면 다음과 같다: "이 경의 종지가 무엇인가 하는 질문에 대해서 여섯 가지 답이 있을 수 있다. … 묻기를 위의 여섯 가지 주장 중에서 어느 것이 맞는가에 대해 어떤 사람은 앞의 말 모두가 다 맞다, 그것은 부처님의 뜻은 특별히 정한 곳이 없고 해당하지 않는 데가 없기 때문이라는 것이다. 또 어떤 이는 말하기를 맨 나중 의견이 제일 맞다고 한다. 그것은 부처님의 뜻은 특별히 정한 곳이 없는 뜻에 잘 맞기 때문이며 앞에 나온 다섯 가지 의견을 다 받아들였기 때문이다. 여기서 볼 때 두 사람의 의견이 다 맞다고 할 수 있다. 그러나 총체적인 면에서 말하면 위에서 말한 것과 같지만 아래에서 자세히 더 설명하여야 할 것이다. 여기서 우선 열반의 뜻을 여섯 가지 측면에서 접근할 수 있다. 명의 즉 이름과 뜻을 설명하는 부분, 열반의 체상을 설명하는 부분, 열반의 공통됨과 국한되는 것을 살펴보는 부분, 열반의 이멸을 설명하는 부분, 열반의 삼사를 설명하는 부분, 열반의 사덕을 설명하는 부분 등이다."17)

---

17) 問六師所說何者爲實 答或有說者 諸說悉實 佛意無方無不當故 或有說者 後說爲實 能得如來無方意故 並容前說諸師義故 當知是二說亦不相違也 總說雖然於中分別 且依二門以示其相 謂涅槃門及佛性門 涅槃之義六門分別 一名義門 二體相門 三通局門 四二滅門 五三事門 六四德門. (『열반종요』, HPC1.525c23-526a6)

이상의 용례의 전후에는 어김없이 여러 다른 경전들의 예를 비교적으로 들고 있다. 즉 『섭대승론』에서는 이렇게 이야기하였고 『능가경』에서는 저렇게 설명한 것이 바로 이것을 말한 것이다라는 등이다. 이러한 것을 볼 때 원효는 여러 주석서와 저술을 통해서 다양한 불교 교학의 이론들이 망라된 문헌적 자료와 전거를 제공함으로써 겉으로 보기에 모순되는 듯한 이론들이 제각기 교리적이고 문헌적 전거를 통해 검증되고 승인된다는 사실을 보이려 하였다고 볼 수 있다.

다른 예로 『대승기신론별기』에 나오는 다음 세 인용을 살펴보겠다(『기신론소』에는 화쟁이란 말이 나타나지 않는다). 첫 번째 예는, "[기신론을] 일컬어서 모든 론(論)의 조종(祖宗)이고 군쟁(群諍)의 평주(評主)라 한다(是謂諸論之祖宗 群諍之評主也)"[18]로, 기신론은 여러 쟁론을 평정하는 으뜸가는 론(論)이라고 한다. 두 번째 예는, 위에서 이미 소개한 것으로, "이는 『섭대승론(攝大乘論)』에서 삼성(三性)이 서로 의지하는 것을 설명하여 '다르지도 않으며 다르지 않지도 아니하니, 마땅히 이처럼 말해야 한다'고 한 것과 같다. 만약 이 삼성(三性)이 같지도 않고 다르지도 않은 뜻을 잘 이해한다면 백가(百家)의 쟁론(諍論)을 화합하지 못할 것이 없을 것이다"[19]고 한다. 세 가지 성질(三性)이란 존재가 가진 세 가지 성질을 말하는 것으로, 분별성, 의타성, 원성실성을 말한다. 즉 존재의 참모습을 같지도 다르지도 않은(不異非不異) 입장에서 조망한다면 그 근원의 입장

---

18) 諸論之祖宗 群諍之評主. (『대승기신론별기』, HPC1.733b23-24)

19) 如攝論說 三性相望 不異非不異 應如是說 若能解此三性不一不異義者 百家之諍無所不和也. (『대승기신론별기』, HPC1.742a7-9)

에서는 여러 다른 의견들과 진리들이 타당성을 갖게 된다는 뜻이다.

세 번째 예는, 이것은 앞의 것보다 좀더 복잡한 예로서, 쟁이란, "또 말하기를, 가유(假有)를 나타내려 하기 때문에 상분(相分)도 있고 견분(見分)도 있다고 하였고, 가무(假無)를 나타내려 하기 때문에 상분도 없고 견분도 없다고 말하였다. 가유는 [참된] 유에 해당하지 않기 때문에 무를 움직이지 않고, 가무는 [참된] 무에 해당하지 않기 때문에 유를 깨뜨리지 않는다. 유를 깨뜨리지 않기 때문에 의연히 있는 것이요, 무를 움직이지 않기 때문에 의연히 없는 것이다. 이와 같이 매우 깊은 인연의 도리가 고요하여 의거하는 것이 없으며 환하여 막힘이 없으니, 어찌 어긋나는 논쟁(諍)을 그 사이에 용납하겠는가?"20) 여기서 원효는 불교에서 말하는 인식의 두 가지 요소인 견분과 상분, 즉 주관과 객관의 입장을 넘나들면서, 이 세상의 존재들을, 가유, 가무, 또는 참된 유, 참된 무 등으로 관점을 바꾸어 볼 것을 제시한다.

이상의 예를 볼 때, 원효가 말한 '쟁(諍)'이라는 것은 다툼이라는 말보다는 서로 다른 이론, 진리 주장으로 해석되어야 할 것이다.21) 그렇다면, 원효의 화쟁이 반드시 화해를 의미하는

---

20) 又說 爲顯假有 故說有相有見 爲顯假無 故說無相無見 假有不當於有 故不動於無 假無不當於無 故不壞於有 不壞於有 故宛然而有 不動於 無 故宛然而無 如是甚深 因緣道理 蕭焉靡據 蕩然無礙 豈容違諍於其 間哉. (『대승기신론별기』, HPC1.761c9-16)

21) 이외 다른 저술들 특히 화쟁을 논하는 대표적인 저술인 『십문화쟁론』 의 용례를 살펴보아야 하겠으나, 그 문헌에서 드러나는 '諍'이라는 말 의 의미는 이상의 저술의 용례에서 벗어나지 않기 때문에 열거하지 않

것인가 하는 것도 의문해 볼 필요가 있다. 오히려 화해라는 현대어보다는 원효 자신이 쓴 용어인 '화회'한다, 또는 '회통'한다는 동사로 해석할 필요가 있다. 선통 불교 교학에서 쓰는 독특한 동사인 화회한다는 것은 다른 이론 또는 의견들을 회(會) 즉 모아서, 서로 화(和), 화합 또는 화해시킨다는 뜻이다. 예를 들어 이와 같은 상위를 어찌 화회할 것인가(如是相違 云何和會) 하고 묻는 문장이 그 예이다(720c6). 또는 앞의 세 번째 예문 바로 앞에서 나오고 있는 "회통(會通)한다"22)는 표현이다.

6. 화쟁의 근거: 일심

그러면 이러한 다른 뜻과 다른 이론들과 다른 입장들을 회통할 수 있는 근거는 무엇일까? 우선, 『열반종요』에서 화쟁을 하는 이유는, "백가(百家)의 이쟁(異諍)을 화해시켜 일미(一味)인 일심(一心)의 근원으로 돌아가게 함이다"라고 했다. 일심의 근원(일심지원, 一心之源)이라는 말은 원효의 저술 여러 곳에서 나타나는 것이다. 화쟁이란 그것을 통해서 자신의 마음의 본원에 돌아갈 수 있는, 즉 인식의 전환을 얻는 것을 말하고 더 고도의 종교적인 통찰을 요구하는 것이라고 보인다. 이러한 여러

겠다.

22) "집량론에서, '모든 심과 심법은 다 스스로를 깨닫는다' 하고 이것을 현량이라고 이름한다. 만약 그렇지 않다면 이미 보지 못한 것을 기억한다는 것과 같은 것은 있을 수 없을 것이다. … 그런데 능가경에서는 마음은 스스로의 마음을 보지 못한다고 하였으니, 이와 같이 그 입장이 다른데 어떻게 회통(會通)하겠는가?" 하고서는, 이에 답하기를, "여기에는 다른 뜻이 있어서 서로 입장이 다르지 않게 하는 바가 있다."

입장이 다 타당성을 지닐 수 있는 것은, 개별 존재들의 근저에 있는 존재의 실체, 그것을 공유하기 때문이다. 『열반종요』에서 원효는 그것을 다음과 같이 설명한다.

"어떤 이들은 이렇게 설명한다. 열반경의 종지를 설명하면서 둘이 없고 참된 성질 그것으로 종지를 삼는다. 참된 성품이란 모습이나 성질을 떠나 있는 것으로 서로 막히는 것이 없다. 또한 모습을 떠나 있기 때문에 더럽거나 깨끗하거나 하는 것도 없다. 원인도 아니며 결과도 아니다. 또한 서로 같지도 않고 다른 것도 아니다. 있는 것도 아니고 없는 것도 아니다. 성질을 떠나 있기 때문에 더러워지기도 하고 깨끗하기도 하고 원인도 되고 결과도 되며 동일하기도 하고 차이가 있기도 하며, 존재한다고도 하고 없다고도 한다. 더러워지기도 하고 깨끗해지기도 하므로 중생(衆生)이라고 부르기도 하고 생사(生死)라고 부르기도 하고 여래(如來)라고 부르기도 하고 법신(法身)이라고 부르기도 한다. [깨달음을 얻는 데] 인(因)과 과(果)가 되므로 불성(佛性)이라고도 부르고 여래장(如來藏)이라고도 부르고 보리(菩提, 즉 깨달음)라고도 부르고 대열반(大涅槃)이라고도 부른다. 유(有)도 되고 무(無)도 되기 때문에 진제(眞諦)와 속제(俗諦)의 이제가 된다 하며 유도 아니고 무도 아니기 때문에 중도(中道)라고 한다. 균일/동일한 것이 아니기 때문에 여러 다른 가르침들에 해당하기도 하지만, 다른 것이 아니기 때문에 여러 가르침은 한 맛(일미, 一味)이라고 한다."23)

---

23) 或有說者 諸佛秘藏無二實性以爲經宗 如是實性離相離性故 於諸門無障無礙 離相故不垢不淨非因非果不一不異非有非無 以離性故亦染亦淨 爲因爲果亦一亦異爲有爲無 染淨故或名衆生或名生死 亦名如來亦名法身 爲因果故或名佛性名如來藏或名菩提名大涅槃 乃至爲有無故名爲二諦 非有無故名爲中道 由非一故能當諸門 由非異故諸門一味 如是無二秘藏以爲是經宗旨 但其題目之中不能並偏存諸名且隨時事立涅槃名. (『열반종요』, HPC1.525c11-24)

이 세상의 모든 존재들은 참된 성품을 지니고 있고, 그것은 염정, 무구, 상, 무상이며 하나도 아니고 둘도 아니므로, 그것을 중생, 열반, 생사, 여래, 법신, 불성, 여래장, 깨달음, 대열반, 이제, 중도 등의 이름으로 부를 수 있다. 이러한 진리의 세계의 입장에서 볼 때 여러 가르침은 한 맛이라고 하는 것이다.

여러 다른 이론들이 서로 다르지 않고 서로 어긋나지 않을 수 있다고 원효가 주장할 수 있는 근거에 대한 또 다른 설명은 교(敎)와 리(理)에 대한 그의 이론에서 찾을 수 있다. 교(敎)란 가르침, 리(理)는 실체, 내지는 실재라고 해석할 수 있는 것이다. 그 결론을 말하면, 그가 말하는 쟁론이 서로 화회될 수 있는 근거는 서로 다른 듯이 보이는 입장과 이론, 즉 교는 리가 있음으로 해서 리를 근거로 하기 때문에 소통될 수 있다는 것이다. 원효의『법화종요』에 나오는 설명을 정리하면 다음과 같다: "일승의 리(一乘理)란 일법계, 법신, 여래장을 말하는 것이다. 경전에서 문수사리가 부처님께 묻기를, 만일 삼승(三乘)의 차별성이 없다고 한다면, 여래께서는 어찌 삼승의 가르침을 설하신 것인가? 라고 물었는데, 즉, 가장 높은 진리의 입장에서 보았을 때 낮은 진리를 어떻게 받아들여야 할 것인가? 하니 이에 대해 붓다가 말씀하시기를 부처님들의 가르침에는 가르침(乘)의 차별이 없다(佛法中無乘差別). 왜 그러한가? 법계의 가르침에는 다름이 없기 때문이다(法界法無差別故)라고 하는 것과 같다. 여래의 법신과 여래장성은 일체중생이 평등하게 소유한 것으로서 능히 일체를 돌려서 같이 본원에 돌아가니, 이러한 이치에서 볼 때 이 가르침을 일승의 성질이라고 하고, 이것을 이름하여 일승의 리(一乘理)라 한다.

일승의 교(一乘敎)란, 시방삼세의 모든 부처님이 성도해서 열반에 도달하기까지 그동안 설한 일체 말씀과 가르침이 다 일체지(一切智)의 경지에 이르게 한 것을 가리킨다. 모든 중생이 부처님의 법을 듣고 마침내 다 일체종지(一切種智)를 얻게 된다고 하는 것은 이것을 가리키는 것이다."24)

리(理)는 이미 시작도 없는(無始) 때부터 존재한 것이다. 교(敎)란 그에 반해 특정한 작용을 통해 드러난 것이다. 교는 리에 근거하여 드러나는 것이다. 원효의 저술 속에 나오는 깨달음의 다른 측면인 본각과 시각, 즉 본래 깨달아 있는 것으로서의 깨달음과 수행에 의해 드러나기 시작하는 것으로서의 깨달음에 빗대서 말한다면, 본각은 모든 중생에게 보편적으로 존재하는 리와 같은 것이다. 깨달음이 가능하다는 확실성은 리에

---

24) 此一乘人 所乘之法 略而說之 有四種 一謂一乘理 及一乘敎. 一乘之因 一乘之果) 一乘理者, 謂一法界. 亦名法身, 名如來藏. 如薩遮尼揵子經云, 文殊師利白佛言, 若無三乘差別性者, 何故如來說三乘法? 佛言諸佛如來說三乘者, 示地差別, 非乘差別, 說人差別, 非乘差別. 諸佛如來說三乘者, 示小功德知多功德, 而佛法中無乘差別. 何以故? 以法界法無差別故. 金光明經言, 法界無分別, 是故無異乘, 爲度衆生故, 分別說三乘. 又此經言, 諸佛如來, 能知彼法究竟實相. 論釋此云, 實相者, 謂如來藏法身之體, 不變相故. 又下文言, 同者, 示諸佛如來法身之性, 同諸凡夫聲聞벽支佛等. 法身平等, 無有差別故. 案云, 如來法身, 如來藏性. 一切衆生平等, 所有能運, 一切同歸本原. 由是道理, 無有異乘. 故說此法爲一乘性. 如是名爲一乘理也. 一乘敎者, 十方三世一切諸佛, 從初成道乃至涅槃, 其間所說一切言敎, 莫不令至一切智地. 是故皆名爲一乘敎. 如方便品言, 是諸佛亦以無量無數方便, 種種因緣譬喩言辭, 而爲衆生演說諸法. 是法皆爲一佛乘故. 是諸衆生, 從佛聞法, 究竟皆得, 一切種智故. 是敎遍通十方三世, 無量無邊, 所以廣大故, 一言一句皆爲佛乘, 一相一味, 是故甚深. 如是名爲一乘敎也. (『법화종요』, HPC1.488 b-c)

의해서 보장되는 것이다. 반면에 시각이란 붓다의 깨달음의 사건에서 보듯이 일어나는 어떤 사태와도 같은 것이다.[25]

이것을 『대승기신론별기』에서는 이렇게 말하고 있다. "[앞의] 진여문 중에서 말한 리(理)는 진여라고 부르고 파악될 수 없는 것이지만(不可得) 그렇지만 또한 없는 것은 아니다. 붓다가 출현하든지 안 하든지에 관계없이(有佛無佛) 그 성질과 모습은 항상 존재하는 것이다. 변화하지 않는 것이며, 파괴될 수 없는 것이다.[26] 보편적인 법칙 내지 이치로서의 리는 또한 진여, 불성, 본각들의 이름으로 불리는 것으로 선험적 사실(apriori fact)이며, 따라서 리는 붓다가 출현하든지 안 하든지 관계없이 존재하는 것이며, 따라서 교(敎)보다 우선한다."[27]

이 점은 원효의 『금강삼매경론』에서도 또한 강조되고 있다. 『금강삼매경』에 나오는 "여러 부처의 지혜의 경지는 참된 법의 영역 속에 들어간다. 그 성질이 결정되어 있기 때문이다"[28]라는 구절을 해석하면서 원효는, "여기서 '결정성'이라는 말은 이

---

25) 조은수, 「대승기신론에 있어서 깨달음의 구조」, 서울대학교 철학과 철학전공 석사학위논문, 1986 참조.

26) 眞如門中所說理者, 雖曰眞如, 亦不可得, 而亦非無, 有佛無佛, 性相常住, 無有變異, 不可破壞. (『대승기신론별기』, HPC1.742a10-13)

27) 원효가 기술하고 있는 이러한 교와 리의 관계 규정은 불교사상의 발전에 있어서 중대한 패러다임 쉬프트이다. 불교사를 통하여 진리 즉 법과 붓다의 가르침(buddhavacana) 간의 계위에 대해 긴장이 존재해 왔고 또 그것을 해소하려는 노력이 있어 왔다. Eunsu Cho, "From Buddha's Speech to Buddha's Essence: Philosophical Discussions of *Buddhavacana* in India and China", *Asian Philosophy*, Vol. 14 No. 3, November 2004, 참조.

28) 諸佛智地 入實法相 決定性故. (『금강삼매경론』, HPC1.609b21)

참된 법의 모습이 붓다에 의해 만들어진 것이 아니라는 것을 말하며, 붓다가 있거나 없거나 성질이 스스로 그러하기 때문이다"라고 주석하고 있다.29)

이것은 또한 믿음의 차원으로 이어진다. 『대승기신론』의 제목 중 신, 즉 믿음을 설명하면서, "믿음이란 반드시 그렇다고 생각한다는 것이니, 리(理)가 실제로 있음을 믿으며, 닦아서 얻을 수 있음을 믿으며, 닦아서 얻을 때에 무궁한 덕이 있음을 믿는 것을 말하는 것이다. 이 중에서 리가 실제로 있음(理實有)을 믿는다는 것은 [중생심의] 체대(體大)를 믿는 것이니, 일체의 법이 그 실체를 얻을 수 없음을 믿기 때문에 곧 평등법계가 실제로 있음(平等法界實有)을 믿는 것이다."30)

이같이 리와 교를 설명한 후 원효는 이 두 가지를 통합하려

---

29) 決定性者, 是實法相, 非佛所作, 有佛無佛, 性自爾故. (『금강삼매경론』, HPC1.609c8-9)

30) 이에 대해 동국대 장시기 교수의 원효와 들뢰즈를 비교하는 최근 연구는 커다란 시사점을 갖는다. 그는 원효를 탈근대의 개념적 모델로 삼고 있다. 그는 원효의 체대, 상대, 용대의 삼대를 몸의 극한 이미지의 극한 현실성의 극한으로 해석하고 특히 체대를 '들뢰즈적 개념으로서의 몸의 극한'으로 설명한다. "일체의 법이 그 실체를 얻을 수 없다는 것은 현재에 우리가 구분하고 있는 정신/몸, 남자/여자, 선인/악인, 인간/자연, 그리고 백인/유색인 등등이 그 실체가 없음을 우리가 믿는다는 것을 나타내기 때문에 평등법계가 실제로 있음을 우리가 알 수 있게 된다는 것이다. 탈근대의 시공간 속에서 탈식민주의, 페미니즘, 그리고 생태주의로 작용하는 이 평등법계가 바로 원효가 이야기하는 일심(一心)의 근원이요, 들뢰즈-가타리가 이야기하는 현재의 수많은 견해들(doxa)로부터 벗어난 원적견해(Urdoxa)라고 할 것이다." 장시기, 「원효와 들뢰즈-가타리의 만남 — 깨달음의 몸과 기관들 없는 몸」, 『한국선학』 1집, 한국선학회, 2000, 382쪽 참조.

고 시도한다. 원효는 이것을 『열반종요』에서 "리와 교의 하나 됨(理敎之一味)"이라고 표현한다. 이것이 바로 원효가 의도하는 두 가지 상반된 개념들 간의 상호 의존성일 것이다.31) 본각과 시각이 상호 의존하는 것도 마찬가지이다. 본각은 만일 이것이 시각에 의해 드러나지 않는다면 증명될 수 없는 것이고, 시각은 본각이라는 그러한 것이 없다면 시작될 수 없는 것이다. 이와 마찬가지 논리로 교란 리에 의해서만 이루어질 수 있는 것이고 교는 리에 근거하지 않으면 타당성을 상실하게 된다. 교가 없이는 리는 드러날 수 없는 것이다. 원효는 이러한

---

31) 이효걸 교수는 이 논문의 논평에서, 리에 의한 화회라는 것은 결국 '외재적'으로 존재하는 진리를 예상하고 화쟁을 외재적인 대응으로 보고 있으며 화쟁의 근거를 외재적인 것으로 본다고 비판하였다. 그 내용을 살펴보면, " '(이 논문의) 외재적인 여러 존재들이 공유하는 존재의 일반성 내지 법칙성을 지속적으로 유출하고자 하고 마침내 리가 존재의 근거라고 하는 태도가 그렇다. 화쟁은 세계에 대한 인간의 태도의 문제이고 궁극적으로 개체로서 인간의 문제, 더 정확히는 개체의 내부문제이다. … 기신론의 일심이문에서 일심이문이란 한 개체 안에서 일어나는 사건현장으로서의 의미를 둔 것이지 중생이 모두 그런 구조를 가졌다고 하는 존재일반성의 근거로 제시되는 것이 아니다. 따라서 일심의 사건인 법 또는 법계는 곧바로 외재적 존재로 볼 수 없다. 외재적인 존재가 오히려 일심의 사건으로 법일 뿐이다. 화쟁은 자기회귀적인 자각의 과정이 중심이 되며 그것을 실천으로서 대외적 태도가 드러나는 것이다"라고 하였다. 필자는 논평자의 이러한 화쟁 이해에 전적으로 동의하는 바이다. 다만 필자가 말한 리를 외재적으로 존재하는 진리라고 보는 그의 주장에 대해서는 이미 이 논문의 3절 모두에서 심진여문을 설명하면서, 원효의 논술에서 심과 법, 즉 인식과 인식대상 간의 관계가 특별하다는 점을 언급하면서 진리가 외재적이지 않다는 것은 이미 전제가 되었다고 생각한다. 원효의 유식학적 사상체계에서는, 법이란 심으로 치환되는 것, 즉 존재는 인식에 의해 파악되는 한에서 존재한다고 하여 대상세계는 인식의 영역에서 논의되기 때문이다.

두 개념 간의 차이를 선언하고 두 가지의 화해를 시도하고 있다. 존재와 인식을 두 가지 레벨에서, 즉 드러나는 것과 이미 드러나 있는 것으로 설명한 후 그것을 서로 일치시킨다든지, 본각과 시각을 서로의 관계 속에서 고도의 논리를 써서 대조 대비한 후 본각이 곧 시각이라고 통합하는 것은 원효의 교학에서 독특하게 나타나는 사고와 논리의 범형이다. 이것은 이후 동아시아 불교에 있어서 하나의 범형으로 역할하게 된다.

7. 맺는 말

원효는 언어와 존재와의 관계, 실재 또는 진리의 실체성, 지식의 원천 등에 대한 깊은 철학적 관심을 가지고 있었음을 이상의 논의에서 알 수 있었다. 여기서 그의 새로운 지식과 이론에 대한 태도를 주목할 필요가 있다. 그는 당시 불교계에 알려지고 있던 다양한 사상과 이론, 텍스트 등에 대해 개방적인 태도로서 흡수하며, 자신의 교학 속에 자유분방하게 적용하였다. 그가 '쟁(諍)'이라고 불렀던 것은 따라서 이러한 철학적 주제들에 대해 서로 엇갈리는(competing) 진리 주장(truth claim)들을 가리키는 것으로 보아야 할 것이다. 이러한 다양한 주장들을 어떻게 이해하고 해석하여야 할지, 상대적인 진리란 가능한 것인지 또는 진리는 절대적인 것인지 하는 문제를 규명하기 위한 그의 방법론적 태도가 바로 화회(和會), 또는 화쟁(和諍)이었다.

원효의 저술을 통하여 다른 이론들이 서로 성립하고 회통(reconcile)될 수 있는 근거로서 제시된 논의들을 살펴보았다. 첫째 쟁은 언어이며 따라서 언어가 가지는 한계성과 효용성에 대해 강조한다. 언어의 한계성은 곧 진여에 대한 말할 수 없음을 의미한다. 진여 내지 절대적 진리는 언어가 미칠 수 없는 것이다.

그러나 둘째로, 진리의 세계는 공과 중도의 입장에서 회통된다. 속제와 진제의 세계는 서로 다른 것이 아니며, 진여의 세계의 존재들은 생멸의 세계와 함께 일심의 두 가지 측면이라는 점에서 동일시된다. 심진여는 곧 심생멸이며 현상을 떠난 리는 존재하지 않는다. 원효는 존재와 진리에 대해 실체론적 해석으로 빠지기 직전에 다시 돌아와서 그것이 공하며 실체가 없다는 것을 설한다. 진여의 세계와 현상세계가 다름 아님을 보이는 방식은 다른 여러 쌍의 개념에도 적용되고 있다. 붓다와 중생의 관계, 각과 불각과의 관계 등이 그것이다. 원효는 붓다의 세계는 파악할 수 없고 얻을 수 없음을 말하지만 종내에는 붓다의 세계가 바로 중생의 세계이며 중생, 범부가 바로 붓다라고 말한다. 또한 번뇌와 보리라는 것에 대해서도, 번뇌란 끊어져 없어지는 것이기도 하면서 번뇌란 구경의 입장에서는 실제로 번뇌는 아예 존재하지 않는 것이라고 한다.

셋째로 원효의 교학에서 독특하게 나타나는 교와 리에 대한 논의를 살펴보았다. 교 간의 상위성, 불일치성에도 불구하고 서로 다른 가르침들이 그 당위성을 가질 수 있는 것은 교에 대한 리의 우위성, 교는 리에 기반하고 있다는 패러다임 속에서 가능해진다. 각각의 가르침이 정당한 것은 그것들이 리에 기반하고 있기 때문이요, 따라서 교와 교 간의 회통은 그것이 공통된 리를 기반으로 하기 때문에 가능하게 된다. 리는 그 자체 진여이며, 법성인 동시에 생멸이고, 현상, 즉 사(事)인 것이다.

한국사회의 갈등과 대화

연고주의와 열린 네트워크 사회 　한승완
헌법철학으로 본 분단과 통일 　윤평중
젠더 갈등과 다원주의 정치학 　허라금

연고주의와 열린 네트워크 사회

한 승 완

국제문제조사연구소

1. 들어가는 말

한국은 후발 근대화를 이룬 동아시아 여러 국가 중에서 상대
적으로 민주질서가 안정화된 국가로 인정되고 있다. 선거에 의
한 정부 교체가 원활하고 시장부문에서는 어느 정도 계약적 관
계가 정착되어 가고 있으며 시민사회가 행정부를 포함한 공권
력에 대해 상당한 영향력을 행사하고 있다는 점에서 이제는
‘민주주의 심화’, 혹은 ‘민주화 이후의 민주주의’가 운위되고
있는 상황이다. 물론 지역구도로 편제된 기존 정당체제로 인한
여야의 과도한 정쟁이 정책경쟁을 저해하고 정부의 투명성에
아직 부족한 점이 있으며, 재벌 집중의 경제력이 공정한 경쟁

을 위협하고 최근 사회적 양극화가 심화되고 있으며, 시민사회가 풀뿌리 조직의 저변보다는 일부 활동가 중심으로 정치적 지향성을 갖는다는 등의 내장된 문제점을 지적할 수 있겠다. 그러나 불과 수십 년의 기간 동안에 민주적 헌정질서의 정착, 경쟁력을 갖춘 시장경제의 발달, 강력한 시민사회의 형성을 이루었다는 사실은 한국사회의 적응력과 역동성을 잘 보여주고 있다.

그러나 단기간에 수행된 '압축적 근대화'는 우리 사회의 도처에 흔적을 남기고 있으며, 이 흔적은 단지 우리의 산업화와 민주화가 출발한 역사적, 사회·문화적, 지정학적 조건을 지시하고 있는 것에 그치지 않는다. 그것은 또한 우리 사회가 어떠한 근대화를 경험해 왔으며 그것이 안고 있는 문제를 어떠한 전망에서 풀어갈 것인가에 대한 반성의 출발점을 이룬다.

이러한 우리의 전통의 흔적과 효과이자 동시에 우리의 근대화 형태와 미래 전망을 규정하는 여러 요소들 중에 필자가 이 글에서 주목하는 것은 연고주의다. 하나의 전통적 사회관계로서 "혈연(血緣), 지연(地緣), 학연(學緣)을 바탕으로 한 인간관계의 편향"[1]이라는 의미에서 연고주의가 근대화가 상당히 진척된 우리 사회에서 여전히 개인들 간의 관계와 행위에 강한 영향을 미치고 있다는 분석은 대다수의 사회과학자가 동의하는 것이다. 일부에서는 외환위기 이후 공공기구에 대해 높아진 불신으로 인해 한국인은 가족, 동향, 동창, 동문 등과 같은 연고집단, 즉 사적 영역으로 후퇴함으로써 연고주의가 강화되는 현

---

1) 홍동식, 「연고주의의 지역감정」, 한국사회학회 편, 『지역사회의 연고주의』, 성원사, 1990, 60쪽.

상조차 확인할 수 있다는 주장이 제기되고 있는 실정이다.[2]

문제는 이러한 연고주의를 어떻게 볼 것인가라는 점이다. 한편으로 연고주의의 고착과 상화를 문제적 상황으로 인식하고 어떤 식으로든 극복되어야 할 것으로 보는 입장들이 있다. 이에 따르면 연고집단 내의 사적 신뢰의 과잉 속에서 우리는 정당성을 확보한 공적 제도에 대한 신뢰의 기반을 찾지 못하고 있다는 것이다. 그리고 학연, 지연, 혈연 등 특정한 연고를 통해 조밀하게 짜인 연줄망에 의해 사회가 작동하여 개인들 간의 건전하고 합리적인 관계가 성립하기 어렵다는 것이다. 이러한 문제는 정부, 시장, 시민사회 전반에서 드러나고 있지만 특히 시민사회의 형성, 구조, 작동방식 등에서 심각한 영향을 미치고 있다. 정부와 시장 모두에 적절한 견제를 위해서는 다양한 문제에 대해 개방적이며 자발적으로 활발한 여론이 형성되는 시민사회가 필수적이다. 그러나 한국사회에서 조밀하게 짜여 있고 사회적 영향력에서 강력한 '연줄망'은 건전한 시민사회의 발전에 장애가 되어왔으며, 시민사회 발전의 양상도 규정해 왔다는 것이다. 결국 '사적 연고집단을 기초로 하는 배타적 연결망 집단'이 경우에 따라서는 시민사회의 역할을 대신하거나, 시민사회의 구조를 왜곡하고 있다는 것이다.

다른 한편에서는 이렇게 연고주의와 시민사회를 대립적 시각으로 보는 것은 서구적 척도에 따라 현실을 재단하는 것이라 비판한다. 여기서는 시민사회의 내적 조직원리로 깊숙이 침투한 연고주의가 오히려 한국형 혹은 범위를 넓혀 동아시아형

---

2) 송호근, 『한국 무슨 일이 일어나고 있나』, 삼성경제연구소, 2003, 174쪽.

'사회적 자본(social capital)'으로서 서구적 개인주의에 대해 상호 부조하는 공동체적 가치를 함양하는 긍정적 측면을 지니고 있다고 주장한다. 이러한 입장은 사회가 발전할수록 사적 신뢰로부터 보편적 규칙과 제도에 대한 신뢰로 이행해 간다는 일반적인 믿음에 반하여, 일차적 인간관계의 영향력과 중요성은 감소하지 않는다고 주장한다. 동아시아와 한국에서 나타나는 다양한 연고집단이 지닌 잠재력을 적극적으로 시민사회의 활성화에 이용함으로써 '유교자본주의' 혹은 '유교민주주의'를 구축해야 한다는 것이다.

이러한 논란에는 서구 중심주의와 아시아적 가치, 서구의 자유민주주와 유교민주주의, 연고주의의 사회·경제적 효율성 문제 등 여러 차원의 문제가 개입되어 있지만, 이 글은 연고주의와 시민사회의 관계를 중심적으로 다루고자 한다. 필자는 기본적으로 우리의 관계형적 사회구조가 우리가 쉽게 벗어날 수 없는 역사적, 사회·문화적 맥락이라는 인식에서 출발한다. 문제는 이 관계, 네트워크가 어떻게 폐쇄적이지 않고 보편적 타자에 대해 열려 있는 개방성과 확장성을 확보할 수 있는가, 다시 말해 연고관계의 폐쇄성을 지양하고 열린 연결망으로 확대할 수 있는가에 있다. 앞서 결론을 요약하자면, 필자는 한국에서 시민사회의 활성화를 위해서는 현재의 '연줄망' 중심으로부터 열린 '연결망' 중심으로 이행이 필요하다고 보고, 그 전망은 '사적 개인들이 결집한' 공중의 형성에 있다는 것을 주장하고자 한다.

다양한 층위의 '연결망'으로 구성된 열린 네트워크로서의 시민사회에서는 원자적 개인으로 분산되지 않고 공동체적 연대를 통해 유대의 끈이 회복된 개인이 그 주체로 활동하는 전망을 확보할 수 있을 것으로 기대한다. 전통적인 폐쇄적 연고가 이러한 전망의 기초가 될 수 없다면, 현재의 사회적 조건에서 열린 네트워크 사회의 기반은 어디에서 찾을 수 있는가를 사회·정치철학적 시각에서 시론적으로 살펴본다.

2. 연고주의와 한국 시민사회

1) '연줄망'과 '연결망'의 개념

한국 시민사회에 연고주의가 강력한 영향을 미치고 있다는 일반적인 진단은 크게 두 측면을 지니고 있다. 한편으로 우리의 시민사회를 구성하는 다양한 조직 중에 연고형 조직의 비중이 높다는 것이고 다른 한편으로 시민사회단체의 구성과 활동에서도 일정한 연고적 관계가 작동하고 있다는 점이다. 이러한 연고주의가 갖는 한계를 극복하고, 건전한 시민사회를 구축하기 위한 시민적 네트워크에 대한 국내의 논의는 '연줄망'과 '연결망'을 개념적으로 구분하고 있는데, 이러한 사회학적 논의는 사회철학적으로도 주목해야 할 함축을 지니고 있는 것처럼 보인다. 그것은 연고주의의 문제를 '연줄망'적 관계로 제한하는 동시에 시민의 연대적 측면을 '연결망'을 통해 확보하려는 전략이다.

영어로 동일하게 '네트워크'로 지칭되는 사회현상을 '연줄망'과 '연결망'으로 개념적으로 구분하려는 국내의 여러 시도들은 서로 수렴하는 것처럼 보인다. 우선 '연줄망'과 '연결망' 양자는 모두 인간의 밀접한 사회적 관계로서 네트워크를 지칭하고 있다는 점에서 공통적이다. 그러나 김용학에 따르면 '연줄망'은 "지연이나 학연, 혈연처럼 특수주의적이고 폐쇄적인 관계"라고 할 수 있다. 이에 반해 '연결망'은 "보편주의적 성격에 의해 맺어지는 개방적 관계"라고 정의된다.3) 박찬웅의 개념 구분도 큰 차이를 보여주지는 않는다. 그에 따르면 '연줄망'은 "혈연주의, 학연주의, 지연주의, 가족주의 등에서처럼 가입 기준이 귀속적이거나 대상의 자격이 의도적으로 제한적"인 특성을 보인다. 이에 반해 "연결망은 가입 기준이 성취적이고 보편적이며 또 확장적"인 특성을 보인다.4)

　'폐쇄성'과 '개방성', '제한적 귀속성'과 '확장성', '특수성'과 '보편성' 등의 개념 쌍은 사실 서로 유기적으로 결합되어 있다고 할 수 있다. '연줄망'의 '폐쇄성'은 '관계를 맺는 집단의 경계가 명확하고 이 경계를 벗어나서는 관계가 성립하지 않는다'는 데서 온다. 이에 반해 '연결망'의 '개방성'은 관계 맺는 집단의 경계가 유동적이라는 데서 온다. 이는 곧 네트워크를 이루는 집단이 '귀속적(ascribed)'인가 아니면 '성취적(achieved)'인가의 차이와 연관되어 있다. 즉 혈연집단이나 지연집단은 생래적으로 귀속되는 집단이다. 반면 전형적인 '연결망'적 집단이라 할 수 있는 시민사회의 자발적 결사들은 우연한 기회에 회원으로 가입한 사람들로 구성된다. 따라서 전자가 특수주의적 관계를 특징으로 한다면, 후자는 집단 외부의 타자들로 확장될 수 있는 보편주의를 특징으로 한다고 할 수 있다.

---

3) 김용학, 『사회연결망 이론』, 박영사, 2003, 91쪽.
4) 박찬웅, 「신뢰의 위기와 사회적 자본」, 『사회비평』 제19호, 1999, 60쪽.

그렇다면 모든 성취적 집단은 개방적인 연결망으로 분류될 수 있는가? 김용학은 여기에 제한을 가하고 있는데, 그것은 정당한 것처럼 보인다. 여기서 문제가 되는 것은 학연 집단이다. 그것은 생래적으로 귀속되는 것이 아니라 성취된 집단이지만, "연줄주의를 의도적으로 지향하면서" 성취된 집단이다. 이런 뚜렷한 의도하에서 성취된 집단이라는 점에서 그것은 '연줄망'에 속하는 것으로 분류해야 한다는 것이다.5) 학연의 연고는 그 가입이 일정한 노력에 의해 결정되지만 가입 시 연줄적 특권에 대한 고려가 중요한 결정 요인이다. 따라서 그것은 집단의 안과 밖의 경계에 대한 의식이 혈연, 지연 등 다른 연줄망적 연고와 같이 뚜렷하며, 그만큼 폐쇄적인 특성을 보인다.

또한 연줄망에서의 교환은 '이자교환(二者交換, dyadic exchange)'이라기보다는 '일반화된 교환(generalized exchange)'이 지배적 교환 형태라 할 수 있다. '이자교환'은 베푼 상대방에게서 직접 돌려받기를 기대하는 교환이다. 반면 '일반화된 교환'은 베푼 상대방에게서가 아니라 집단 내의 다른 제3자로부터 혜택이 돌아오기를 기대하는 교환이다. 연줄망적 집단의 어떤 특정한 구성원에 대한 도움주기는 집단 내의 다른 제3자에 의한 도움받기를 기대하고 이루어지는 행위라 할 수 있다.

결국 '연줄망'은 구성원 개개인과 그 집단 내부의 차원에서는 전략적 의미의 합리적 행위일 수 있지만, 전체 사회적인 차원에서는 부정적인 외부 효과를 초래할 가능성이 높다. 연줄망적 집단이 가져올 수 있는 부정적 외부 효과는 다음과 같다.

---

5) 김용학, 앞의 책, 93쪽.

첫째, 연줄은 구조적 부패를 낳으며 이는 사회적 비효율성과 도덕적 위기를 가져온다. 둘째, 연줄의 폐쇄적 특성은 경쟁과 자원 배분의 왜곡을 가져올 수 있다. 셋째, 닫힌 연줄망은 사회적 비용을 증가시킨다. 넷째, 연줄 내에서만 존재하는 신뢰는 경제적 효율도 저하시키는 결과를 가져온다.6) 결과적으로 연줄망은 민주사회의 정당성에 손상을 초래할 뿐만 아니라 사회적, 경제적 효율성에 있어서도 부정적 결과를 가져오는 것이다.

따라서 '연줄망'과 '연결망'의 구분은 우선 효율성의 증대라는 측면에서 사회적 자본으로서의 네트워크를 지향한다. '연줄망'은 효율성에 있어 집단 외부, 그리고 사회 전체에 있어 부정적 결과를 초래하는 만큼 바람직하다고 할 수 없다. 또한 그것은 동시에 합리성과 정당성의 문제에 부딪친다. 우리는 강한 연줄망으로 인해 법질서와 공적 제도 및 절차가 침식·붕괴되는 현상을 빈번히 목도하고 있는 것이 현실이며, 이것이 가져온 사회 갈등과 분열은 심각하다. 결국 우리가 혈연, 지연, 학연의 연고주의에 의해 왜곡되거나 '연줄망'에 의해 대체되어 온 시민사회의 활성화를 상상할 때, 그것은 네트워크 전반을 부정하는 것이 아니라 '연줄형' 사회로부터 '연결형' 사회로 이행하는 문제로 이해될 수 있다. 후자의 유형은 그물망으로 연결되어 있지만, 그것이 개방적이고 확장 가능한 것인 한, '보편적 타자'에로 열릴 수 있기 때문이다.

---

6) 김용학, 「고신뢰 사회를 향한 연결망 구축방안」, 『정책포럼』 1997 여름호; 이재열, 「사회적 연결망으로서의 기업」, 신기업이론연구회 편, 『한국기업의 이해와 과제』, 삼성경제연구소, 1998 참조.

2) 한국 시민사회의 '연줄망' 적 특성과 한계

일반적으로 동아시아에서 한국의 시민사회는 활발하며 국가에 대한 영향력에서도 가장 강력하다고 이해되어 왔다. 나아가 아시아의 시민사회들은 "한국의 시민사회에 대해 신뢰를 갖고 있어 한국 시민사회의 경험을 공유하려 할 뿐만 아니라, 한국에 대해 적어도 아시아 지역에서의 주도적 역할을 기대하고" 있을 정도로 평가되고 있다.7) 그러나 위의 '연줄망'과 '연결망'의 개념 구분에 따라 한국 시민사회를 내부적으로 평가해 보면 상황은 그렇게 모범적인 것만은 아니다.

혈연, 지연, 학연의 '연줄망' 중심으로 짜인 사회를 결국 '연줄사회'라 부를 수 있을 것인데, 우리 한국사회가 바로 이런 특성을 보이고 있다고 할 수 있다. 그것은 "개인과 국가, 혹은 사적 영역과 공적 영역 사이의 간극을 정상적인 시민사회가 연결하는 것이 아니라 다소 파행적인 형태로서 사적 연고집단을 기초로 하는 배타적 연결망 집단이 메우고 있는 상태"이다.8) 우리 사회에서는 이러한 '연줄망'이 건강한 시민사회적 '연결망'의 대체물로 작동해 왔다고 할 수 있다. 그렇지 않고 건강한 시민사회의 '연결망'이 구축되었더라면 그것이 자발적, 개방적, 보편적이라는 점에서 직접적 연고가 없는 '보편적 타자' 간의 공적 신뢰가 확보될 수 있었을 것이다.

이런 의미에서 시민사회의 발전과 성숙은 '연줄망'과 반비례

---

7) 차명제, 「한국 시민사회의 개념과 실제」, 권혁태 외, 『아시아의 시민사회 — 개념과 역사』, 아르케, 2003, 137쪽.
8) 이재혁, 「위험과 신뢰 그리고 외부성: 한국의 시민사회 사례」, 『사회과학』 제39권 2호, 2000, 113쪽.

관계에 있다고 할 수 있다. 조밀하게 짜여 있고 사회적 영향력에서 강력한 '연줄망'은 시민사회의 발전을 저해해 왔으며, 시민사회 발전의 양상도 규정해 왔다고 할 수 있다. 그만큼 합리적 개인 간의 신뢰관계는 형성되기 어려웠거나 왜곡되어 왔다고 할 수 있다. 대인 신뢰의 측면에서 보면, 후쿠야마의 진단 이래[9] 논란이 되어 왔던 우리 사회의 저신뢰의 실체는 결국 '연줄망' 내부의 고신뢰와 '시민사회적 연결망'의 저신뢰로 압축할 수 있을 것이다. '연줄망' 내에서는 강력한 신뢰관계가 그 밖의 다른 형태의 연결망의 미발전과 그러한 네트워크 내의 저신뢰를 초래했다고 할 수 있다.

'연줄망'에 의한 '연결망'의 대체는 오랫동안 자발적 결사의 미발전과 병행하여 왔으며, 이제 하나의 영역으로 점차 자리잡아 가고 있는 시민사회가 소수 엘리트에 의한 상부로부터의 조직화에서 출발했다는 사정도 이런 연관에서 이해할 수 있다. 그리고 이는 동시에 우리 시민사회단체가 안고 있는 문제로서 소수 엘리트 활동가 중심의 운영 및 활동가들 사이에 침투해 있는 '연줄망적' 특성의 잔존과 같은 왜곡된 시민사회구조를 낳았다고 할 수 있다.

다른 한편 우리의 강한 '연줄사회'는 동시에 공적 신뢰의 다른 측면, 즉 법 규범과 같은 원칙이나 제도에 대한 공적 신뢰

---

9) 프랜시스 후쿠야마, 『트러스트: 사회도덕과 번영의 창조(The Trust: Social Virtues and the Creation of Prosperity)』, 구승회 옮김, 한국경제신문사, 1996; Francis Fukuyama, "Social Capital, Civil Society and Development", Third World Quarterly 22, 2001; "Social Capital and Development: The Coming Agenda", SAIS Review, vol. 22, no. 1, 2002 참조.

의 고갈을 가져왔다고 할 수 있다. 특히 법 규범의 준수 의무나 위반 시 제재는 연줄을 통해 언제든 우회할 수 있다는 의식이 마치 사회적 통념과 같이 자리 잡고 있다 할 수 있다. 법의 세부 규정 내용에 대한 논란과 제정 절차에 대한 사회적 논란도 있지만 실정법의 집행에 대한 불신은 더욱 높다고 할 수 있다. 그것은 주로 법 집행이 사회적 강자와 약자에 대해 불평등하게 적용된다는 점에서 공정성과 형평성에 대한 불신이다. 이러한 한국사회의 '법치주의'의 불완전함은 한국사회의 '저신뢰'를 특징짓는 다른 한 중요한 지점이다. 결국 "감정성에 기반을 두며, 특수주의적이고 집합주의적 가치관에 입각한 연고주의 문화가 전체 사회관계를 지배하게 됨으로써 보편주의적 규범이 시민사회에 제대로 확산되지 못하는 실정이다."10)

특히 IMF 구제금융 시기 이후 공적 제도에 대한 신뢰가 크게 낮아진 것으로 분석되고 있는데, 여기에는 정당과 정부 등이 불신 대상의 중심에 놓여 있다. 외환위기 이전과 이후를 비교한 조사에서 주목할 점은 사법부와 언론 등에 대한 불신이 상대적으로 급격히 증가하였다는 사실과 그동안 최소한의 사회적 신뢰를 유지하는 기반으로 기능하였던 대학과 시민단체에 대한 신뢰가 급격히 하락하였고 노조에 대해서는 신뢰가 불신으로 전환되는 역전 현상까지 나타나고 있다는 사실이다. 그리고 공공 기구에 대한 이러한 전반적인 신뢰 하락은 기왕의 '연고주의'를 더욱 강화·심화시키는 결과를 가져왔다. 즉 공공성에서 불신의 증가는 '사적 영역으로의 후퇴'를 가속화시켰다고

---

10) 김성국, 「한국의 시민사회와 신사회운동」, 유팔무·김정훈 엮음, 『시민사회와 시민운동 2』, 한울, 2001, 77쪽.

볼 수 있다. 이러한 연고주의적 성향의 증가는 '연줄'과 '백'에 대한 기대치의 증가와 동창회와 계모임 등 '연고형 사회활동'의 증가 등에서 확인할 수 있다.11)

한국의 시민사회를 구성하고 있는 단체의 성격을 보면 한 가지 주목할 특징을 보이고 있는데, 그것은 연고형 단체가 상대적으로 높은 비중을 차지한다는 것이다. 울산대 동아시아 연구센터가 2005년 한·중·일 3국의 시민을 대상으로 한 설문조사의 결과는 이를 확인해 주고 있다. 특히 정치적 공론장의 사회적 토대로서의 시민사회에서 핵심을 이루고 있다고 할 수 있는 시민운동단체에 대한 참여에서 한국은 3국 중 가장 낮은 수치를 보이고 있다. 한국 시민의 약 2%가 시민운동단체에 가입하고 있고, 중국은 5%, 일본은 15%를 나타내고 있다. 공식적 이익대변·기구라 할 수 있는 직능 및 노조에 대한 가입도 매우 낮게 나타나고 있다.

한국인이 가장 높은 참여율(55%)을 보이는 것은 친목사교단체로서 구체적으로 이들 단체가 조사되지는 않았지만, 각종 공식, 비공식의 동창회나 향우회일 것으로 추정된다. 일본도 가장 높은 참여율을 보인 것은 친목사교단체이다(73%). 다만 중국은 친목사교단체(15%)보다는 노조가 가장 높은 참여율(36%)을 보이고, 취미 및 스포츠클럽(27%)이 그 뒤를 잇고 있다. 중국이 친목사교단체의 가입에서 상대적으로 낮은 가입률을 보이는 것은 '관계'를 중시하는 중국 사회에 비추어볼 때 특기할 점이라 할 수 있다. 다만 이러한 조사결과는 한국, 일본, 대만에 대한

---

11) 송호근, 앞의 책, 172쪽 이하 참조.

다른 설문조사의 결과와 비교해서도 큰 무리가 없는 것으로 보인다.

한국, 일본, 대만 3국의 공식·비공식 단체 가입을 비교 측정한 2003년 조사에 따르면,[12] 한국인의 91%가 직업단체, 노조, 시민단체 등 공식 단체에 전혀 가입하지 않고 있는데, 이는 일본 33%, 대만 71%에 비해 높은 수준이다. 가입한 공식적 단체 중에서도 39%가 공식 동창회로서 이는 직업단체, 노조, 농민단체 가입을 합한 비중보다도 높은 것으로 나타나고 있다. 이에 반해 일본의 동창회 가입 비중은 19%, 대만은 3%에 불과한 것으로 조사되었다. 시장경제의 발달을 고려할 때 관계를 중시하는 동일한 중국 문화인 대만의 낮은 학연적 결속은 앞의 동아시아 연구센터에서 조사된 중국의 낮은 친목사교단체 가입률을 다시 확인해 주고 있다고 할 수 있다. 반면 이 조사결과는 한국인의 네트워크가 강한 결속과 폐쇄성을 특징으로 하는 학연 중심이라는 것을 여실히 보여주고 있다. 결국 세계 11위의 경제규모, 정치적 자유화, 강력한 영향력의 시민사회에도 불구하고 개방적인 네트워크의 발전은 주변국에 비해 매우 낮은 수준임을 부정할 수 없을 것이다.

비공식 단체 가입을 보면 한국인의 약 41%가 가입하고 있는 것으로 나타났는데, 이는 일본 49%에 비해 낮고 대만 37%에 비해 높은 수준이다. 그렇지만 한국인이 가입한 비공식 단체 중에서도 비공식 동창회가 51%의 비중을 차지하고 있어 여기

---

12) Park Chong-Min and Shin Doh Chull, "Social Capital and Democratic Citizenship: The Case of South Korea", *Japanese Journal of Political Science* 6(1), 2005, 70쪽 이하 참조.

서도 강한 학연적 결속을 보여주고 있다.

이러한 조사결과는 결국 친목사교단체나 취미활동 등을 중심으로 구성된 한국의 시민사회가 공히 토의적 공론장을 형성하는 데서 아직 멀리 떨어져 있다는 것을 의미하는 것으로 이해할 수 있다. 한국의 역동적 시민사회와 강한 영향력도 일반 시민의 참여보다는 소수 명망가와 시민활동가에 집중된 특수한 구조에서 기인하는 것으로 판단된다.

3) '유교민주주의론'의 연고주의에 대한 긍정

한국사회의 연고주의 특성을 '연줄망'으로 파악하고 그것과 시민사회의 발전을 대립적으로 보는 입장에 대해 이를 정면에서 반박하는 입장은 '유교민주주의' 혹은 '유교자본주의'로 대변된다. '유교민주주의'는 "자유주의가 요구하는 가치관과 제도들을 수용하지 않는 가운데" 공동체주의적 민주주의, 즉 "'비자유주의적 민주주의'의 건설"을 핵심으로 한다.13) 이 입장은 개인적 권리주장으로부터 출발하는 서구의 자유민주주의에 반해 우리의 전통이 지니고 있는 공동체주의적 인간관계와 도덕률에서 이러한 전망을 찾고 있다. 특히 이와 관련하여 유석춘은 한국에서 연고주의가 갖는 긍정적 측면을 적극적으로 주장하고 있는데, 이하에서는 그 주장을 비판적으로 검토한다.

그는 시민사회의 내적 조직원리로서 연고주의가 깊숙이 침투해 있다는 진단에 동의한다. 그러나 그는 서구적 기준으로 한국 시민사회를 보면 그것은 왜곡되고 취약하며 불완전한 형태

---

13) 함재봉, 『유교, 자본주의, 민주주의』, 전통과 현대, 2000, 120, 143쪽.

로 나타날 수밖에 없으므로 우리의 독특한 배경에서 접근할 것을 주장한다. 그 배경은 바로 "자신이 속한 가족과 그것의 더 확대된 형태인 혈연, 지연, 학연 단체와 같은 연고집단에 대한 강한 애착과 헌신"이라는 것이다. 이러한 연고적 공동체에 대한 관심과 배려는 한국형 시민사회의 발전을 위한 "무한한 자원"이다.14) 서구에서는 개인의 자유권을 외부의 간섭과 침해로부터 보호하려는 데 집중하였던 반면, "우리는 자신의 내면 심성을 다스려 자신이 속한 공동체와 그 공동체의 규범에 부합하려는 적극적 자유와 자기반성과 자기성찰 및 자기절제 등의 방법을 통해 타인을 인정하는 긍정적 자유를 추구해 왔다"는 것이다.15)

나아가 그는 이러한 연고집단이 앞서 '연줄망'의 특징으로 제시되었던 바와 같이 단적으로 폐쇄적인 것만은 아니라고 주장한다. 면, 군, 도 단위로 확대되는 향우회, 8촌을 포함하거나 혹은 동성(同姓) 집단으로 확장될 수 있는 가족에 주목하면, "연고집단의 내부와 외부를 가르는 경계는 폐쇄적으로 닫혀 있는 것이라기보다 경우에 따라서는 유연하게 확대될 수 있는 성격을 가지고 있다"는 것이다.16) 오히려 서구식 자발적 결사에 의한 집단 형성이 유동성이 적다는 점에서 폐쇄적이고 배타적인 측면을 지닌다는 것이다.

그가 이렇게 연고적 관계의 폐쇄성이 집단의 확대를 통해 극

---

14) 유석춘 편, 『한국의 시민사회, 연고집단, 사회자본』, 자유기업원, 2004, 30쪽.
15) 위의 책, 106쪽.
16) 위의 책, 128쪽

복될 수 있다고 본 근거는 유교 전통의 독특한 문화와 사회관계관에 있다. 우리의 유교문화적 전통에서는 공적 영역과 사적 영역을 "대립적으로 인식하기보다는 사적인 영역인 가족 내에서의 윤리가 공적인 영역인 국가까지 단계적으로 확대되어 가는 과정을 연쇄적으로 파악하고" 있다는 것이다. 가족적 연고집단이 끝없이 확대될 수 있다는 가능성이야말로 우리의 연고주의의 폐해를 자정할 수 있는, 우리 사회가 내재적으로 지니고 있는 전통적 자원이라는 것이다. 이렇게 볼 때, 우리에게 "가족이나 친족의 유대관계 나아가서 연고집단 내부결속관계는 사적인 성격이기보다는 오히려 공적인 성격을 지닌 것으로 여겨져 왔다."17)

우리는 이러한 그의 주장들로부터 '연줄망'에 의한 시민사회의 대체 혹은 왜곡론에 정면 대치되는 결론과 전망을 기대할 수 있을 것이다. 그러나 유석춘의 대안은 최종적으로 절충적인 형태를 취한다. "우리는 혈연, 지연, 학연과 같은 전통적인 사회구성의 원리는 물론이고 자원적 결사와 같은 서구적 사회구성의 원리가 동시에 활성화되도록 하여 집단 내부의 결속은 물론이고 다양한 종류의 연대를 통해 형성되는 다양한 집단이 서로를 가로지르며 맺는 관계를 활성화시켜야 한다."18)

우선 그는 서구에서 자발적 결사의 폐쇄성을 그 단체의 구성원이 대체적으로 변화하지 않는다는 점에서 찾고 있는데, 그 사실적 근거가 의심스럽다. 이에 반해 한국에서는 복수의 단체

---

17) 위의 책, 139쪽 이하.
18) 위의 책, 211쪽.

에 가입하고 자유롭게 이동한다는 사실을 인정한다 하여도, 단지 '내부 성원과 외부 성원 사이의 경계가 유동적이다'라는 점으로부터 비폐쇄성, 비배타성을 도출하는 것은 사대를 단순화하는 것이다. '한국인의 대다수가 동시에 다양한 연고집단에서 활동하여도 갈등이 없다'는 것이 설사 사실이라 하여도 그것이 곧 연고집단의 특성인 '연줄적 특권의 포기'를 의미하지는 않는다. 연고집단 내에서 행위자는 어디까지나 '연줄적 특권'의 극대화를 지향하는 전략을 추구하며, 다만 상황에 따라 이 목표추구의 틀 내에서 실용적 유연성을 보일 뿐이다.

나아가 '연고집단의 지속적인 확대'라는 것도 그 배후에는 '연줄적 특권의 최대화'라는 전략적 고려가 자리하고 있다고 볼 수 있을 것이다. 면민회의 연줄적 특권을 보호하는 외벽으로 군민회가 필요하며, 군민회의 그것을 위해 도민회가 필요한 것이다. 마찬가지로 가족 개념의 확대도 이러한 연줄적 특권 보호의 연쇄로 이해할 수 있을 것이다.

이러한 연고집단의 '공동체주의'를 한국형 시민사회에 적극 활용하자고 주장했을 때, 문제는 더 심각해지는 것처럼 보인다. 그는 '공동체의 규범에 부합하려는 적극적 자유와 자기반성과 자기성찰 및 자기절제'의 공동체성을 전체 사회로 확대할 수 있는 것으로 상정하고 있는 것처럼 보인다. 그러나 이러한 성찰성은 어디까지나 해당 연고집단 내의 '우리'에게만 적용될 것이다. 만약 연고집단 내부의 '우리'가 아니라 일반화된 타자에게로 이 성찰성이 확대된다면, 그것은 '연줄적 특권의 최대화'라는 목표를 추구하는 행위와는 다른 지향을 가질 것이다. 특정한 연고집단의 '우리'를 돌파하기 위해서는 다른 전제조건이 충족되어야 하는 것처럼 보인다. 이런 점에서 그의 실질적인 대안 제시가 '서구적 사회구성 원리와 전통적 사회구성 원리의 동시적 활성화'라는 절충적 결론으로 귀결되는 것은 우연이 아니다.

이런 점에서 '유교민주주의론'에서처럼 사(私)로부터 공(公)으로의 연쇄적 확대라는 유교전통에서 연고주의의 규범적 원천을 찾기보다는, 연고주의가 유교적 가치 그 자체의 결과라기보다 정치사회적, 제도적 조건의 산물로 보아야 할 것이라는 주장이 더 적절한 것처럼 보인다. 이에 따르면 합리적인 관리등용과 권력장치에 의해 작동하던 조선 초·중기 유교정치가 조선 후기에 와해되면서 가족, 가문, 씨족에 대한 집착이 강화되었고, 이 과정에서 유교적 가치 중에서 가족중심주의, 연고주의적 요소가 두드러지게 되었다는 것이다. 이후 연고주의의 한 형태로서 가족주의는 식민지배체제와 권위주의적 개발 시기에 '수평적 연대의 기회'가 차단된 가운데 생존, 지위상승, 복지의 필요성에서 고착된 것이다. "공업화 이전인 1960년대까지 농촌 사회에서 친족 내부의 유대는 다른 사회적 유대를 압도하였으며, 1970년대 이후 씨족공동체가 해체된 이후에는 가족주의의 확대된 형태인 학연, 지연과 같은 사적 연고주의와 병존하게 된 셈이다."[19] 특히 권위주의 개발 시기에 정실주의, 연고주의적 사회적 관행이 일반화되었다고 볼 수 있을 것이다.

---

19) 김동춘, 「유교와 한국의 가족주의」, 『경제와 사회』 통권 제55호, 2002, 104쪽.

3. 공론장과 시민사회

1) 전통적 공사관계와 연고주의

한국사회에서 작동하고 있는 연고주의의 발생과 고착을 이렇게 정치사회적 조건과 결부시켜 설명하는 것이 적절하다 하더라도 유교적 가치에 내포되어 있는 가족주의적 요소를 부인할 수는 없을 것이다. 특히 가족에 대한 사랑(親親))으로부터 시작하여 이후 이웃에 대한 사랑(仁民)과 다른 사물에 대한 사랑(愛物)으로 나아가는 순서를 가질 수밖에 없다는 맹자의 '방법적 차별애'는 그 대표적 예일 것이다.20)

이러한 사유틀에서 인간관계는 "동심원적 관계망"으로 파악되며, "공과 사의 구분은 상대적이며 연속적"이다. "중심으로부터 바깥을 바라보면, 중심에서 가까운 관계는 사로 인식되는 반면 바깥은 언제나 공으로 인식된다." 이렇게 "사적 영역이 공적 영역으로 확산되어 가는 연속적 구도"에서는 서구에서와

---

20) 김수중, 「개인·가족·국가: 전통 중국의 공동체 사상」, 김수중 외, 『공동체란 무엇인가』, 이학사, 2002, 38쪽. 이에 반해 이상익은 유교적 전통에서 가족과 국가 간의 동질성만을 주목하는 입장에 대해 비판적이다. 가족과 국가가 공히 '사랑 공동체'라고 말할 수 있지만, 각각의 운영원리에서는 전자가 친(親)과 은(恩)이라면 후자가 공(公)과 의(義)로서 질적으로 다르다는 것이다. 다시 말해 본능과 친친(親親)의 영역인 가족과 이성과 존현(尊賢)의 원리가 작동하는 국가는 전혀 다른 영역으로 이해되고 있었다는 것이다. 이상익, 『유교전통과 자유민주주의』, 심산, 2004, 397쪽 이하 참조. 필자의 역량으로는 유교적 전통에서 가족과 국가, 공사(公私)의 구분과 관계 등에 대한 이러한 상반된 입장들을 아직 객관적으로 평가하기 어려우므로, 이 문제 자체에 대한 논의는 앞으로 필자의 연구과제로 남긴다.

같이 공과 사의 엄격한 이분법이 성립하지 않는다.21) 흥미로운 점은 앞서 유석춘이 이러한 '동심원적 관계망'으로부터 곧 연고주의의 규범적 원천을 찾고 그것의 정당화를 시도했던 데 반해, 이승환은 이를 역으로 연고주의의 폐단을 시정해 줄 수 있는 지적 자산으로 보고 있다는 사실이다.

그는 유교적 전통의 영향하에 있는 한국 전근대 사회에서 공과 사의 개념을 분석하면서, 공의 세 가지 의미층, 즉 '지배권력과 지배영역', '공평성·공정성과 같은 윤리적 의미', '다수·공동이라는 의미'를 분별한다. 이에 대비하여 사는 '지배권력에서 벗어난 일탈이나 범죄행위', '편파적이고 불공정한 행위', '이기적이고 개인적인 욕망'이라는 의미층을 갖는다는 것이다. 따라서 우리에게는 '공을 강조하고 사를 억압하는 사유구조'가 관철되어 왔으며, 이는 한국의 근대화 과정에서 긍정·부정의 양가적 측면에서 영향을 미쳐왔다는 것이다. 긍정적으로는 부도덕하고 부정의한 권력에 대한 저항의 자원으로 작용하였다면, 부정적으로는 사적 욕망에 대한 '객관적 긍정'이 부재한 가운데 은폐된 형태로 이를 추구하는 왜곡된 의식구조를 가져왔다는 것이다.

그는 이렇게 '공을 강조하고 사를 억압하는 사유구조'를 '공사의 동심원적 관계망'과 연계시키면, 연고주의를 안으로부터 돌파할 수 있는 계기가 확보될 수 있는 것으로 보고 있다. 연고집단은 이를 둘러싸고 있는 사회와 국가에 비하면 사에 속하며, 따라서 "사적 집단에서 통용되는 의리와 인정을 공적 영역

---

21) 이승환, 『유교담론의 지형학』, 푸른숲, 2004, 181, 183쪽.

144

에까지 확대·적용"해서는 안 되며, 오히려 자신이 그에 속하는 국가나 사회에서 "통용되는 규율을 준수해야" 한다는 것이다.[22] "공사의 구분을 상대적이고 연속적으로 바라보는 유교문화의 관행에서, 개인은 비록 정치영역의 구분에서는 사에 속하지만, 보편적인 윤리원칙 측면에서는 사에서 벗어나 끊임없이 무아의 공(無我之公)을 추구해야 하는 도덕적 존재였다." 그러나 압축적 근대화의 현실에서는 "소시민들은 '작은 집단의 공'만을 유일한 공으로 추구하고 더 큰 공을 추구하려 하지 않았다"는 것이다.[23]

그런데 동심원적 관계망 속에 들어 있는 개인이 연고집단의 의리와 인정을 뛰어넘을 수 있는 전제조건은 그가 공정성이나 공평성을 뜻하는 '보편적 윤리원칙'을 추구하고 이를 체득했다는 것일 수밖에 없을 것이다. 나아가 여기에 전통적인 공의 다른 의미층, 즉 '다수의 사람이 함께하는 공동이익'이 부가될 때, 이러한 돌파가 가능한데, 그는 공익이 무엇인가는 결국 "민주적 대화와 합리적 토론을 거쳐 결정"될 수밖에 없다고 주장한다.[24]

주목할 점은 '무아의 공'을 추구함에 있어 가족에 대한 사랑으로부터 출발하여 이를 확산하는 방식이 아니라, 대화와 토론을 통해 공익이 결정되며, 그 원형을 조선시대 지식인들의 '공론'의 정치에서 찾고 있다는 점이다. 이에 반해 공정성·공평

---

22) 이승환, 「한국 '가족주의'의 의미와 기원, 그리고 변화가능성」, 『儒教思想研究』 제20집, 2004, 63쪽.
23) 이승환, 앞의 책, 189, 192쪽.
24) 위의 책, 189, 192쪽.

성으로서의 '보편적 윤리원칙'의 체득 과정에 대해서는 뚜렷하게 제시하는 바가 없다.25) 또한 공론을 통해 획득된 '공익'과 '보편적 윤리원칙'이 공의 의미층으로서 병렬적으로 서술될 뿐, 이들 사이의 관계도 애매한 상태로 남아 있는 것으로 보인다. 그러나 앞서 연고주의의 공동체성을 전체 사회로 확대하려는 유석춘의 전략이 자체 내의 논거로는 실현 가능성을 찾기 어려웠던 것과 달리, 연고집단의 '우리' 외부에서 획득되는 '공익'과 '보편적 윤리원칙'을 통해 연고주의를 제어하려는 그의 전략은 적어도 일관성을 보여주고 있는 것으로 판단된다.

다만 유교적 전통사회에서 '공사의 동심원적 상대성과 연속성'을 강조하면서 서구의 공적 영역과 사적 영역의 분화와 변화에 대해 단선적으로 파악하게 되고, 이는 곧 대화와 토론과정을 중시하면서도 그것의 사회적 전제조건에 대해 주목하지 않는 결과를 가져온 것으로 보인다. 이하에서는 서구적 근대에서 제출된 시민사회와 공론장에 대한 논의를 간략히 살펴봄으로써, '연줄망'으로부터 '연결망'으로의 이행을 위한 사회적 기초를 분석한다.

2) 서구 시민사회의 형성과 공사관계

서구에서 근대화는 경제와 행정 체계가 분화되어 자립화되는

---

25) 반면 이상익은 공개적이고 비판적인 논의를 통해 천리(天理)에 도달할 수 있다는 입장에서 주자학에서의 '공론론(公論論)'을 해석하고 있는데, '보편적 윤리원칙'을 곧 '천리'로 본다면 유교적 전통에서도 인식론적, 윤리적, 정치·사회철학적으로 일관된 하나의 '공적 이성(public reason)'의 논의를 전개할 수 있는 것처럼 보인다. 이상익, 앞의 책, 369쪽 이하 참조.

동시에 생활세계에서도 합리화가 진행되는 과정으로 파악된다. 전통사회로부터 근대사회로의 이행을 복합적인 합리화 과정으로 파악하고 있는 하버마스에 따르면, 경제행위나 행정행위의 합리화와 달리 생활세계의 합리화는 문화적 전승, 개인의 사회화, 사회통합에서 변화를 의미한다. 우선 문화적 전통은 더 이상 자명한 타당성을 갖는 것이 아니라 비판적 수용의 대상이 된다. 전통에 대한 반성적 거리를 취하게 되면서 사회화 과정에서도 전통사회의 특수한 맥락으로부터 벗어난 일반적 원칙이 관철된다. 개인은 탈관습적인 자기통제하에서 더욱 자율적으로 결정하게 되고 저마다 삶을 기획하게 된다. 동시에 사회통합과정에서는 자생적 전통으로부터 분리되는 법원칙과 도덕원칙이 관철된다. 특히 공동생활의 정치적 규제는 법치국가의 심의기구와 시민사회 및 공론장의 '담론적 의사형성의 형식'을 취하게 된다.26)

바로 이 '담론적 의사형성의 형식'이 시민사회와 관련된 우리의 논의에서 중요한 지점이다. 이 측면에서 볼 때 생활세계의 합리화는 탈전통사회에서 "자유로운 정치문화, 계몽된 정치적 사회와, 무엇보다 의견을 형성하는 결사들의 자발적 발의"를 의미한다.27) 이러한 생활세계 합리화의 의미는 시민들이 공론장에 참여하여 의견을 형성하고 이를 통해 궁극적으로 정치적 규제가 이루어진다는 것이다. 이러한 시민들, 즉 공중은 일

---

26) J. 하버마스, 『의사소통행위이론』, 제2권, 장춘익 옮김, 나남출판, 2006, 234쪽 이하.
27) J. 하버마스, 『사실성과 타당성』, 한상진·박용도 옮김, 나남출판, 2000, 367쪽.

정한 정보를 갖추고 있고 정치적으로 중요한 결정이 초래할 결과를 고려하고 동료 시민들뿐만 아니라 미래세대도 고려하여 자신의 이해관계를 정식화하고 관철할 줄 아는 능력, 곧 '의사소통적 능력'을 구비하고 있다. 이러한 의사소통적 능력을 구비한 공중의 형성이야말로 시민사회적 '연결망'의 전제조건이다. 토의과정에 적극 참여함으로써 자율적 결정을 실현하는 과정에서 발현되는 연대성이야말로 이러한 연결망을 구축하는 기초가 될 것이다.

이때 공중이 '사적 개인의 결집체'라는 점, 즉 공중을 형성하는 주체는 사적 개인이어야 한다는 전제가 중요하다. 이러한 사적 개인은 언제나 존재했던 것이 아니라 서구에서도 근대 이후에 등장하기 시작한다. 이들의 출현 조건은 우선 공권력에 대해 자립적인 영역으로서 '사적 영역(die Privatsphäre)'이 자리 잡는 것에 있는데, 이 사적 영역은 상품교환과 노동이 이루어지는 경제사회의 영역과 핵가족의 사생활 영역을 말한다.28) 공권력의 담지자가 아닌 일반 시민은 이러한 사적 영역에서 활동하는 사적 개인들이다. 그런데 이들 사적 개인들이 공권력의 공적인 문제에 대해 토론을 통해 일정한 공론적 영향력을 행사하기 시작하며, 이 여론형성의 마당이 바로 '공론장'이다.

이 시민적 '공론장'의 공공성은 사적 영역으로부터 출현한 것이지만 공권력의 영역으로서의 국가와 사적 영역을 매개하는 역할을 한다. 다른 말로 하면 공권력의 영역과 사적 영역이 분리되어야 비로소 이 두 영역을 매개하는 공론장의 공공성이 형

---

28) J. 하버마스, 『공론장의 구조변동』, 한승완 옮김, 나남출판, 2001, 98쪽 이하 참조.

성될 수 있는 것이다. 공권력의 영역으로서 국가 혹은 정부와 상품교환과 노동의 영역, 즉 경제가 분리되어 있지 않다면 이러한 근대의 독특한 '공공성'은 성립할 수 없는 것이다. 그런데 자본주의적 근대란 바로 사회적 재생산의 영역과 정치권력의 영역의 분리를 특징으로 한다. 이렇게 분리된 공권력의 영역으로서의 국가와 사적인 영역으로서의 경제 사이에서 이 양자를 매개하는 공론장은 고유한 양면적 특성을 보인다. 그것은 사적 개인들이 그 주체라는 점에서 '사적 부문'에 속하지만 거기에서 출현하는 것이 '공론(公論)' 내지 '여론(輿論, public opinion)' 이라는 점에서 '공공성'이 자리하는 장소이기도 하다. 최근의 용어로 말하자면 공권력 행사자로서 정부가 갖는 '공공성' 밖에서 이것을 견제하고 비판하는 비정부적 형태의 민간인들이 자발적으로 형성한 '공공성'이 바로 시민사회의 '공공성'이다.

앞서 살펴보았듯이 유석춘이나 이승환은 서구 사회에서 공적 영역과 사적 영역의 엄격한 이분법이 적용되는 반면, 한국을 포함한 동아시아 사회에서는 공사의 구분이 연속적, 상대적이며 따라서 사적 영역으로부터 공적 영역으로의 단계적 확대가 가능한 것으로 보았다. 그러나 이러한 견해는 서구적 근대화를 일정하게 단순화시키는 것으로 보인다. 우선 시민사회의 공공성, 혹은 시민사회를 사회적 기초로 한 공론장의 공공성이 지니고 있는 독특한 측면을 부각시킬 필요가 있다. 시민사회 형성의 주체인 '공중으로 결집한 사적 개인들'은 우선 경제생활에서 사익을 추구하는 개인들이다. 그러나 동시에 이들은 서로 사익을 추구하는 동료 시민들을 토의를 통해 설득함으로써 공론을 형성하여 공권력에 영향을 미치려 한다. 또한 이들 공중이 출현하는 심리적 출현처는 사생활 영역이다. 비록 왜곡된 형태로나마 가족의 울타리 안에서 심리적으로 체험된 사랑, 자유, 교양의 이념은 여기서 사적 주체가 자라 나오는 배움터이자 자양분이다. 이런 근대 가족이 없었다면 근대적 공론장을 형성하는 주체, 즉 '공중'은 없었을 것이다. 사적 개인들의 공공성이 근대적 공공성인 한, 사적 개인의 심리적 출현처인 사생활 영역의 형성은 그만큼 근대에 있어 결정적인 계기라 할 수 있다. 인간이 인간으로서 순수하게 관계 맺고 교양의 기초를 쌓는 터전이라는 근대 가족의 이념이 비록 현실에서 온전하게 실현되지 못했다 하더라도, 여기서 자원을 얻은 근대적 자아관은 공중 형성에 있어 필수조건이다. 이러한 기초 위에서 서구에서는 공권력 영역과 사적 영역을 매개해 주는 독특한 공공성의 영역이 등장한 것이며, 그런 한에서 단순 이분법의 시각으로 서구적 근대를 보는 것은 무리가 있다.

또한 사적 영역과 공적 영역 간의 확고한 분리선을 가정하거나 대립적 관계로 보고 있는데, 논자에 따라 입장이 갈리기는 하지만 적어도 위에서 우리가 하버마스를 따라 정리한 공론장과 사적 영역 간의 경계선은 유동적이다. 다만 의사소통의 조건이 하나는 친밀성이고 다른 하나는 공개성이라는 점에서 다를 뿐, 양자는 연결되어 있다. 즉 전체 사회문제가 민감하게 지각되고 해석되는 생활세계의 지평이 놓여 있는 곳이 사적 영역이며, 여기서 공명을 일으킨 문제가 공론장으로 흘러들어가 여론으로 형성될 수 있는 것이다. 이런 점에서 "자율적 시민사회와 침해될 수 없는 사적 영역의 밀접한 관계"를 형성하고 있다.[29)

전통에 대해 반성적 거리를 갖고 있는 합리화된 생활세계에서 사적 개인들이 자유롭게 사회문제에 대해 토의하는 것이 바로 근대적 공공성의 출발이며, 이런 점에서 공론장이 역사적으로 독서공중의 클럽에서 '문예적 공론장'의 형태로 출발했다는 것은 상징적이다. 바로 이런 점에서 서구에서 가족은 단지 "감정이나 정서의 문제를 해소하는 공간"의 의미로 축소되지 않는다. 유석춘이 동양에서 가족을 "공적인 영역과 동일하게 권리와 의무 그리고 책임과 권한의 한계를 익히는 엄격한 도덕을 학습하는 공간"이라 본다면,[30] 유사하게 서구에서도 사생활 영역은 사회문제가 민감하게 지각되고 토의되는 출발지와 같은 것이다.

4. 나가는 말

우리의 시민사회의 조직비중에서 연줄망적 단체의 비중이 높고, 자발적 결사체라 할 시민사회단체의 구성과 활동방식에서 연고주의가 작동하고 있다는 일반적 인식으로부터 우리의 바람직한 시민사회 형성 및 활성화라는 문제에서 대립적인 입장이 제기되고 있다. 필자는 한편으로 연줄망의 폐쇄성을 지양하고 개방적인 네트워크 사회로 이행해야 한다는 주장에 동의하면서 다른 한편으로 연고적 공동체를 우리 시민사회의 적극적인 자원으로 파악하고 '연고집단의 지속적인 확대' 전략을 추구하는

---

29) 하버마스, 『사실성과 타당성』, 442쪽.
30) 유석춘 편, 앞의 책, 140쪽

입장의 난점을 지적하였다. 나아가 유교적 전통에서 공이 갖는 '보편적 윤리원칙'과 '공익'을 통해 연고주의를 제어하려는 입장을 비판적으로 살펴보았다.

필자가 보기에 관건은 어떻게 '연줄망'의 폐쇄성을 돌파하여 '보편적 타자'와 신뢰하고 연대할 수 있는 개방적 '연결형' 시민사회를 형성하는가에 있다. 서구적 근대화에서 그것은 생활세계의 합리화를 배경으로 사적 개인의 결집체로서의 공중이 다양한 공론장을 형성함으로써 가능했다. 한국사회에서도 이러한 시민사회 형성에 대한 근본적인 대안이 가능한 것으로 보이지는 않는다. 연고형적 인간관계와 여기서 통용되는 규범과 가치를 확대하고 일반화함으로써 연고형 관계망이 자체 자원으로부터 스스로를 돌파하기는 어려운 것으로 보인다. 그렇다고 우리가 연고 중심적 사회관계의 현실을 규정하고 있는 전통으로부터 벗어나 무전제적 사회실험을 수행할 수 있는 것은 더더욱 상상할 수 없는 일이다. 일차적으로는 연고형적 전통적 가치와 규범에 대해 전체 사회구성원의 시각에서 반성적 태도를 갖고 소화하는 것이 필요한 것처럼 보인다. 우리 사회가 점차 다원적 가치체계가 확산되고 민주적 법치주의에 의한 문제해결 능력이 증대할수록 그 가능성은 높아질 것으로 기대된다.

또한 개방적인 네트워크형 시민사회 형성을 위해서는 우리의 전통에서 연고적 공동체에 주목하기보다는 토의적 요소를 재구성하는 작업이 유효한 것처럼 보인다. 가령 유교적 전통에 내장되어 있는 '문치주의', '학문정치', '공론정치'의 요소를 비판적으로 재구성하는 것도 생각해 볼 수 있을 것이다. 유교적 전통에 비록 '보편적 윤리원칙'과 '공익'을 찾아가는 방법에 대한 논의가 부족하더라도, 앞의 요소들은 우리 전통에서 자발적 공론장의 맹아라고 할 수 있을 것이다.

다른 한편 공중에 의한 '보편적 타자'와의 연대는 그것이 비록 느슨한 연대이지만, 그것이 성립하려면 적어도 '담론적 의사형성의 형식'에 머물지 말고 사회관심사에 대한 염려와 배려의 공동성이 보완되어야 할 것으로 보인다. 이런 점에서 우리 전통에서 시민사회의 발전 및 활성화와 관련하여 계(契)는 주목할 위치를 점한다. 전통사회에서 출현한 계는 현재의 정보화된 도시사회에서도 일종의 풀뿌리 조직으로 여전히 살아남아 있을 뿐만 아니라 상당한 역할을 하고 있다. 계는 친한 사이라는 인간관계를 바탕으로 하여 그물모양의 일반화된 교환체계를 형성하여 사회적 신뢰와 시민사회의 활성화에 기여한다는 것이다. "계는 평등성과 공동성을 지닌 전통적 조직이면서 개체성, 합리성 등 근대적 계기를 포함하고 있는 조직이었다."31) 친밀한 사이의 상호부조와 친목도모로부터 출발하지만, 그것의 조직은 자발성에 기초하고 있다. 따라서 그것은 토의적 결사형태는 아니지만 자발적 상호부조의 협동조직이라는 측면에서 사회적 신뢰와 연대의 확대를 가져올 것으로 생각된다.

---

31) 한도현, 「한국사회의 풀뿌리 조직: 계」, 한국정신문화연구원 편, 『동아시아 문화전통과 한국사회』, 백산서당, 2001, 166쪽.

참고문헌

김동춘, 「유교와 한국의 가족주의」, 『경제와 사회』 통권 제55호, 2002.

김성국, 「한국의 시민사회와 신사회운동」, 유팔무·김정훈 엮음, 『시민사회와 시민운동 2』, 한울, 2001.

김수중, 「개인·가족·국가: 전통 중국의 공동체 사상」, 김수중 외, 『공동체란 무엇인가』, 이학사, 2002.

김용학, 『사회연결망 이론』, 박영사, 2003.

_____, 「고신뢰 사회를 향한 연결망 구축방안」, 『정책포럼』 1997 여름호, 1997.

박찬웅, 「신뢰의 위기와 사회적 자본」, 『사회비평』 제19호, 1999.

송호근, 『한국 무슨 일이 일어나고 있나』, 삼성경제연구소, 2003.

유석춘 편, 『한국의 시민사회, 연고집단, 사회자본』, 자유기업원, 2004.

이상익, 『유교전통과 자유민주주의』, 심산, 2004.

이승환, 『유교담론의 지형학』, 푸른숲, 2004.

_____, 「한국 '가족주의'의 의미와 기원, 그리고 변화가능성」, 『儒敎思想硏究』 제20집, 2004.

이재열, 「사회적 연결망으로서의 기업」, 신기업이론연구회 편, 『한국기업의 이해와 과제』, 삼성경제연구소, 1998.

이재혁, 「위험과 신뢰 그리고 외부성: 한국의 시민사회 사례」, 『사회과학』 제39권 2호, 2000.

차명제, 「한국 시민사회의 개념과 실제」, 권혁태 외, 『아시아의 시민사회 — 개념과 역사』, 아르케, 2003.

한도현, 「한국사회의 풀뿌리 조직: 계」, 한국정신문화연구원 편, 『동아시아 문화전통과 한국사회』, 백산서당, 2001.

함재봉, 『유교, 자본주의, 민주주의』, 전통과 현대, 2000.

홍동식, 「연고주의의 지역감정」, 한국사회학회 편, 『지역사회의 연고주의』, 성원사, 1990.

프랜시스 후쿠야마, 『트러스트: 사회도덕과 번영의 창조(The Trust: Social Virtues and the Creation of Prosperity)』, 구승회 옮김, 한국경제신문사, 1996.

Fukuyama, Francis, "Social Capital, Civil Society and Development", *Third World Quarterly* 22, 2001.

_____, "Social Capital and Development: The Coming Agenda", *SAIS Review*, vol. 22, no. 1, 2002.

Habermas, J., 『사실성과 타당성(Faktizität und Geltung)』, 한상진 · 박용도 옮김, 나남출판, 2000.

_____, 『공론장의 구조변동(Strukturwandel der Öffentlichkeit)』, 한승완 옮김, 나남출판, , 2001.

_____, 『의사소통행위이론(Theorie des kommunikativen Handelns)』, 제2권, 장춘익 옮김, 나남출판, 2006.

Park Chong-Min and Shin Doh Chull, "Social Capital and Democratic Citizenship: The Case of South Korea", *Japanese Journal of Political Science* 6(1), 2005, 63-85.

헌법철학으로 본 분단과 통일*

윤 평 중

한신대 철학과

1. 서론: 분단과 통일의 철학적 문제 설정

일극체제적 세계화가 몰아치는 21세기 초엽에도 한반도에서는 분단의 질곡이 해소되지 않고 있다. 지구적 냉전구도가 사라진 지 20년이 가까워지고 다른 분단국들이 모두 통일되었지만 한반도는 아직 불씨가 꺼지지 않은 유일한 분단지대로 남아 있다. 분단의 고통은 통일에 대한 집합적 희원(希願)을 그만큼 절박한 것으로 만든다. 민주화에 대한 시대적 요구가 어느 정도 충족된 지금, 통일이 최대의 화두로 떠오르는 것은 자연스

* 이 논문은 2006년도 한신대학교 교수연구비의 지원을 받은 것이다.

러운 일이다.

이 글은 이 시대 우리의 삶을 규정하고 미래를 축조(築造)하는 엄중한 사안인 분단과 통일의 문제를 헌법철학의 시각으로 다루려 한다. 그런 의미에서 이 논문의 목표와 범위는 자기제한적이며 분단이나 한국전쟁에 대한 기원론적 논쟁에 개입하지 않는다. 즉 해방이 된 이후 왜 단일민족국가가 수립되지 못하고 분단으로 치달았으며, 어떻게 전쟁(국제전적 내전)으로 이어졌고, 누가 주된 책임을 져야 할 것인가에 관한 탐구를 일단 사상(捨象)해 사회과학과 역사학의 영역으로 남겨놓는다는 것이다.1)

---

1) 한반도 분단과 한국전쟁에 대한 사회과학적 논의는 크게 전통적 입장, 수정주의, 그리고 포스트 수정주의로 삼분된다. 냉전반공주의가 지배하던 연구 패러다임을 균열시켜 '한국전쟁 출판산업'이라 불릴 수 있는 한국현대사에 대한 사회과학 연구의 물꼬를 튼 수정주의의 대표작은 B. Cummings의 *The Origins of the Korean War*(Princeton University Press, 1권 1981년 출간, 2권 1990년 출간)이다. 여기서 특히 1권의 출판 시점이 중요한데, 1980년 '서울의 봄'을 압살하고 등장한 전두환의 폭압적 군사독재정권은 한국사회에 내장된 모순에 대한 폭발적 관심에 불꽃을 당기는 역할을 했다. 커밍스가 파헤친 비밀 해제된 미국 측 자료와 함께, 현실사회주의 해체 이후 접근 가능해진 구공산권 자료들에 대한 해석까지 포함하는 포스트 수정주의의 대표작은 박명림, 『한국전쟁의 발발과 기원』(1, 2권, 나남, 1997)과 『한국 1950: 전쟁과 평화』(나남, 2002)이다. 논의의 포괄성과 입체성에 있어 커밍스와 박명림의 학문적 성취에 비견할 만한 전통적 입장에서의 연구를 찾아보기 어려운 것은 시사적인 일이다. 나는 커밍스의 연구가 박명림에 의해 지양되었다고 보지만, 너무나 당연하게도 커밍스 없이는 박명림도 있을 수 없었다. 우리 사회에서 가끔 논란이 되는 강정구의 언설들은 커밍스 자신이라면 결코 그렇게 표현하지 않을, 수정주의의 속류 대중화라는 성격을 지닌다.

나의 논의는 1948년 남과 북에 각기 수립된 두 주권국가의 국가적 실제성을 탐구 전제로 승인하고 출발한다. 두 국가가 헌법철학의 문맥에서 국가성의 필요충분조건을 충족시켰는지를 묻고 이어 국가성의 요건을 규정하는 여러 현대적 요인들 가운데 필수요소로서의 헌법의 적극적 함의를 탐색한다. 이런 기초적 맥락이 논구된 다음 한국전쟁과 통일의 의미를 헌법철학의 시각에서 다루게 될 것이다.

분단과 통일의 문제설정에 대해 자기한정적인 철학적 방식으로 탐색하는 이유는 무엇인가? 무엇보다도 이 주제에 대해 사회과학적 논저는 넘쳐나지만 철학적 탐구는 거의 존재하지 않는다는 사정이 있으며 이것은 한국철학자의 중대한 직무유기가 아닐 수 없다.[2] 그러나 더 중요한 이유는, 헌법철학적 문제화 작업이 한반도의 분단과 전쟁, 그리고 통일에 대한 논의에서 은폐되어 온 철학적 핵심을 짚어줌으로써 가장 긴박하고도 혼란스러운 이 사안에 대한 이해도를 높일 수 있을지도 모른다는 기대 때문이다.

이런 기대가 부분적이나마 충족될 수 있다면 그 실천적 함의는 적지 않을 것이다. 양산되어 온 통일담론의 설득력과 타당성을 판별하는 하나의 준거 틀이 출현하게 되는 것이다. 이런 관점에서 나는 통일담론들의 표준적 이념형인 수렴이론적 패러다임에 내재된 문제점을 비판할 것이다. 이어 수렴이론의 한계를 부분적으로 넘어선 백낙청 교수의 분단체제론을 철학적 문제설정의 시각에서 진단해 볼 것이다. 마지막으로 나는 통일을

---

2) 사실 이 주제처럼 한국철학에서의 이론과 실천의 괴리와 자생성의 결여를 생생하게 예증하는 사례도 드물다.

내용적이고 실질적인 방식으로 성취하는 가장 합리적인 대안으로 분단체제론이나 수렴이론을 포함한 '모든 통일담론의 신성성은 해체되어야 한다'라는 명제를 주장하게 된다. 나는 이 명제가 '목적 없는 과정으로서의 통일'로 번역될 수 있다고 본다. 나아가 이 명제가 '어떤 통일인가'라는 질문보다 더 급진적인 '왜 통일인가'라는 질문에 대한 천착을 포함한다는 사실이 결론으로 제시될 것이다.

2. 헌법의 철학적 의미

헌법은 국가라 불리는 정치결사체의 근원적 통치 질서를 규정한 최고기본법이다. 대륙법 법문화 속에서 헌법과 행정법 등을 통틀어 국가법(또는 국법학, Staatsrecht)이라고 부르는 경우가 있는 것은 이 때문이다.[3] 따라서 헌법에 대한 학문적 탐구는 국가론과 쉽게 나누어질 수 없었다. 국가라는 현상을 체계적인 방식으로 분석하여 국가의 발생기원이나 궁극적 존립근거를 주로 따지는 국가론과는 달리 헌법은 "국가적 공동체의 존재형태와 기본적 가치질서에 관한 국민적 합의를 법규범적인 논리체계로 정립한 국가의 기본법"으로 정의될 수 있으므로,[4] 헌법철학의 패러다임은 한반도에서 두 국가를 성립시킨 분단과 전쟁의 기원에 대한 학문적 판단을 방법론적으로 사상하는 이 글의 논의 전개 방식에 더 부합된다.

---

3) 허영, 『헌법이론과 헌법』, 박영사, 2001, 3쪽.
4) 권령성, 『헌법학원론』, 박영사, 2002, 4쪽.

정치적 조직체가 법을 필수적으로 요구하며 언어를 사용하는 이성적 인간이 존재론적으로 법과 정치를 필요로 한다는 것이 정치존재론의 주장이다.5) 국가와 법에 관한 정치존재론의 통찰에서 과도한 형이상학적 부담을 덜어낸다면, 공동체적 질서의 시현인 법이 없는 나라가 있을 수 없다는 사실이 인정될 수 있다. 그 연장선상에서 보자면 근대 이후 모든 국가는 그 내실에 상관없이 헌법을 보유한다. 이것은 앞서 정의된 바의 헌법이 근대 국민국가 출현 이후 비로소 가능해졌다는 사실을 시사한다.

서양의 경우 국가의 기원은 고대 그리스의 폴리스로 소급된다. 그리스의 도시국가들이 종언을 고하자 로마시대의 국가는 시민적 인민공동체(civitas 또는 res publica)로 다시 정의되었다. 로마가 도시국가의 틀을 벗어나면서 확대된 지역적 국가의 통치권이라는 의미에서 제국(imperium, empire)이라는 말로 국가를 지칭하게 된다.6) 그러나 근대적 의미의 국가(State, Staat, Etat) 개념은 모두 라틴어 Stato(선다)라는 말에서 유래되어 Status(지위)로 변전된 데서 유래된 것이며 이런 맥락의 최초 용례는 근대 정치철학의 창립자 마키아벨리로 소급된다.7)

용어 자체가 암시하는 것처럼 헌법(Constitution)의 근대적 성격은 주권성(Sovereignty)을 특징으로 하는 근대 국가(State)의

---

5) 남경희, 『이성과 정치존재론』, 문학과지성사, 1997 참조. 나아가 그는 『말의 질서와 국가』(이화여대 출판부, 1997)에서 정치존재론으로 근대 서구정치철학을 재조명하고 있다.

6) 마찬가지로 독어 'Reich'도 원래 영주의 통치를 뜻하는 'Regnum'에서 제국으로 전화된 것이다.

7) N. Machiavelli, *The Prince*, London: Encyclopaedia Britannica, 1952, 3쪽.

창립(constitution)과 불가분리적이다. 여기서 우리는 국가와 헌법 중 어느 것이 선차적인가라는 질문을 제기할 수 있다. 민주주의 헌법이론의 관점에서 보자면 통치권과 결정권이 궁극적으로 국민에게 귀속되므로 정치적 의지의 통일체이자 통치 질서인 국가는 헌법에 의해 비로소 창설된다. 이는 민주적 정당성 이론의 출발점으로서, 헌법국가의 이념 자체가 18세기 말부터 19세기에 걸친 부르주아 입헌주의 운동으로부터 연원한다는 사실에서 재확인된다.8) 헌법의 근대성을 관류하는 두 가지 공통점은 첫째, 국가 또는 정치사회를 자유롭고 평등한 개인들 간의 동의에 의해 비로소 형성된다고 보는 점이다.9) 둘째, 지배와 피지배의 관계를 단지 힘에 의한 지배가 아니라 법 창조자인 주권자를 설정하고 그 주권자가 제정한 법에 주권자를 포함한 모든 사람들이 따르는 '합법적 지배'로 준거했다는 사실이다.10) 국가의 세 가지 필수요소로 흔히 예거되는 영토, 국민, 그리고 주권의 개념도 철저히 헌법철학의 연장선상에 놓여 있는 것이다.

여기서 중요한 것은 국가를 구성하는 주권 개념이, 영토와

---

8) 에른스트-볼프강 뵈켄회르데, 『헌법과 민주주의: 헌법이론과 헌법에 관한 연구』, 김효전 외 옮김, 법문사, 2003, 30-31쪽.

9) 고대 그리스 지식인들은 법의 본질에 대해 치열하게 다투었으나 여기서 적시되고 있는 헌법의 이념에 도달할 수 없었다. 그것은 주권국가가 근대의 소산이며 헌법 이념과 분리되지 않는다는 사정을 반영한다. 그러나 법이 인간에게 무엇을 의미하는가에 대한 정치존재론적인 통찰의 단초는 그들에게서 제시된 것이다. '노모스-퓌시스' 테제를 둘러싼 치열한 논쟁이 그 실례다.

10) M. Weber의 분류, 즉 전통적 지배나 카리스마적 지배와 대비되는 합법적 지배의 이념형이 보편적 설명력을 갖는 것은 이 때문이다.

국민에 더해 일정한 정치공동체적 에토스와 통치 질서를 규정하는 헌법을 위시한 법률체계, 그리고 법을 관철시키는 강제력을 동반한다는 사실이다. "국가는 법질서라는 강제적 조직을 유지하는 특수한 목적을 위해 존재하며, 명백히 규정된 제재력에 의해 시행되는 법에 근거해 행동하는 특별한 결사체"라는 것이다.11) 우리가 어떤 형태의 국가관을 주장하든지에 관계없이 특정한 정치체(政治體, body politic)를 이끄는 주권의 토대는 결국 헌법과, 헌법을 관철시키는 강제력에 의존하는 것이므로 근대국가에 귀속되는 주권의 정체성은 헌법에 의해 근원적으로 정의된다.

법 위계에서 헌법의 최고규범성과 자기보장적 속성은 헌법의 본질로부터 나온다. 표준적 헌법이론인 규범주의적 헌법관(H. Krabbe, H. Kelsen)은 헌법의 역사성과 현실연관성을 고려하지 않는다는 점에서 문제가 있고, 결단주의적 헌법관(C. Schmitt)은 헌법제정권자의 결단을 지나치게 중요시한 나머지 헌법의 규범성을 도외시하는 단점이 있는 것으로 지적된다. 따라서 헌법의 규범성과 역사적 동태성(動態性)을 결합해, 헌법을 '사회통합을 위한 공감대적 가치질서'나 '동화적 통합과정의 법질서'로 보는 통합과정론적 헌법관(R. Smend)이 주창된다.12)

헌법철학으로 보자면 근대국가의 주권적 지위는 헌법이 지닌, 최고의 공적 국내기본법이라는 철학적 성격에 의해 정해진다. 헌법의 최고규범성과 자기보장성은 헌법이 특정 국가의

---

11) E. Parker, *Principles of Social and Political Theory*, Oxford: Clarendon Press, 1951, 3쪽.

12) 허영, 『한국헌법론』, 박영사, 2001, 13-19쪽; 권령성, 앞의 책, 33-45쪽.

"정치적 통일의 형성과 유지 및 법질서의 창설과 유지"를 수행한다는 사실에서 결정적으로 확정된다.13) 이런 맥락에서 헌법철학은 헌법이 국가통합과정의 준거이며, 국가라는 정치적 결사체의 고유한 핵심이라고 주장하게 되는 것이다. 헌법의 최고규범성과 자기보장성이 정치공동체의 에토스로 착근되지 않은 정치체는 붕괴의 위기에 직면할 수밖에 없다. 이런 논변을 방법론적으로 역전시키면 국가와 헌법 가운데 어느 것이 더 앞서는가의 질문에 대해 전과는 상이한 답을 제시하게 된다. 현실의 헌법은 특정한 질서를 갖춘 정치적 통일체의 존재를 전제로한 뒤 사후적으로 국가를 틀 짓게 된다는 것이다. 이것은 특히혁명적 변혁기에 확인할 수 있는 사실이다.

3. 헌법철학으로 본 분단과 한국전쟁

1948년 남과 북은 각기 미국과 소련의 후견을 받아 대한민국과 조선민주주의인민공화국을 창립하면서 각각의 헌법을 공포하였다. 국가 창립 과정에서 드러난 강대국에의 예속성과 국민과 영토조건의 일정한 결손(缺損)에도 불구하고 나는 해방공간이 출현시킨 남북의 두 국가를 앞절에서 개진된 헌법철학에근거해 엄연한 주권국가들로 간주한다.14) 각기 상대방을 미수

---

13) 콘라드 헤세, 『헌법의 기초이론(*Elemente Einer Verfassungstheorie*)』, 계희열 옮김, 박영사, 2001, 4쪽. 헤세(K. Hesse)는 스멘트의 통합이론을 기초로 해 규범과 현실을 매개시키는 작업을 한 현대 헌법이론가로서 독일 연방헌법재판소 재판관을 역임했다.

14) 그런 의미에서 남북은 '결손국가'였다. 임현진 외, 『21세기 통일 한국을위한 모색: 분단과 통일의 변증법』, 서울대 출판부, 2005, 17쪽. 그러나

복지역과 미해방지구로 선포하면서 독자적이면서도 강고한 정치통합성과 헌법질서를 구축했기 때문이다.15)

이 시점에서 '분단'이라는 용어의 함의를 엄밀하게 따져 볼 필요가 있다. 분단은 문자 그대로 원래 하나였던 나라가 나중에 쪼개어졌다는 사실을 의미한다. 그렇다면 한반도에서 원래 하나였던 나라는 구체적으로 무엇을 지칭하는가? 그것이 조선왕조나 대한제국, 나아가 국권을 상실한 일제식민통치 기간을 뜻할 수 없다는 것은 자명하다. 한국의 현행헌법 전문(前文)에서는 "3·1운동으로 건립된 대한민국임시정부의 법통"을 인정하고 있지만 이것은 남한의 입장일 뿐이다.16) 북한의 제헌헌법은 3·1운동에 대해 철저히 침묵하고 있으므로 말할 것도 없

이런 결손적 성격이 남북의 개별적 주권성을 본질적으로 훼손하는 것이라 할 수 없다. 오랜 후에 이루어진 유엔 남북 동시 가입은 이런 명백한 사실을 뒤늦게 추인한 것이다.

15) 주체성 개념에 대한 역사철학적이고 분석철학적인 구도 위에서 남한 정부(대한민국) 성립의 사상적 의미를 논한, 한국철학자가 저술한 거의 유일무이한 학술적 연구서로는 남경희, 『주체, 외세, 이념』(이화여대 출판부, 1995)을 들 수 있다. 여기서 저자는 이승만 정부 수립에 정당성이 있음을 논증한다. 나는 저자의 논증에 상당한 설득력이 있다고 생각하지만, 이것이 분단에 대한 이승만 단정(單政) 원죄론이라는 수정주의적 한국 사회과학계의 통설에 어떤 영향을 행사했다는 증거는 없다. 나아가 이 저서는 북한 정부 수립에 관한 논의를 빠트리고 있어서(또는 후일로 기약하고 있어서) 해방공간에 대한 연구로서 불완전하다.

16) 흥미롭게도 1948년의 제헌헌법에서 제9차 개정헌법인 현행헌법에 이르기까지 전문(前文)에 상해임시정부의 법통을 명시한 것은 현행헌법뿐이다. 물론 제헌헌법 이후 모든 헌법에서 3·1운동에 대해 언급하고 있으므로 3·1운동의 정치체적 성과인 임시정부가 갖는 헌법적 의미는 중요하다. 김영수, 『한국헌법사』(학문사, 2001)에 실린 「대한민국 헌법 및 관련자료」, 925-1066쪽 참조.

지만, 유일하게 서문을 신설한 1998년 '조선민주주의인민공화국 사회주의헌법'은 아예 '김일성헌법'임을 명시하고 있는 것이다.[17]

북한의 완전히 이질적인 시각은 차치하고라도 남한의 입장에서는 1920년 상해에서 건설된 망명정부로서의 대한민국임시정부가 '하나인 나라'의 원형일 것이지만 문자 그대로 그것은 국가의 요건을 충족시키지 못한 '임시정부'였다.[18] 이것은 해방공간의 한반도가 헌법철학적으로 실질적 공백 상태에 놓여 있었다는 사실을 뜻하며, 또한 통합된 헌법을 확정할 수 있는 정치적 통일체가 부재했다는 것을 의미한다. 쪼개진 부분들이 합쳐져 그것으로 돌아가야 한다는 원형적 모델로서의 원천국가(original state), 또는 총괄국가(Gesamtstaat)가 부재하거나 그것에 대한 합의가 미결정 상태였기 때문이다.[19] 이는 분단 개념 자체가 국가 개념이 아니라 단일민족이나 언어, 그리고 문화의 공동요소들에 의존한 "상상된 정치공동체"에 의해 주조되었으며 압도적인 민족주의적 감성의 궤적 위에서 유통되고 있다는 사실을 보여준다.[20]

해방공간에서의 동화적 통합과정의 대실패, 즉 별개의 헌법

---

17) 김영수, 「북한헌법 및 관련자료」, 위의 책, 1067-1157쪽 참조.
18) 물론 이러한 임시성은 일곱 차례에 걸쳐 이루어진 대한민국임시정부헌법의 진화과정을 통해 보완된다. 김영수, 「대한민국임시정부헌법 및 관련자료」, 위의 책, 869~899쪽 참고.
19) 김준희, 「분단국가에서 본 한반도의 미래」, 『민족통일론의 전개』, 형성사, 1986, 134쪽.
20) B. Anderson, *Imagined Communities: Reflections on the Origin and Spread of Nationalism*, London: Verso, 1983, 15쪽.

제정권력의 출현은 결국 두 주권국가의 출현으로 귀결되었다. 문제는 두 주권국이 한반도 전역을 통치할 의지를 지녔고 그것을 헌법적으로도 구태여 삼추시 않았다는 것이다. 각각의 헌법이 명시한 영토와 국민의 동일성을 주권의 발현에 의해 회복하려는 두 주권국가가 동일한 장소의 통치권을 두고 다투는 권력의지를 구체화시킬 수 있는 강제력을 획득하고 당대의 국제정치 역학이 그것을 허락할 때 결과가 어떻게 되겠는가?21) 그 결과가 한국전쟁인 것이다.

다시 한번 강조하지만 헌법철학이 분단기원론에 대한 논란에 개입하지 않은 채 분단의 의미를 논구한 것처럼, 한국전쟁 기원논쟁을 방법론적으로 사상한 상태에서 한국전쟁의 철학적 논리를 조명한다. 이런 시각에서 볼 때 가장 투명한 이념형적 준거의 틀은 헤겔의 국가론에서 발견된다. 다양한 해석 앞에 열려 있는 헤겔 정치철학에서 "인륜적 이념의 현실태"라는 국가에 대한 정의도 지금까지 논구된 헌법철학에 의해 재조명될 수 있다.22) 여기서 헤겔이 인륜성의 최고양식이라 논한 국가는 시민사회로서의 오성국가가 아니라 이성국가를 지칭하지만 우리는 헤겔 해석에 대한 오래된 논쟁에도 관여하지 않는다.23)

---

21) 이런 맥락에서 한국헌법의 영토 조항(제3조)은 헌법철학으로 본 통일의 문제에서 핵심적으로 다루어져야 할 조심스러운 논제 가운데 하나다.

22) G. W. F. Hegel, *Grundlinien der philosophie des Rechts*, &257, Werke in zwanzig Bänden, 제7권, Suhrkamp, 1970, 398쪽. 앞으로는 『법철학』으로 표기해 쪽수를 밝혀 인용.

23) 칸트나 마르크스주의, 포스트마르크스주의, 하버마스, 그리고 현대 시민사회론과 연관해서 헤겔 정치철학을 비판적으로 독해하는 작업을 나는 이미 다음 저서에서 수행한 바 있다. 윤평중 『담론이론의 사회철학』,

국가에 대한 헤겔의 정의를 국가철학의 이념형으로 차용할 수 있는 이유는 "국가가 개체이며 이 개체성 속에 부정이 본질적으로 내포"되어 있기 때문이다.24) 국가는 주권의 체현자로서 그 정의상 배타적 권력 독점체인 것이다. 이런 국가가 다른 국가를 부정함으로써 자신을 긍정하는 행위가 전쟁인 것이다. 칸트가 두 세기 전에 설파한 영구평화론의 호소력은 아직 여전하지만 헤겔의 이 명제를 반증하지 못한다. 또는 양자의 논술은 논의의 심급이 다르다고 할 수도 있겠다.25) 따라서 국가 내에서 유일최고의 권력인 주권을 담지하는 주권국가들 사이에 극단적 분쟁이 발생했을 때 외교로 문제가 해소되지 않는다면 전쟁이 불가피하다.

이것을 전쟁찬양론으로 독해하는 것은 국가의 본질과 국제정치의 원초적 본성에 대한 피상적 오독에 불과하다. 국가의 주권성과 주권국가의 복수성(複數性)을 감안하면, 영원한 평화를 달성할 수 있는 유일한 논리적 해법은 개별국가의 주권을 완전히 해소시켜 단일의 지구적 정치체가 주권을 독점하도록 하는 것이다. 그러나 이 경우에도 '죽은 자의 평화'가 아닌, 우리가 원하는 생동감 있고 자유와 평등이 넘치는 다원국가들의 세계

문예출판사, 1998.

24) 헤겔, 『법철학』, 494쪽.

25) 영구평화론의 예비조항이나 확정조항은 모두 강력한 규범명제로 제시된다. 임마누엘 칸트, 『영원한 평화를 위하여』, 이한구 옮김, 서광사, 1992, 11-40쪽 참조. 이에 비해 국가의 본성에 대한 헤겔의 논술은 국가의 필연적 정체성에 대한 평명한 진술로 읽힐 수 있다. 그러나 헤겔의 국가관이 단순한 정치현실주의로 환원되는 것은 결코 아니다. 윤평중, 앞의 책, 330쪽 참조.

정부가 설립된다는 보장은 어디에도 존재하지 않는다.

국가철학의 문맥에서 볼 때 한국전쟁은 국가의 독점적이고 베티적인 개체성이라는 본질적 시대의 발현이며, 헌법철학의 맥락에서는 동일한 영토와 국민에 대한 헤게모니를 관철시키려 했던 두 주권국가들 사이의 생사를 건 각축전이었던 것이다. 따라서 헌법철학이 출발한 시원(始原)의 지평에서는 한국전쟁에 대한 침략전쟁이나 해방전쟁의 규정이 아직 틈입할 여지가 없는 것이다.

4. 헌법철학으로 본 통일담론

통일담론이 그야말로 홍수를 이루고 있지만 노골적인 병탄론이나 무력통합론은 합리적 논의의 대상이 될 수 없으므로 일단 제외해 보자. 또한 일방이 타방의 존재를 해소시키는 무력통일이나 흡수통일도 불가하다는 것이 오늘날 통일논의의 표준적 그림인 것처럼 생각된다. 이러한 사실을 전제하면 현존하는 모든 통일담론은 국가 수렴이론으로 귀착된다. 남과 북 공히 장단점이 있으므로 장점들은 살리고 단점들은 고치는 방향으로 수렴해서 더 고차적인 통일국가의 모습을 형상화해 보자는 것이다.[26]

---

26) 가장 최근의 내용 있는 수렴이론의 전범으로는 앞서 예시된 임현진 외, 『21세기 통일한국을 향한 모색』 참조. 이 책은 남북의 개혁을 각기 사회민주주의와 시장사회주의의 방향으로 설정하고 그것의 '변증법적' 통합체인 통일모형을 민주사회주의로 상정하고 있다. 이 책의 강점은 남북한의 위기와 변화를 경제, 사회, 문화 영역으로 체계적으로 분류하여 '실증'하는 데 있다.

그러나 헌법철학의 관점에서 볼 때 수렴이론에는 치명적 맹점이 존재한다. 즉 남북의 헌법에 수렴적 접합의 여지가 철학적으로 존재하는가의 질문에 대해 철저히 침묵하고 있는 것이다. 여기서 통일헌법 제정은 통일과정이 제도적으로 완결되었다는 사실을 의미하므로 논의의 순서와 심급이 상이하다는 비판이 제기될 수 있을 것이다. 그러나 이 지점에서 나의 의문은 미래의 통일헌법에 대한 것이 아니라 1948년부터 지금까지의 남북 현행헌법에 어떤 철학적 접점이 발견되는가에 대한 질문이다.

나는 남북의 헌법이 불가공약적이며 서로 수렴될 수 없다고 생각한다. 이것은 위에서 살펴본 분단과 전쟁의 구조와 동학(動學)을 상기하고 양 헌법의 내용을 확인할 때 도출될 수밖에 없는 자연스러운 결론이다. 이는 한국헌법의 자유민주적 성격과 조선민주주의인민공화국 헌법의 주체사회주의(유일영도체계)적 성격이 철학적으로 양립할 수 없다는 것을 의미한다. 헌법철학의 지평에서 통일을 운위할 때 논리적 가능성은, 통일헌법이 '자유민주적인 것'이 되든지, 아니면 '주체사회주의적인 것'이 되든지 두 가지뿐이다.

국가통합성의 궁극적 준거, 그리고 정치적 결사체의 고유한 핵심으로서의 헌법정신을 상기하면 상호 수렴에 의한 남북 헌법의 만남 가능성은 거의 무망한 일이다.27) 나는 통일운동가들

---

27) 자유민주주의와 주체사회주의의 헌법적 만남은 불가능하다. 자유민주주의는 수정될 수 있으나 주체사회주의를 견인하는 주체사상은 그 폐쇄성과 자기충족적 성격 때문에 자체 수정이 거의 불가능하기 때문이다. 수령의 무류성(無謬性)과 유일영도체계에 대한 절대적이고 무조건적인

의 진정성과 수렴이론적 통일담론의 절실함을 부인하지 않지만 헌법철학의 통찰을 배제한 수렴이론적 통일담론이 원론적으로 튼실한 것이 될 수 없나고 확신한다. 나아가 진보성을 내세운 수렴이론이 무성찰적으로 유통될 때 빚어질 수 있는 맹목성에 대해 주의해야 한다고 본다. 그 전형적 사례를 남북관계를 규율하는 3대 문건에서 발견할 수 있다.

「남북공동성명」(1974), 「남북 사이의 화해와 불가침 및 교류-협력에 관한 합의서」(1992), 그리고 「남북공동선언」(2000)은 모두 자주, 평화통일, 민족단결의 원칙을 공유한다. 남한헌법(제4조)과 북한헌법(제9조) 둘 다 평화통일을 지향하므로 자주성과 민족단결의 의미를 좀더 분명히 해보자. 한국의 일상언어에서 자주성과 민족단결은 지극히 평이한 말이다. 그러나 북

복속(服屬)이라는 원칙을 수정하는 것은 수령의 지위와 유일체계를 붕괴시킬 공산이 크다. 북한 수령제와 논리구조적으로 매우 흡사한 제2차 세계대전 전의 군국주의적 신권(神權)군주정인 일본 천황제가 내부적이고 자체적인 탄력에 의해 수정될 수 없었다는 사실은 매우 시사적이다. 이와 대조적으로 이종석은 유일지도체계가 "마지막 합리적 선택으로 자신의 권력기반인 이 체계의 해체를 시도할지도 모른다"고 주장한다. 이종석, 『조선로동당연구』, 역사비평사, 1995, 355쪽. 나아가 "1992년 북한헌법 개정이 어느 정도 그 가능성을 보여주었다"는 것이다. 그러나 나는 이런 진술이 논자의 희망적 투사(wishful thinking)와 학문적 엄정성 사이의 위태로운 줄타기가 아닐까 의심한다. 노무현 정부의 대북외교노선을 총괄하고 있는 이종석의 접근은 결국 김대중 정부의 햇볕정책의 연장선상에 서 있고, 그 정책은 유일지도체계가 이념적으로는 아닐지라도 실천적으로 수정 가능하다는 믿음에 근거하는 것이다. 그러나 주체사상의 자기완결성은 이론과 실천의 이런 구분법에 완강하게 저항한다고 나는 생각한다. 이것이 북한이 직면한 가장 근본적인 딜레마인 것이다.

한의 담론체계에서 자주성은 주체사상의 철학적 원리의 초석이
며 주체사상은 "조선민주주의 인민공화국 … 활동의 지도적 지
침이다"(북한헌법 제 3 조). 북한의 지도이념인 주체사상은 "사
람이 모든 것의 주인이며 모든 것을 결정한다"고 선언하는데,
이 명제는 "사람이 자주성과 창조성, 의식성을 가진 사회적 존
재"라는 명제와 등치된다.28)

그렇다면 자주성의 의미는 무엇일까? 주체사상총서는 여기서
'사회정치적 생명체' 이론을 도입한다. "사람에게 있어서 자주
성이 생명이라고 할 때 그것은 사회정치적 생명을 말하며, …
그것은 육체적 생명보다 더 귀중한 제일생명"이라는 것이다.29)
그렇다면 사회정치적 생명은 누구로부터 부여되는가? 말할 것
도 없이 그것은 '어버이 수령'이 준다.30)

1974년 반포된 「유일사상체계확립 10대원칙」의 7번째 원칙
은 "위대한 수령 김일성 동지로부터 부여된 정치적 생명"이라
고 단언한다. 헌법철학의 문맥에서 중요한 것은 수령에 대한
무조건적이고 절대적인 충성을 선포하는 이 원칙이 1998년 북
한헌법 서문으로 결정화(結晶化)되면서 자주성의 북한적 의미
가 최종적으로 확정된다는 것이다. 즉 북한 담론체계에서 자주
성은 수령에 대한 절대적 충성과 정확히 동의어인 것이다.31)

---

28) 사회과학출판사 편, 『주체사상총서 1권: 주체사상의 철학적 원리』, 백
    산서당, 1989, 95쪽과 153쪽.
29) 위의 책, 172쪽.
30) 김정일, 「주체사상 교양에서 제기되는 몇 가지 문제에 대하여」, 『북한
    자료집 — 김정일 저작선』, 경남대 극동문제연구소, 1991, 326쪽.
31) 자주성 테제와 수령론이 분리된다면 주체사상이 북한사회 변화의 긍정
    적 맹아가 될 수도 있다는 기대를 표명한 책으로는 서재진, 『주체사상

이것은 10권으로 구성된 주체사상총서의 결론(9권과 10권)이 수령론(영도예술론)이라는 것과 구조적으로 일치한다.

이 지점에서 북한이 말하는 민족대단결(북한헌법 제9소)의 의미도 한층 선명해진다. 주체사상이 운위하는 사회정치적 생명체는 개인이 아니라 민족과 계급을 지칭한다는 송두율의 해석은 정확한 것이다. 따라서 민족은 수령의 영도를 쫓음으로써 비로소 자주적일 수 있게 되며, 그 결과 북한 담론체계 안의 민족은 수령에 절대적으로 충성하는 사람들의 집합인 것이다. 이 지점에서 '김일성-김정일 민족'으로의 진화는 이미 예비된 것이라 할 수 있다.32) 결국 북한이 말하는 민족대단결의 참뜻은 김부자(父子) 민족(북한 인민 + 친(親)김부자 성향의 남한 주민)과 비(非)김부자 민족 사이의 범주적 구별을 전제한다. 따라서 이성적 통일담론은 '우리민족끼리'라는, 북한이 제창하고 많은 남한 국민들이 기꺼이 후렴하는 감성적 구호를 헌법철학적으로 수용할 수 있겠는가라는 중대한 의문에 답해야 한다.

민주적 정당성 원리에 의해 규율되는 민주주의 헌법이론에 비추어 설정된 원칙이 남한헌법의 제1조 2항(대한민국의 주권은 국민에게 있고, 모든 권력은 국민으로부터 나온다)이며 북한헌법 제4조(조선민주주의인민공화국의 주권은 로동자, 농민, 근로인텔리와 모든 근로 인민에게 있다)다. 그러나 지금까지

의 이반』, 박영사, 2006. 주체사상의 이데올로기적 관학의 성격을 완전히 탈색시켜 인간중심주의 철학으로 재구성하려는 황장엽의 탐색에 대한 호의적 설명으로는 선우현, 『우리 시대의 북한철학』, 책세상, 2000 참조.

32) 2000년 8월 14일 평양 김일성 조국통일 3대헌장 기념탑 준공식에서의 김영남의 준공식사.

살펴본 것처럼 유일영도체계를 선포한 북한헌법에서 실질적이고 원리적으로 주권은 영도자에게 귀속된다. 헌법의 이념적 출발점을 명시하는 남한헌법의 전문(前文)에 상응하는 북한헌법 서문이 온통 김일성에 대한 경배(敬拜)로 채워져 '김일성헌법'으로 귀결되는 것은 이를 증명하는 헌법적 증거다. 정치적 생명체로서의 '대(大)가정론'이 수령을 자애로운 어버이로, 그리고 유기체의 뇌수로 규정하는 것이다.

이는 근대국가와 상호 선순환관계에 있는 헌법의 민주적 정당성 원리에 대한 정면 부정이 아닐 수 없다. 여기서 우리는 치자와 피치자의 동일성으로 민주주의를 정의하는 고전적 입론의 한계를 확인한다. 민주주의를 치자와 피치자가 동일한 국가형태로서만 정의하게 되면, 북한도 정치적 생명체론을 내세워 수령/당/인민의 유기체적 전일성을 근거로 북한국가의 민주주의적 성격을 강변할 수 있게 된다. 이것이 바로 루소의 일반의지가 오용되는 경우이기도 할 것이다. 그러나 '국민의 자기지배'는 '국민을 위한 지배', 그리고 '국민에 의한 지배'와 긴장을 내장한 채 공존해야 하므로 국가와 국민 사이에 의회, 다원주의적 복수정당, 시민단체, 자유언론 등이 '매개'의 역할을 해야 하는 것이다. 북한헌법의 유일체계적 성격은 이 모든 매개의 요소들을 질식시키고 있다. 나아가 우리는 헌법철학의 문맥에서 북한이 과연 공화국인지 물어야 한다.

헌법철학으로 남북을 볼 때 유념해야 하는 사항은 자유민주적 입헌주의와 현실사회주의적 헌법관 사이에 심연이 존재한다는 사실이다. 북한을 포함해 모든 현실사회주의국가 헌법의 모태가 되었던 「1936년 소련헌법」에서 드러나는 장식적이고 외

견적(外見的)인 특성 때문이다. 주권자도 헌법을 엄수해야 하는 입헌 모델과는 달리 북한헌법(제11조)은 "조선민주주의인민공화국은 조선로동당의 영도 밑에 모든 활동을 진행한다"고 하여 국가에 대한 당의 우위를 선포한다. 이것은 '당의 국가화'가 전제된 사회주의적 법이념의 필연적 귀결이며,33) 나아가 당은 영도자의 지도를 받는다. 영도자와 당이 국가에 우선하므로 유일사상체계확립 10대원칙과 로동당 규약이 헌법보다 선차적인 것이다. 이런 차이점에도 불구하고 남북헌법을 헌법철학적으로 함께 조명할 수 있는 근거는 북한의 경우, 유일사상체계 원칙과 당 규약, 그리고 헌법이 실질적 혼연일체를 구성하고 있기 때문이다.

5. 분단체제론 비판: 통일담론의 신성성은 해체되어야 한다

수렴이론적 통일담론이 노정하는 내재적 맹점을 살펴보았으므로 이제 수렴이론의 한계를 부분적으로 넘어선 전향적 통일담론의 상징적 사례로서 백낙청의 분단체제론을 분석해 보자.34) 분단체제론의 선진성의 가장 큰 지표는 "단일형 국민국가로의 완전한 통일이라는 고정관념을 버려야 한다"는 주장에서 발견된다.35) 이 주장은 '상상의 공동체'를 꿈꾸는 민족주의

---

33) 스기하라 야스오, 『헌법의 역사』, 이경주 옮김, 이론과실천, 1996, 207쪽.
34) 분단체제론의 이론적 성격은 충분한 것이라 하기 어려우나, 그것이 갖는 상징성 그리고 현실통일담론의 장(場)에서 지닌 광범위한 영향력을 감안할 때 매우 중요한 화두라 할 수 있다.
35) 백낙청, 『한반도식 통일, 현재진행형』, 창비, 2006, 82-83쪽 참조.

적 열정을 기반으로 한 기존의 수렴형 통일담론들이 빠져 있는 목적론적 통일규범론의 잔재에 대한 일정한 비판을 함축한다.

분단체제론의 핵심 주장이 논리적 체계성을 가지고 있다고 하기는 어려우나, 대략 아래와 같이 요약될 수 있다.36) 분단체제는 세계체제의 한 하위체제이므로 분단체제론은 민족문제를 전지구적 시각으로 확대시키는 것을 뜻한다. 이것은 분단의 현실을 총체적이고 체계적으로 인식하려는 노력이며, 분단현실을 남북의 국가 간이나 상반된 이념 간의 대립 위주로 인식하기보다 한반도 전역에 걸쳐 작동하는 어떤 복합적인 체제와 그에 따른 다수민중의 부담이라는 차원 위주로 파악하는 발상의 전환인 것이다. 남북의 기득권 세력 사이에는 일정한 공생관계가 성립하며, 태생적으로 반민주적이며 비자주적인 분단체제가 지속되는 한 남북 어느 한쪽에서도 온전한 민주주의를 이루는 것은 불가능한 일이다. 백낙청에 의하면, 남북이 각각 '정상국가'가 아닌 것은 이 때문이다.37)

---

36) 분단체제론의 주요 출처는 아래 세 권의 책이며 여기서의 요약은 이 논저들에 의존한다. 분단체제론이 정연한 논변으로 제시되었다고 보기 어려우나 그 핵심적 주장을 추출하는 것은 가능하다. 백낙청, 『분단체제 변혁의 공부길』(1994), 『흔들리는 분단체제』(1997), 『한반도식 통일, 현재진행형』(2006). 세 권 모두 창작과비평사에서 출간되었다.

37) 앞서 언급한 것처럼 나는 남북이 결손국가로 시작했지만 역사가 흐르면서 그 결손성이 극복되었다고 보기 때문에, '정상국가'가 아니라는 말에 동의할 수 없다. "분단체제가 지속되는 한 남북 어디서도 온전한 민주주의가 불가능하다"라는 백낙청의 언명도 결정론적이고 목적론적이어서 학술적 진술로 받아들이기 어렵다. 나는 한국이 세계체제적 상황 속에서 분단체제의 한계에도 불구하고 나름대로 괜찮은 민주주의와 주권국가의 성취를 보여주고 있다고 생각한다.

따라서 남북한 민중의 이익에 최대한 봉사하는 국가형태를 남북의 민중이 주도적으로 실험하고 창안해 가는 '과정으로서의 통일'이 강조된다. 분단체제론은 현실안주를 거부하는 강한 변혁론이지만 우리 사회를 풍미해 온 탁상공론식 변혁론의 적폐를 돌파하고자 한다. 이런 이유로 백낙청은 다음과 같이 역설한다. "통일을 전제한 '민족해방', '민주변혁', '흡수통일' 등의 구상에 대해서도 현실적인 개연성 문제를 떠나, 그러한 분단극복이 분단체제의 극복이 못 된다는 이유로 반대하는 것이 분단체제론의 원칙인 것이다."[38] 민족해방은 북한체제의 확대판일 것이며, 민주변혁은 자본주의 세계체제의 하위체제였지만 지금은 붕괴해 버린 동유럽식 사회구성의 재생산일 것이고, 흡수통일은 남한의 확대된 개악판(改惡版)일 것이라는 이유에서다.

분단체제론은 그 핵심에서 일관성을 유지하지만 세 권의 책 제목들의 변화가 암시하는 것처럼 일정한 진화과정을 밟는다. 강고했던 분단체제가 점차 느슨해져서 이완되고 21세기에 들어 결정적 변환(2000년 남북정상회담과 6·15선언)의 계기를 맞아 '한반도식 통일'이 '현재진행형'이라는 것이다. 따라서 시간이 갈수록 분단체제론에서 통일에 대한 언명이 많아지고 적극적이 되어 가는데, 그 결정체가 다음과 같은 언명이다. "연합제와 낮은 단계의 연방제 사이 어느 지점에서 남북 간의 통합작업이 일차적인 완성에 이르렀음을 쌍방이 확인했을 때 '1단계 통일'이 이룩된다."[39] 말하자면 "무엇이 통일이며 언제 통일할

---

38) 백낙청, 『분단체제 변혁의 공부길』, 47쪽(강조는 원문).
39) 백낙청, 『한반도식 통일, 현재진행형』, 20쪽.

것이냐를 두고 다툴 것 없이 남북 간의 교류와 실질적 통합을 다각적으로 진행해 나가다가 어느 날 문득, '어 통일이 꽤 됐네, 우리 만나서 통일됐다고 선포해 버리세'라고 합의하면 그게 우리식 통일"이라는 것이다.40)

이런 맥락에서 백낙청은 노무현 정부를 개혁의 이름으로 무작정 옹호하는 자세나, 진보를 내세워 전면적으로 질타하는 행위가 분단체제의 해소과정이라는 현재진행형의 흐름을 몰각하는 잘못된 진단에서 나온 것이라고 본다. 최장집의 '민주화 이후 민주주의론'을 백낙청이 비판하는 이유는 최장집이 "분단체제 전체에 돌려야 할 책임을 현 정권(또는 그 전의 개혁정권)에만 묻는 것이 부당"하며,41) "민주화 이후 한국의 민주주의가 질적으로 나빠졌다"는 최장집의 '도발적 진술'도 분단체제론의 맥락에서 균형을 잃은 것이라고 보기 때문이다.42)

그러나 내가 보기에 분단체제론은 그 외양적 평명(平明)함과 일정한 설득력에도 불구하고 몇 가지 중대한 문제를 안고 있다. 첫째, 남한사회에 대한 풍부한 비판과 진단에 비해 북한사회의 구조와 동학에 대한 분석이 거의 부재함으로써 분단체제론을 남한체제론으로 축소시키고 있다. 아마도 북한에 대한 현실적 판단(남한 지식인의 북한 비판이 북한 변화에 도움이 되지 못할 것)이 개재해 있을지도 모르는 백낙청의 이런 이상한 침묵은 분단체제론을 그 이름을 배반하는 왜소화된 남한체제론으로 퇴행시킨다.

---

40) 위의 책, 21쪽.
41) 위의 책, 59쪽.
42) 위의 책, 63쪽.

둘째, 남북 기득권 세력 사이의 적대적 공존을 질타하고 남북 민중 주도로 분단체제를 해소시켜야 한다는 주장은 앞서 지적한 북한사회 분석의 결여 때문에 공허한 일방적 규범론에 빠지게 된다. 나아가 이 주장은 매우 소박한 이분법을 가지고 남북의 기득권 세력을 등질화(等質化)시키고 남북의 민중도 등치(等値)시키는데, 이는 한국현대사의 역동적 경험을 송두리째 무화시키는 평면적 사유에 지나지 않는다. 기득권 세력과 민중 개념의 실체적 모호함은 우선 차치하고라도 남북의 국가수립 이후 거의 반세기가 지난 지금 정통성과 효율성의 측면에서[43] 남북의 기득권 세력이 과연 같은 잣대로 평가될 수 있는가?

마찬가지로 남북의 민중이 비슷한 자기형성 과정을 보여주고 있는가? 이것이 분단체제론이 기계적 분단구조 환원론의 혐의 앞에 노출되는 주요 이유다. 남북이 분단체제에 자기 방식대로 반응하면서 체제를 꾸려나가는 개체적 실천성에 대한 고려가 미흡한 것이다. 나아가 분단체제론이 남북체제에 대한 종합적 평가에 침묵하면서 어떻게 거시적 체제론임을 자처할 수 있는가? 세계체제적 모순이 주요 모순임을 분단체제론이 인정한다고 강변해도 이런 약점은 감춰지지 않는다.

---

43) 정치체제를 판단하는 가장 표준적인 잣대는 정통성과 효율성이다. 정통성이란 현 정치체계가 그 사회에 가장 적합하다는 신념을 창출하고 지속시키는 체제의 능력을 지칭하며, 효율성은 정치체계가 국민들이 기대하는 통치기능을 충족시키느냐의 여부다. S. M. Lipset, *Political Man: The Social Bases of Politics*, N.Y.: Doubleday and Company, 1963, 64쪽. 립셋을 예시하지 않더라도 북한은 정통성과 효율성의 잣대에서 '실패한 국가'의 전형이며, 북한헌법 자체의 퇴행과정이 그것을 웅변한다.

셋째, 과정으로서의 통일론의 불철저성이다. 소박한 낙관론으로 무장해 '가까이 다가온 미래로서의 통일'을 기대하는 백낙청의 자화상에는 목적론적 통일의 이념이 우회적 형태로 은폐되어 있다. 이것은 목적론적 통일규범론의 과부하(過負荷)가 초래하는 이론적-실천적 부작용에 끊임없이 대항해 온 분단체제론의 표면적 얼굴에 그리 어울리지 않는 일이기도 하지만, 내실 분단체제론의 궁극적 목표가 통일에 있고 그것을 잣대로 다른 진보담론을 즐겨 비판할 때 드러나는 논리적 부정합성이 문제다. 즉 기존 통일담론에 대해서는 통일의 과잉을 문제 삼아 비판하고, 평화담론에 관해서는 통일의 과소를 문제 삼아 공격한다는 것이다.

그러나 분단체제론이 균형적 통일담론의 판권을 배타적으로 독점해야 할 설득력 있는 이유가 과연 존재하는가? 통일담론과 평화담론이, 백낙청이 최장집을 엉뚱하게 공격하는 것처럼 과연 모순관계나 그렇게 심각한 긴장관계에 있는가? 한국 공론장에서 통일하지 말자는 사람이 누가 있단 말인가? 극단적인 예로 남한을 자본의 나라(재벌공화국)라 정의한다면, 남한 기득권 세력의 대표인 자본은 순전히 자본의 논리에 의해 백낙청 식 통일을 포함해 통일을 환영할 것이라 생각된다. 그렇다면 자본은 친통일 세력이고, 평화정착이 먼저라는 최장집 같은 합리적 진보주의자들은 반통일 세력이란 말인가?

마지막으로, 분단체제론은 이 글의 주제인 헌법철학적 문제 설정의 깊은 의의에 대한 전면적 무감각을 드러낸다. 정치공동체에서 헌법이 차지하는 중요성에 대한 인식의 결여는 위에서 인용된 바 있는, 남북의 합의로 가까운 미래에 성취될 남북연합적 통일(이른바 1단계 통일)에 대한 소박한 기대로 인도된다. 그러나 나는 헌법철학적 패러다임으로 남북의 과거와 현실을 냉엄하게 들여다볼 때 미래의 통일은 '목적 없는 과정'이나 '중심 없는 중심'으로 형상화되어야 한다고 생각한다.

알튀세르의 표현을 패러디하자면 '통일이라는 최종심급'은 결코 오지 않는다. 이 명제는 물리적으로 통일이라는 사건이 영원히 발생하지 않는다고 주장하는 것이 아니다. 그것은 통일이 우리의 합리적 예측을 뛰어넘는 사건일 뿐만 아니라, 통일을 이론과 실천의 궁극적 목적으로 내세우는 담론들이 거의 예외 없이 실질적 통일에 누가 될 것이라는 판단에 근거한 명제다. 목적 없는 과정으로서의 통일은 과정으로서의 통일보다 더 급진적이며 더 열려 있는 개념이다. 이제 우리는 통일담론의 아우라와 신성성(神聖性)을 철저히 벗겨낼 때가 되었다. 모든 통일이 선이라는 식의 논의는 현실에도 맞지 않지만 그 무엇보다 세계시민적 성격을 갖는 미래의 헌법정신의 구현과 확장에 위배된다.44) 통일지상주의를 넘어 '어떤 통일인가'의 질문이 긴급한 것은 이 때문이며 분단체제론을 포함한 많은 통일담론들은 사실 이 질문에 대한 고려를 부분적으로 포함하고 있다.

그러나 나는 '어떤 통일인가'를 넘어 '왜 통일인가'를 절절히 물어야 하는 시점에 우리가 와 있다고 생각한다. 분단체제론을 포함한 기존 통일담론들의 정치적 상상력은 이 지점에서 결정적으로 좌초한다. 통일담론은 정치사회의 차원에서나 시민사회의 지평에서 민주공화국의 헌법정신과 실천을 한반도뿐만 아니

---

44) 세계시민법에 대한 칸트의 기대는 그만큼 시대를 선취한 것이며 세계화 시대에 더욱 긴박한 울림을 갖는다.

라 범지구적으로 확장하고 심화시키는 데 기여하는 한에 있어서만 유의미하다. 그러기 위해서 우리는 통일담론에 귀속되어 온 신성성을 끊임없이 해체하면서 통일목적론의 잔재를 탈각시키고 그 건전성을 끊임없이 검증해야 한다. 구체적으로 어떤 형태의 것이든 통일을 미리 외치지 않고 남북에서 동시적으로 같이 평화, 번영, 민주적 개혁, 그리고 시민성의 덕목을 진전시키는 일이 긴요하다.

한반도에서 구조적 평화가 뿌리내리고 남북한 국민이 자유와 풍요를 누리면서 서로 왕래하게 되면, 굳이 국가연합이나 국가연방을 선포하지 않아도 '한반도의 바람직한 정치체'에 접근하는 셈이다. 그 정치체가 '통일 가까운 것'이 될 수도 있고 아닐 수도 있다. 이런 맥락에서는 '통일에 가까운 것'이라고 '통일에서 먼 것'보다 필연적으로 우월한 것도 아니다.

이런 논의는 현상온존론이나 영구분단론이라는 비판 앞에 맨 먼저 직면하게 될 것이다. 그러나 남북을 민주공화국의 입헌정신과 세계시민주의에 충실하게끔 변화시키는 게 어떻게 현상유지라는 판결을 받을 수 있겠는가? 그것은 한반도 전체에서의 엄청난 질적 변화의 과정일 것이기 때문이다. 영구분단론은 분단은 악이며 통일은 선이라는 명제 위에 입각해 있다. 그러나 이 명제가 져야 할 증명 부담이 엄청난 데 비해, 지금까지 이루어진 증명작업은 너무나 취약하고 빈곤하다는 사실을 나는 헌법철학적 패러다임을 가지고 논증하려 했다. 나는 통일담론의 진정성과 긴박함을 믿지만 그것들이 이 글에서 수행한 헌법철학적 방식의 급진적 해체와 재구성 앞에 전면적으로 열려 있어야만 비로소 실질적 통일에 기여할 수 있을 것이라고 확신한다.

젠더 갈등과 다원주의 정치학

'공'과 '사'의 구분을 중심으로

허 라 금

이화여대 여성학과

1. 들어가는 말

우리의 일상어법에서, '공적(public)'이란 누구나 볼 수 있도록 '공개된' 삶의 측면 혹은 소수보다는 '다수에게 공통되는 것'과 관련된 활동 영역을 가리켜 사용된다. 보통 '공적'인 것과 대조되는 '사적(private)'이란 가리어져 있어야 할 '은밀한' 것, 그리하여 때로 그것은 성과 관련된 것을 뜻하기도 하고, '개인적인 것'을 의미하기도 한다. 정치철학자들은 대부분 공적인 세계를 공동 삶에 관련한 문제가 논의되고 실행되는 인간 활동의 영역으로 정의하면서 사적인 세계는 가정 또는 개인적 일의 영역으로 이해한다. 또 '공적'이란 정부나 국가를, '사적'

이란 가족이나 집을 지칭하기도 한다.

이러한 대비적인 공사의 이분법은 남녀에게 다른 함축을 가져왔다. 그것은 여성이 있어야 할 곳, 여성이 해야 할 것 등을 규정하기도 하고, 여성들이 중요하게 생각하는 문제들이 어떻게 어디에서 다루어지고 해결되어야 하는지 등에 대한 규정들과 연결되어 있기도 하다. 이 글은 공적인 것과 사적인 것의 구분을 기정사실화하면서 여성 및 여성의 문제를 공적 영역으로부터 배제시키는 데 그 구분을 사용해 온 것에 주목하고자 한다. 그러한 방식의 구분법이 현재에도 여전히 여성의 문제를 공론의 장에서 다루는 것을 적절치 않은 것으로 취급하게 만들고 있으며, 그것이 젠더 갈등의 해결을 가로막는 중요한 장애라고 생각하기 때문이다.

이 글의 본문에서는 젠더문제를 공사 구분의 틀 속에서 탐색해온 여성주의 정치철학자들의 논의를 토대로 하여 공적인 것과 사적인 것의 개념이 역사 속에서 어떻게 변화했는지, 만민평등의 이념에 토대를 두고 있다고 여겨지는 근대 민주주의 정치제도 안에서 여성 억압의 질서가 어떻게 유지되어 왔는지를 살펴볼 것이다.

2. 근대 서구 정치에서의 공사 구분: 필요의 생산과 자유의 활동

근대의 공과 사의 개념은 어떻게 구분되는가? 우리는 모든 인간은 각각 개인의 존엄성을 가지며 동등한 권리를 부여받은 자유로운 존재로 보는 근대 정치철학의 기본 전제로부터 출발해서 그 대답을 구할 수 있을 것이다. 만인 동등성의 기초는 모든 인간이 자율적 존재라는 믿음이다. 이는 모든 인간은 자기 자신의 삶이 추구할 목표를 결정할 수 있으며, 이를 실현하기 위한 최선의 행위를 선택할 능력이 있다는 점에서 자율적 존재라는 것이다. 바로 이런 자율적 능력이 인간을 인간이게 하는 것이며, 모든 인간은 바로 자율적 존재라는 점에서 수단으로 간주될 수 없는 목적적 가치를 갖는 존엄한 존재라는 칸트(I. Kant)의 인간관이 자유주의 사상가들이 전제하는 인간관인 것이다.

따라서 이들이 추구했던 이상적인 정치공동체의 기본 조건은 그 공동체가 구성원들의 자율성을 보장해 주어야 한다는 것이다. 일반적으로 자유주의에서 말하는 사적 권리(privacy rights)란 그 개인을 그답게 하는 권리이며 그것이 곧 개인적 자율권이라 해석할 수 있다. 어떠한 다른 가치들, 예컨대 인간이 추구하는 물질적 부나 쾌락과 같은 삶의 가치들이 아무리 중요하다 할지라도, 그것을 위해 자율성을 희생시키는 것은 정당화되지 못한다. 인간이 갖는 바로 그 자율성이야말로, 인종, 피부색, 성별, 재산, 연령, 지식 차이를 넘어서 만인을 평등하다고 말할 수 있게 하는 근거이기 때문이다. 정치공동체의 일원으로서 개인의 의무는 자율적 존재들인 모든 사회구성원 간의 합의에 의해 정해지는데, 그러한 의무의 수행을 통해 그는 공동체의 한 시민이 되는 것이며, 동시에 그는 아무도 침해할 수 없는 자신의 사적 권리를 누림으로써 자기 자신으로서의 삶을 사는 것이다.

이렇게 자율적이고 평등한 존재들로 구성되는 국가공동체 안에서는 이들에 대한 통치 권력의 행사에 있어서 과거와는 다른 방식의 정당화가 필요하다. 설사 국가권력이라 할지라도 시민에게 무조건적인 복종을 요구할 수는 없기 때문이다. 이는 개인의 삶에 있어서 국가권력의 개입 또는 강제가 정당화되는 부분과 정당화되지 않는 부분 간의 구분을 만드는데, 그것은 곧 근대적 공사를 구분 짓는 경계가 된다고 할 수 있다.

이와 같은 공적인 것과 사적인 것 사이의 구분은 무엇이 개인적인 것이고 무엇이 공동체에 관련되는 것인가에 대한 인식에 기반하고 있다. 무엇을 개인에게 위임할 수 있고 위임해야 하며, 무엇을 공동체에 위임해야 하는가? 즉, 어디가 공적 관할권이 시작되는 곳인가의 질문 자체가 정치적 논쟁점이 되는 것이다.1)

모든 인간이 자율적 존재라는 믿음은 피부색, 성별, 계급 등의 차이를 넘어서서 인간이 최소한의 분별능력을 가지고 있다는 공동성에 기초해 정치공동체의 성원을 보편화시켰다는 점, 각 개인을 절대적 가치를 갖는 존엄한 존재로 이해함으로써 인간의 평등성을 인식했다는 점에서 여성들이 성차별적 위계질서로부터 해방될 수 있는 가능성을 열어준 것으로 해석할 수 있다. 근대에 공적인 영역에서의 여성해방운동이 등장한 것도 이같은 맥락에서 설명할 수 있다. 그런 점에서 자유주의 시민

---

1) 통치 권력의 합법적 정당성을 평등한 시민들이 합의한 계약에서 찾는 근대 자유주의에서, 공과 사의 구분은 시민들이 합의한 계약 내용에 따라 통치되어야 할 부분과 그런 통치 권력이 개입할 수 없는 영역 간의 차이라 할 수 있다. 가정 안에서 일어난 일인가, 밖에서 일어난 일인가라는 고대 그리스 공화제에서의 공사 구분은 근대에서는 더 이상 공사를 구분하는 중요한 개념적 기준이 되지 않는다.

성 개념의 등장은, 여성의 관점에서 볼 때, 여성들이 있어야 할 곳을 신분질서 및 가족질서 속에서 국한시켰던 전통적인 이해에 비해 진일보한 것임에 틀림없다.

자유의 공간으로서의 사적 세계

개인적 자율성을 절대적 가치로 삼는 이와 같은 정치사상에서 나타나는 가치관은 근대에 새롭게 등장한 것이다. 하지만 정치적 공간 밖에 위치하면서 가정과는 다른 의미를 지닌 사적 세계를 높이 사는 전통이 이전에도 전혀 없었다고 할 수는 없다.

이미 아는 바와 같이, 그리스인들은 자유롭고 평등한 폴리스의 시민들이 교통하는 공적 영역과 필연적 욕구를 충족시키는 사적 영역 간의 위계적인 가치 차이를 전제함으로써, 정치적 활동을 하지 못하는 자를, 박탈되어 있다는 의미를 갖는 라틴어 'privatus'와 그리스어 'idiotes'가 시사하듯,[2] 인간적으로 결여된 존재로 비하했다. 하지만 그럼에도 불구하고 그리스에서 '사적'이란 개인의 실존에 가장 '고유한(idion)' 영역에 해당하는 것으로 이해되기도 한다.[3]

플라톤이나 아리스토텔레스의 경우, 정치적 영역 밖에 존재

---

2) Jean Bethke Elshtain, *Public Man, Private Woman: Women in Social and Political Thought*, Princeton University Press, 1981, 22쪽. A. 바루치, 『정치철학』, 서광사, 107쪽에서 재인용.

3) Hannah Arendt, *The Human Condition*, 1958, 이진우·태정호 옮김, 『인간의 조건』, 한길사, 1996.

하는 사적 영역에는 필요의 영역 이외에 다른 종류의 사적 영역이 포함되어 있다. 이것은 진리를 탐구하고 인식하며 관조하는 영역이다. 이것은 공무를 토론하고 법률을 제정하는 정치적 무대 바깥에서 행해지는 것이라는 점에서 사적인 활동이다. 그러나 이것은 필요에 매여 있지 않은 문제를 다룬다는 점에서 자유로운 활동이다. 욕구나 감정이 지배하는 필연성의 영역인 가정과는 전혀 다르게 이성이 지배하는 활동이란 점에서 그것은 인간다움의 탁월성이 발휘되는 최고의 활동으로 간주된다. 물론 이것은 적어도 필요의 문제를 걱정하지 않아도 될 여건을 갖춘 자들이 행할 수 있으며, 이성적 판단을 필요에 종속시키지 않을 능력을 갖춘 자들만이 할 수 있다는 점에서, 이 최고의 활동은 누구나 누릴 수 있는 활동은 아니며 당시 그리스에서 오직 남성인 자유시민만이 누릴 수 있는 것이었다.

이들이 정치적 활동보다 이러한 사적 활동에 최고의 가치를 부여하게 된 동기는 무엇일까? 엘스타인(J. Elshtain)은 그것을 소크라테스를 처형했던 당시 아테네에서 현실정치의 한계를 본 플라톤의 경험에 근거하여 설명하고 있다. 이 같은 설명 위에서 엘스타인은 다음과 같이 말하고 있다.

"공공세계가 부패해 있다면, 의로운 사람이 올바르게 질서 지워진 공적 세계의 적재적소에 있을 수가 없다. 가정의 사생활(privacy)이 의로움의 추구를 조장할 수도 없다. 대신 의로운 사람은 특별한 종류의 사적인 탐구 즉 지혜를 개인적인 영혼의 치료를 위해 탐구하기 시작해야 한다. 후에 진정한 지식을 획득한 소수의 사람은 사회의 공적인 질병을 치료하는 의사로서 봉사한다. 그러면 모든 다른 무지, 혼동, 이기적인 것을 추구하게 만드는 유혹, 성적 욕망 등에도 불구하고, 의로운 사람은 사적인 삶을 살 수 있다. 왜냐하면, 좋은 삶은 정부체제(regime) 없이도 가능하며, 그것은 다른 종류의 삶들처럼 사회의 지배에 의존하지 않기 때문이다. 의로운 사람은 의로운 사회 없이 존재할 수 있지만 그 역은 아니다. 의로운 사회는 최소한의 의로운 사람 없이 존재할 수 없다. 플라톤이 좋은 사람의 배출과 존속을 위해 좋은 사회 바깥에다 요구한 것은 여성, 아이, 노예, 종들이 생을 유지시키는 일상적인 생산과 재생산을 수행하는 'oikos'나 가정이라는 사적인 세계가 아니라, 심포지움에서 예시되는 것과 같은 종류의 사적인 공간이다. 여기에는 남성들이 참여하고 이들은 사적인 철학적 담론에 참여한다. 거기에는 바르게 질서 지워진 영혼의 달성과 진리의 획득을 목표하는 비정치적인 공간이다."[4]

그뿐만 아니라, 이들이 이런 사적 활동에 가치를 둔 것은 어떤 외부적 영향에도 변치 않는 안정된 행복을 추구했던 그들의 소망과 관련이 있다고 여겨진다. 아리스토텔레스가 정치적 활동과 구분되는 진리 추구 및 발견된 진리를 관조하는 것을 최고의 가치로 삼는 이유는, 다름 아닌 이런 활동이야말로 어떤 외부적인 조건, 간섭이나 영향으로부터 초월할 수 있는 곳이며, 현실의 한계를 넘어서 그 한계를 객관화할 수 있는 지점이라 여겼기 때문이다. 그는 『니코마코스 윤리학』 1권에서, 현실정치가 부패해서 부정의가 추구된다 하더라도, 현실의 대중이 의로운 자로보다 책략자를 추종한다 해도, 또는 알 수 없는 질병에 걸려 고통을 당한다 하더라도, 피할 수 없는 불운에 가족이나 재산을 한순간에 잃는다 해도, 여전한 것은 진리를 아는 자만이 누릴 수 있는 정신적 기쁨임을 강조하고 있다. 이처럼 어

---

4) Jean Bethke Elshtain, 앞의 책, 23쪽.

느 누구도 어떤 불운도 침범할 수 없는 이런 사적 세계는 변화
무쌍한 현실 속에서 지혜로운 사람이 지켜가야 할 중요한 것이
며, 또한 대중정치가 갖는 문제들을 시정할 수 있는 잠재력을
키우는 장소인 것이다.

3. 공적 영역의 근대적 재편

개인이 주어진 조건으로부터 초월하여 진리와 정의에 대한
인식을 지키고 그럼으로써 현실의 부정한 조건들을 치유할 수
있는 잠재력을 키우는 장소로서 그 가치가 설정되었던 고대의
자유의 영역으로서의 사적 세계가 근대의 개인적 자율성의 이
념 속에 유지되고 있다.

물론 개인주의를 기본으로 하는 근대의 개인적 자율성과 플
라톤과 아리스토텔레스가 말하는 사적 세계를 동질적인 것으로
취급하는 것은 무리이다. 인간에게 객관적으로 주어진 인생의
궁극적 목적이나 삶의 규범이 존재한다는 믿음, 인간적 선을
실현시켜 줄 이상적 국가공동체의 질서가 객관적으로 존재한다
고 믿었던 플라톤이나 아리스토텔레스적인 믿음 위에서 갖게
되는 사적 세계의 성격과, 그 믿음이 붕괴된 위에서 어떤 인생
의 선을 추구할 것인지 어떤 규범에 따라 살아야 하는지가 결정
되는 개인의 자율성의 성격 사이에는 상당한 거리가 있다. 전자
의 사적 세계는 여전히 객관적으로 실재한다고 상정된 보편 절
대적인 가치와 규범에 수렴하는 동질성의 세계인 반면, 개개인
의 주관적 가치의 선택들이 표현되는 후자의 세계는 동질성을
보장하기보다는 이질성의 세계일 가능성이 높기 때문이다.

이로 인해, 그리스의 공화제 구분에서 사적인 것에 속했던 많은 활동과 문제들이 근대 자유주의 시민사회 아래에서는 공적 영역에 속하게 되는 반면, 공적인 것에 속했던 많은 것들은 반대로 사적인 것으로 분류된다. 예컨대, 공화주의적 구분에서 공적인 활동에 속했던 종교적인 제의식이나 페스티벌 등은 근대에 들어서는 사적인 것이 된다. 자유주의적 공사 구분과 그리스의 공사 구분이 서로 다른 것임을 지적하고 있는 도널드 문(D. Moon) 역시, 일반적으로 우리가 '공적'인 것을 "사람들이 일반적으로 관찰할 수 있고 접근할 수 있는" 또는 "공개적인" 것을 의미하는 것으로, '사적'이라는 것은 "타인으로부터 격리된", "은폐된" 것을 뜻하는 것으로 이해하는 것은 사실상 자유주의적 공사의 의미와는 일치하지 않는다고 말한다. 예컨대, "종교를 사적인 것으로 한다(making religion private)"는 것은 정치적 관할이나 통제를 받지 않는다는 것을 의미하며 그것은 사람들이 자신의 종교를 공개적으로 실행할 수 있도록 한다는 것을 의미한다는 것이다. 비슷한 예로, "성적 취향을 사적인 것으로 한다"는 것 역시 자신의 성적 지향을 감추거나 비밀로 하도록 더 이상 강제하지 않을 것을 의미한다. 즉 누구나 원한다면 자신의 성적 취향을 공개적으로 드러낼 수 있다는 것이다.[5]

따라서 자유주의적 정치제도 안에서 어떤 것을 '사적(private)'인 문제라고 주장하는 것은 그것을 일상적이고 비정치적인 뜻에서, '공개적(public)'인 것으로 만들고자 하는 것이 주요 목적

---

5) J. Donald Moon, *Constructing Community: Moral Pluralism and Tragic Conflicts*, Princeton University Press, 1993, 151-152쪽.

인 경우가 많다. 여기에서 '사적'이란 공적인 지위를 보장받아야 할 개인적 자율성에 대한 주장에 다름 아닌 것이다. 그것은 국가의 통제나 관할권을 벗어난 문제로서, 개인적인 차이가 차별받거나 가려져 있기를 강요당하지 않도록 또는 침묵을 강요하지 않도록 하라는 것을 의미한다.

공적 영역으로 편입된 '필요' 의 문제

진리와 선은 그 자체로 의로운 정치인이 따라야 할 진리이며 이상적인 정치공동체가 실현해야 할 공동의 목표라고 믿었던 고대 그리스와 달리, 근대 자유주의에서의 개인이 자율적으로 선택하고 추구하는 행위나 목표는, 비록 그것이 인간의 실천적 분별력을 신뢰한다 하더라도 충분히 다양할 수 있으며, 이 다양한 선택 위에서 행해지는 행위들은 서로 갈등하고 대립할 수도 있기 때문에 개인의 자율적 선택이 곧장 공적인 선이 될 수는 없다. 따라서 근대 시민사회에서 정치적 토론의 주요 아젠다는 무엇이 공동의 선인가에 대한 앎을 목표하는 것보다 이들 다양한 자율적 목표들이 어떻게 공존할 수 있는가가 될 것이다. 즉, 그것의 기본 목표는 개인의 다양한 선택들이 최대한 공존할 수 있는 다원주의적 정치체제를 마련하는 것이며, 공적인 선이 무엇인가는 성원들 간의 합의의 문제라기보다는 경합의 문제가 되는 것이다.

이 때문에 고대에서 개인의 사적 세계는 국가가 적극적으로 보장해야 할 정치적 의무나 목표로 따로 설정될 필요가 없었지만, 근대에 와서 그것을 보장하는 것은 국가가 하지 않으면 안

되는 가장 기본적인 공적 책임이 되었다. 그리고 국가는 단지 형식적으로가 아니라 실질적으로 각 개인의 자율성이 보장되도록 최소한의 경제적 조건들을 마련해 줄 것을 요구받는다.

이것은 근대의 '공적인 것'의 의미가 고대의 그것보다 훨씬 포괄적인 것으로 변하게 되는 것과도 관계가 있다. 고대의 '공적' 영역은 오로지 자유시민들만의 정치적 활동의 영역을 의미했다. 그러나 주지하다시피 근대 시민의 자격은 이런 신분질서의 특정 계급에 한정되는 것이 아니다. 이제 필요의 문제를 해결할 재산이나 종을 갖고 있지 못한 이들 역시 이 공간 안에 들어오게 되면서, 이들의 자율성의 확보를 위한 기본 문제를 해결해 줄 제도적 장치의 필요와 함께, 과거 공적인 영역 밖 사적인 것에 속해 있던 '필요'의 문제가 정치적 의제로서 공론의 대상이 되는 것이다. 근대에 들어와 사적인 것으로부터 공적인 토론의 대상으로서 새로이 등장한 의제 중 가장 대표적인 것이 바로 경제적인 문제인 것이다.6)

이처럼 과거에 사적인 것으로 분류되었던 것에 공적인 의미를 부여하는 중간 영역으로서의 사회가 등장한 것은 근대이며, 근대 이후 공적 영역은 단지 소극적 자유가 보장되는 정치적 활동 영역만으로 국한시킬 수 없게 되었다. 근대 이후 사회적 영역이 점차 확대되면서 우리가 일반적으로 '공적'이라고 했을

---

6) 과거에 사적인 영역에 속했던 생산노동은 이제 더 이상 사적인 문제가 아니다. 근대에 들어와 노동과 작업 활동의 중요성이 주목받게 된 것이다. 그것은 국가를 구성하고 있는 기본 단위라 할 수 있는 가구 단위가 자체적으로, 즉 사적으로 해결해야 할 문제가 아니라 전체적으로 다루어야 할 문제이며 그렇기 때문에 공론화되어야 할 문제가 되는 것이다.

때 그것이 아렌트가 말하는 '정치적'이라는 의미보다는 '사회적'이라는 의미로 이해되는 것도 이 때문이다.

"사회의 출현은 가계의 활동, 문제 및 조직형태가 가정의 어두운 내부로부터 공론 영역의 밝은 곳으로 이전된 것을 말한다. 이로 말미암아 사적인 것과 공적인 것을 구분하던 옛 경계선은 불분명하게 되었고, 두 용어의 의미와 이것이 개인과 시민의 삶에 대해 갖고 있던 의미도 거의 식별할 수 없을 정도까지 변하였다. … (고대에서) '사적 생활'은 문자 그대로 어떤 것이 박탈당한 상태를 의미하는데, … 우리는 '사생활(privacy)'이라는 단어를 사용하면서 이제는 더 이상 박탈을 생각하지 않는다. 이것은 부분적으로는 근대 개인주의로 인하여 사적 영역이 매우 풍요로워진 덕택이다."7)

아렌트는 이렇게 사회적 영역이 확대되어 공적 영역의 대부분을 차지하게 된 현상을 근대적 특징으로 본다. 그리고 그것은 어떤 의미에서 진정한 인간 선에 대한 탐구와 그것을 위한 활동공간이 왜소해졌음을 의미한다는 점에서 부정적인 함축을 갖는 것으로도 해석된다. 그녀는 사회라는 개념의 발생은 정치공동체를 가족의 유지와 관리라는 차원에서 처리되는 가정의 이미지로 이해하는 데서 비롯된 것이라고 보며, 그러한 사회의 개념하에서 정치는 '국민경제', '사회경제', '민족경제'로 대치되었다고 보고 있다. 이런 맥락에서, 공적 영역에서 사회적 부분이 확대된다 함은 곧 공적 영역이 경제적 논리가 중심이 되는 세계가 되는 것을 의미한다.8) 그리하여 근대의 공적 세계는

---

7) Hannah Arendt, 앞의 책, 90-91쪽.
8) 위의 책, 80-81쪽.

무엇이 인간적인 것이고 인간이 무엇을 목표해야 하는가가 논의되는 장소를 잃고, 오로지 경제적 생산과 경제적 문제해결만을 목표로 운영됨으로써 천박해졌다는 것이다.

하지만 그리스와 달리 사실상 모든 개인에게 보편적 시민권을 허용하는 자유의 정신을 축으로 하는 근대의 정치공동체가 현실적, 제도적으로 무엇을 시민들에게 보장해 주어야 하는가에 대한 논의를 하게 된 것을 부적절한 것으로 본 데에서 위와 같은 아렌트의 통탄이 비롯된 것이라면, 그것은 받아들이기 어렵다. 이미 언급했듯이, 필요를 위한 생산과 재생산 활동을 대신해 줄 가족을 갖고 있는 '가장'들만의 배타적 영역으로서의 공적 영역의 경계를 허물 때, 그 필요의 문제를 어떻게 해결할 것인가는 적극적 자유를 위한 공동의 정치적 의제가 될 수밖에 없기 때문이다.9) 근대 자유주의적 구분하에서 사적인 것은 공적인 것과 분리되어있는 것이 아니며, 오히려 사회적 영역의 등장 이후 공적인 세계는 공적인 활동을 통해서 사적인 영역을 보장하고 지켜주어야 한다는 적극적인 관계를 맺게 된 것이다.

4. 성별 분업에 기초한 근대적 '공', '사' 구분의 재편

대표적인 근대 자유주의 철학자인 로크(J. Locke)는 다음과 같이 말한다.

---

9) 아렌트는 『인간의 조건』에서 인간의 활동을 노동, 작업, 행위, 이 세 가지로 구분한 바 있다. 이때, 자유를 위한 말과 행위의 영역인 정치적 세계는 필요 문제의 해결 없이는 결코 온전히 참여할 수 없는 것이다.

"국가는 시민의 이익의 조달, 유지, 증진을 위해서만 설립 ··· 되는 것이라고 나는 여긴다. ··· 내가 시민의 이익이라 부르는 것은 생명, 자유, 건강, 고통 없는 몸을 비롯하여 돈, 토지, 집, 가구 등등과 같은 물질적인 재산 ··· 을 일컫는다. ··· 통치자의 전지배권은 오로지 이들 시민적 이익에만 해당한다. 그리고 ··· 모든 시민의 권력, 권리 및 지배는 이런 것을 증진시키는 것으로만 한정되고 제한된다. 그리고 ··· 그것은 어떤 식으로든 ··· 영혼의 구원에까지 확장될 수 없고 확장되어서도 안 된다."10)

로크는 계약적 시민사회 안에서 국가가 시민들로부터 그들을 강제할 수 있는 권력을 위임받으면서 그 대가로 시민들에게 제공해야 할 중요한 것 중 하나가 바로 개인의 재산이라고 보고 있다. 근대국가에서 재산권을 보장한다는 것은 바로 공적 제도를 통해 그 사람의 사적인 권리를 보장하는 것이고, 그것이 곧 인권을 보장하는 것에 해당하는 이유는 그것의 보장 없이 인간은 자유로운 시민으로서의 자신의 삶을 선택할 수 없기 때문이다.

그러나 이들은 시민적 삶을 가능케 하는 기본 조건으로서의 필요의 문제를 어떻게 사회가 해결할 것인가를 고민하는 대신 시민을 이미 재산을 가지고 있는 이들로 가정해 버림으로써, 실질적으로 고대 그리스의 시민의 개념과 다를 바 없다는 비판을 피할 수 없게 되었다. 이러한 한계에도 불구하고, 이들 근대 시민사회에서의 인간 존엄성의 이념은 재산을 갖지 못한 이들

---

10) John Locke, *A Letter Concerning Toleration*, 1689, 2nd ed., Indiana-polis, Ind.: Bobbs-Merrill, 1955, 17쪽. J. Donald Moon, 앞의 책, 151쪽에서 재인용.

의 필요의 문제를 정치적 의제화하는 것을 금할 근거가 없으며, 필요의 노동과 작업을 해야 하는 이들이 공적 영역에 참여할 수 있도록 한 것도 사실이다.

그렇다고 해도 그 근대의 개방성은 성별 중립적인 것이 아니다. 그 이유는 한마디로 이들이 소위 '재생산' 활동을 여전히 사적인 것으로, 공론의 장 밖에 있어야 할 것으로 남겨둠으로써 여성을 사적인 영역에 가두어 두었기 때문이다. 근대 시민사회론은 여성이 재산을 소유하지 못했던 가부장적 제도를 여성의 자율성이 보장되고 발휘되는 방향으로 변화시키기보다는, 오히려 성별 분업에 따른 공사 구분에 의해 여성의 공적 영역에의 참여는 물론 여성들의 재생산 활동을 정치적 의제화할 수조차 없게 하는, 여성 억압을 강화하는 체계였다고 평가할 수 있다.11)

이는 근대에 들어와 생산 노동력이 사회로 나감에 따라, 인간 생명의 재생산이 이루어지는 곳으로 사적인 영역의 경계가

---

11) 시민이 사회계약자로서 갖추어야 할 조건들을 보면 현실적으로, 남성에 비해 여성이 갖추기에 불리한 것들로 구성되어 있음을 알 수 있다. 예컨대, 이들 조건들에는 신체적, 경제적, 정서적 독립성이 포함된다. 그런데 이런 조건들은 당시 여성들이 갖추기에는 현실적 여건이 마련되어 있지 않은 것들이다. 여성에 대한 신체적 위협과 폭력이 가정 안에서나 가정 밖에 상존하는 현실에서, 또한 경제력을 가질 수 있는 기회가 남성에 비해 현저히 제한되어 있는 현실에서, 가족이나 인간관계에 여성이 더 많은 감정노동을 수행해야 하는 현실에서, 시민에게 요구되는 조건을 갖출 여건이 여성에게는 현저히 불리하게 주어져 있는 것이다(Susan James, "The Good-enough Citizen: Citizenship and Independence", in *Beyond Equality and Difference*, edited by Gisela Bock and Susan James, London and New York: Routledge, 1992, 53-54쪽). 이것은 현재라고 해서 크게 다르지는 않다.

새롭게 재조정된 것이라고 할 수 있다. 이것은 생산과 재생산 활동에 의한 필요의 공간과 자유의 활동 공간으로 대별되었던 이전의 공사 영역의 구분 대신 여성의 재생산 활동 공간과 남성의 생산 및 자유의 활동 공간으로 그 공사의 경계가 재편되면서 근대적 공사 구분은 젠더적 구분이 되었음을 의미한다.12)

이 같은 맥락에서 근대 시민사회의 공사 구분을 비판하는 페이트만(C. Pateman)은 『성적 계약(The Sexual Contract)』(1988)에서 이제까지의 시민사회계약론자들이 성적 계약에 대해서 침묵하고 있다는 사실을 그 명백한 증거로 삼는다. 근대 계약론자뿐만 아니라 1970년대 이후 정치철학적 논의를 지배하다시피 할 만큼 활발하게 전개된 계약론에 대한 연구들 중에서, 시민의 관계, 고용관계, 결혼관계 이 모든 것이 계약적인 것임에도 불구하고 그들은 사회계약과 고용계약만을 다룰 뿐 결혼계약에 대해서는 통상 무시한 채 침묵해 왔다. 평등한 시민의 관계를 계약관계로 이해하는 이들이 결혼과 부부관계의 계약적 성격을 언급하지 않으면서 사회계약론을 전개해 왔다는 것은 그것이 이중적인 질서 위에서 전개되어 온 것임을 의미한다. 여성이 관련되어 있는 가정은 가부장적 권력이 지배하는 세계로 남겨 놓은 채, 오직 남성들 간에 이루어지는 계약만을 시민사회를 구성하는 계약질서로 설명하고 있는 것이다. 페이트만은 이처럼 결혼계약의 문제가 언급되지 않는다는 것은 공적 영역에서 성의 문제에 대해 침묵해 왔던 과거의 전통을 유지·심화시키는 것이며, 동시에 계약론에 대한 여성주의자들의 비판

---

12) 허라금, 「서구 정치사상에서의 공사개념과 가부장적 성차별성」, 『여성학논집』 13권, 1996 참조.

을 주변화시키는 것과 다름없다고 보고 있다.

그녀는 이제까지 역사 속에 나타난 공사 구분의 개념적 변화는 가부장제도를 제거시킨 것이 아니라, 그 각각의 변화에 상응하도록 가부장제의 모습을 변화시키면서 유지시켜 왔다고 말한다. 가족과 그 가족의 가장인 아버지의 권위가 국가를 비롯한 모든 종류의 권력관계 및 권위적인 관계의 모델을 제공했던 전통적 가부장제에서부터 시작하여, 아버지의 권력 및 권위는 정치적 권력 및 권위와 유비되는 것이 아니라 같은 것이라고 보면서 절대왕정을 정당화했던 필머의 고전적 가부장제의 모습으로, 그 후 아내에 대한 남편의 권력을 기본으로 하는 근대적 형태의 가부장제도로 변화해 왔다는 것이다. 그녀는 계약적 관계를 근간으로 하는 근대 자유주의 정치제도에서 가부장적 권력은 아버지 권력에서 나오는 것이 아니라 남편으로서의 성적 권리에서 나온다고 본다. 이때 남편의 성적 권리는 여성의 몸을 통제할 권리와 다름없다.

이 분석이 제공하는 통찰력은 임신을 둘러싼 문제나 가정 내 폭력, 강간 문제 등등이 왜 성을 이유로 차별하지 않을 것을 원칙으로 하는 근대 자유국가 안에서도 여전히 성차별적으로 취급되고 있는가에 대한 이해를 가능케 한다. 여성들이 당하는 고통과 억압의 문제들은 침해할 수 없는 사적 영역을 갖는 한 개인이 그 권리를 침해당하고 있는 것으로 접근되기보다는 남성의 남편으로서의 성적 권리를 중심으로 다루어지고 있는 것이다.

5. 공사 구분의 여성주의적 전환

페이트만은 섹슈얼리티를 중심으로 근대의 젠더화된 공사 구분에 대해 분석하고 있지만, 사회정의의 원칙에서도 역시 이 같은 분석은 가능하다. 근대 시민사회계약론의 전통 아래 전개된 현대 사회정의론 역시 성별 분업에 기초하여 이루어지고 있는 재생산 활동에 주목하지 않고 있기는 마찬가지이다.

최근 근대 산업사회 속에서 구성되어 온 사회정의 개념에 대한 비판적 탐색에서부터 시작하여 여성의 제한적인 시민권의 원인 분석과 해결책을 찾고 있는 여성주의 논의는 후기산업사회의 변화된 맥락 속에서 사회정의의 문제를 논하고 있다.13) 이들은 현대 정치이론, 예컨대 자유주의적 평등주의로 스스로의 입장을 규정하는 존 롤즈(J. Rawls)의 사회정의론에 나타난 '정의로운 사회'가 남성들의 생활경험을 반영하고 있는 측면들을 관찰한다. 이들 이론은 '시민'을 "자신이 원하는 바가 무엇인지를 알며 그 욕구의 실현을 위해 합리적인 선택을 할 수 있는 매우 자립적이고 독립적인 개인"으로 상정하고 있으며, '사회'를 "이들 독립적인 개인들이 상호 호혜적인 계약에 입각해 움직이는 협동체계"로 전제하고, 그 위에서 사회정의가 무엇인

13) Carole Pateman, "Equality, Difference, Subordination: the Politics of Motherhood and Women's Citizenship", in *Beyond Equality and Difference*, edited by Gisela Bock and Susan James, London and New York: Routledge, 1992; Iris Marion Young, *Intersecting Voices: Dilemmas of Gender, Political Philosophy, and Policy*, Princeton University Press, 1997; Eva Feder Kittay, *Love's Labour*, New York: Routledge, 1999.

지 그 원칙을 제안하고 있는데, 바로 이런 시민 개념이나 사회 개념은 시장과 같이 가정 밖에서 주로 활동하는 이들에게 비춰진 인간과 사회의 모습을 반영하고 있는 것이다. 여기에는 자신의 욕구를 중심으로 선택을 하지 않는 사람들이나 계약적 거래관계로 볼 수 없는 여러 관계들 속에서 활동하는 사람들의 눈에 비춰진 인간 및 사회의 모습을 찾기 힘들다. 무엇보다 이들이 말하는 사회 안에는 상호 호혜적인 거래를 할 능력이 없는 어린아이, 환자, 장애자, 노인 등등이 시민적 주체로 등장하지 못하는데, 따라서 여성주의 논의는 이들의 필요가 사회정의의 이름으로 채워지기 어렵다는 데서 이들 정의론의 결함을 발견한다.

삶에 필요한 기본재(primary goods)를 열거한 롤즈의 목록에는 양심과 사상 및 이동과 직업 선택의 자유, 책임 있는 지위와 직책에 접근할 수 있는 기회, 수입과 부, 자존감을 유지할 수 있는 사회적 토대 등등, 자율적이고 독립할 수 있는 인간을 위해 필요한 기본재들은 포함되어 있으되, 타인과의 정서적 유대감이나 약자의 필요에 응하는 돌봄의 가치 등 인간 삶의 실존의 조건이 요구하는 것들은 빠져 있다.[14]

자신만의 가치관과 정의관을 갖는 것으로 상정되는 자율적이고 동등한 개인들 간에 사회적 협동(social cooperation)의 혜택과 부담이 공정하게 재분배되도록 하는 것이 정의의 원칙이라 이해하는 롤즈의 입장에서는 누군가의 보살핌에 의존해서 생존할 수밖에 없는 이들의 필요나 또한 상호 호혜적 계약관계 밖

---

14) 존 롤즈, 『사회정의론』, 서울: 서광사, 1981, 526쪽.

에서 이들을 돌보(아야 하)는 이들은 사실상 정의의 원칙 밖에 놓여 있는 것이다. 그것은 자선과 같은 다른 원리에 의해 해결되어야 할, 기껏해야 2차적인 사회 영역이 되는 것이다. 누구도 타인에 대한 의존으로부터 자유로울 수 없다는 생명의 기본 원리를 애써 외면하고 있는 현대 정의론은 결과적으로 의존적 존재들을 주변화할 뿐 아니라 이들을 보살피고 있는 사람들, 즉 대부분 여성인 이들 활동 주체들 또한 사회적으로 비가시화되고 착취당하도록 방치한다.

공적 영역에 진출한 성인 남성을 모델로 하여 독립적 개인을 상정하는 인간관 대신 모든 이들이 의존적 관계 속에 놓여 있다는 인간관 위에서 사회정의가 무엇인지를 재개념화할 것을 요구하는 키테이(E. Kittay)는 이들의 시민적 주체 개념과 기본재 목록을 수정하는 것에서부터 대안적 모색을 시도한다. 시민 주체가 될 수 있는 자격으로서 어떤 능력이 요구된다면, 그것은 자신의 가치관과 정의관을 추구하는 자율성뿐 아니라 약한 이들의 필요를 돌보는 능력 역시 포함되어야 한다는 것이 키테이의 생각이다. 보살핌의 필요가 정의의 원칙에 통합되지 않는다면 그것은 불완전한 정의이며, 사회질서가 보살핌을 무시하고 이들 활동의 사회적 기여를 인정하지 않는다면 결코 그 사회를 공평한 사회라고 평가할 수 없다고 보고 있는 것이다.

그녀는 사회적 정의의 원리에 정치적, 경제적 필요와 가치만이 아니라, 보살핌의 가치와 필요를 분배하는 원리도 포함시킬 것을 요구한다. 키테이는 '사회적 정의'를 오직 정치적 자유를 분배하는 정의의 제 1 원리와 경제적 부와 사회적 지위를 분배하는 정의의 제 2 원리, 이 둘만으로 구성했던 존 롤즈를 염두에 두고 다음과 같이 비판하고 있다. 그녀의 말을 인용해 보자.

"만약 우리가 (보살핌의) 의존관계를 사회석인 위치에 포함시켜 (롤즈의) 정의의 원리를 수정한다면, 그것은 정의의 제3원리를 가져오게 될 것이다. 이 원리는, 정의의 다른 두 원리들과는 대조적으로, 인간의 동등한 취약성이나 합리성, 각자 동등한 가치관에 기초하지 않는 대신, 그것은 균등하지 않은 의존적 취약성, 타자의 필요에 감응하는 우리의 도덕적 능력, 행복과 복지를 위해 최우선적인 인간관계에 기초할 것이다."[15]

이어서, 그녀는 사회정의의 제3원리로 "보살핌의 사회적 책임의 원리(the principle of the social responsibility for care)"를 제안한다. 이것은 사적인 영역에서 행해지는 가족 간의 의무로 또는 사랑으로 취급하면서, 그 공적인 의미 영역 바깥에 남겨두었던 재생산 활동에 대해 그 공적 의미를 인식할 것을 요구하고 있는 것이다.[16]

6. 젠더 갈등과 다원주의 정치학

여성의 참여가 배제된 공론 영역에서 만들어지는 공적 영역과 사적 영역의 구분은 결과적으로 기존의 남성 활동 경험에 기초한 기존 제도를 유지하거나 남성 중심의 권력 질서를 강화하는 방식으로 운영되는 매우 임의적인 것으로 보인다. 여기에

---

15) Eva Feder Kittay, 앞의 책, 113쪽.
16) 허라금, 「보살핌의 사회화를 위한 여성주의의 사유」, 『한국여성학』 22권 1호, 2006 참조.

서 '임의적'이라는 것은 국가권력의 개입과 미개입이 공사 구분에 따라 일관되게 이루어지는 것이 아니라, 필요에 따라 그 기준이 정해졌다는 의미이다.

예컨대, 섹슈얼리티, 출산, 결혼, 그리고 가족에 관해 개인적인 의사결정을 내리는 것은 사적 영역으로 분류되지만, 이 중 어느 것도 온전히 개인적으로 결정할 수 있는 것은 없다. 국가는 결혼 연령을 제한하고, 일부다처와 근친 간 결혼을 금지한다. 섹슈얼리티의 문제에서도 역시 동성애를 금지하며, 출산과 자녀 양육 역시 누가 출산해서는 안 되는지, 부모가 해서는 안 될 것이 무엇인지, 임신한 여성은 무엇을 하지 말아야 하는지를 국가가 규제한다.

이렇듯 소위 '사적인' 생활의 모든 국면이 직간접적 정부 규제의 초점임에도 불구하고 정부 및 여타의 외부적 간섭으로부터 자유로운 '사적 영역'이 있다는 이상이 상식으로 통용되고 있다. 결코 사적일 수 없는 것을 '사적인' 것으로 구분하는 것은 보통 여성에게 불리한 결과들을 만들어낸다. 근대적 공사 구분에 따라, 가족 내에서 취약한 위치에 있는 여성이나 아이가 피해자가 되는 사안에 대해서는 국가의 개입이 적절하지 않은 것으로, 각자 개인이 자율적으로 처리하는 것이 바람직한 것으로 취급함으로써 가정폭력 등 피해자가 대부분 여성인 문제들을 방치하고 묵인하는 결과를 초래하기 때문이다.

비록 1990년대에 가정 내 폭력이나 직장에서 일어나는 성차별 등에 대해 처벌할 수 있는 법적 제재 장치가 마련되고, 근대의 성 신분제적 공사 구분의 경계가 제도적인 차원에서 수정되고 있지만, 명시적이지 않은 실행이나 체화된 언어 등을 통해 성별 분업에 기초한 근대적 공사 구분의 기본 틀이 여전히 힘을 발휘하고 있는 것은 사실이다. 이처럼 개인적 저항으로 해결되지 않는 억압적인 힘, 그렇지만 우리가 더 이상 의문시하지조차 않는 규범, 습관, 상징 등에 의해 이루어지는 이러한 보이지 않는 구조들을 가리켜 프리에(M. Frye)는 "사람을 특정한 범주 또는 집단으로 환원하여 꼼짝할 수 없게 만드는 권력과 장벽의 밀폐된 구조"17)라고 부른다. 일상화되고 내면화되어 자신들에게조차 문제로 보이지 않게 된, 더 나아가 공모하기도 하는 이런 상황에서 발생하는 문제들은 몇 가지 법을 개정하는 방법으로 해결될 수 있는 종류의 것이 아니라는 점에서, 명시적인 제도로서의 사회구조보다 더 심각한 것으로 보인다.

이렇게 오랜 역사 속에서 체화되고 언어에 내재화된 이러한 억압의 문제를 해결하기 위해서 아이리스 영은 공적인 삶의 개념을 재구성하는 것이 필요하다고 제안한다. 그것은 시민들이 그들의 소속(affiliation)에 대한 자신의 정체성을 '무지의 베일'로 가린 채, '얼굴 없는' 존재로서 '일반 의지'만을 발휘할 것을 요구하지 않는 공적 영역을 만들어야 한다는 것이다. 이것은 단지 주어진 우연적 사실로서의 '사적' 연고나 생물학적 차이에 기초한 정체성의 정치적 공간을 만들어야 한다는 의미와 혼돈해서는 안 된다. 이는 혈통, 인종, 성별 등등의 '생물학적' 차이를 의미의 세계 바깥으로부터 주어진 기정사실로 받아들이고 그것에 기초해 공적 영역에 참여하는 방식과 책임과 의무를 할당하는 방식 그 자체를 거부하는 것이기 때문이다. 차이를

---

17) Marilyn Frye, "Oppression", in *The Politics of Reality*, New York: Crossing, 1983, 11쪽.

주어진 '사실'이자 본질적인 것으로 의미화하면서 그로 인한 사회적 차별을 합리화하는 것에 대항하기 위해서는, 공적이고 정치적 활동의 대상이 될 수 없는 것으로, '사적'인 것으로 배제해 왔던 그 소위 '사적'인 것들을 정치적으로 의제화하는 것이 필수적이다. 그 어떤 차이도 인간세계에서 주어진 사실로서의 '사적'인 것은 없다.18) 심지어 먹고 자는 일조차도 정치적 활동일 수 있다. 육식 문화가 갖는 인간중심주의를 변화시키고자 채식을 택한 이들의 채식은 단지 먹어야 사는 운명적이고 개별적인 생명 활동이 아니라 충분히 정치적일 수 있는 것이다.

동질성과 보편성만이 승인되는 공적 세계는 그와 다른 위치에 처해 있는 구성원들 간에 작용하는 역동성을 억압하고, 대신 자신을 가시화하는 데 유리한 조건을 갖춘 사람의 목소리에 의해서만 지배되어 왔다는 사실을 우리는 근대 역사 및 현실을 통해서 확인할 수 있다. 따라서 이질성의 새로운 공간을 구성하는 것이 필요하다. '주어진' 운명으로서가 아니라 차이를 만들고 드러내는 행위의 주체로서 공적 공간에서 '무지의 베일'을 벗는 것은 이질적인 다른 목소리들이 승인되고 효과적으로 대표되도록 하여 진정한 경합의 장을 제공하는 기제가 될 수 있다. 여기에서 탄생하는 것은 "이질적인 공적 세계"이다.19) 근

---

18) 여성주의에서 소위 생물학적 차이를 지시하는 '성(sex)'보다 사회적으로 구성된 차이를 의미하는 '젠더(gender)'라는 용어를 더 기본적인 용어로 선택하는 까닭도 여기에 있다. '성'을 인간을 범주화하는 생물학적인 사실로 만든 것 역시 사회라는 점에서, 성차(sex difference)는 사회적 의미를 벗어날 수 없기 때문이다. 그렇다면 성이 젠더의 기초인 것이 아니라 사회적 성차인 성별이 성의 기초인 것이다.

대 만인평등의 원칙이 실질적으로 작동하는 다원주의 정치학의
필요조건은, 동질적 다수만이 아니라 다수의 다른 목소리들이
경합하는 공적 영역이다. 이 같은 맥락에서 여성주의자들은 공
평하거나 보편적인 체하지 않는, 차이를 사적인 영역으로 배제
해 버리지 않는, 근대 민주제도를 넘어선, 시민의 차이가 더 역
동적인 힘을 발휘하고 구현되는 장소로서 공적 사회를 재구성
할 것을 제안하고 있는 것이다.

　이러한 요청은 2005년 성매매 특별법 통과를 전후해서 활발
하게 이루어진 사회적 담론이나 호주제 폐지를 둘러싼 논의들,
황우석 박사 사건에서 불거졌던 난자기증의 문제를 비롯하여
저출산 정책을 둘러싼 담론들을 관찰하면서도 확인하게 된다.
여성들이 공론에 참여하는 것을 배제한 채 국가적인 경제 이익
을 위해, 민족 전통의 유지를 위해, 국가적인 과학적 기술의 위
상을 위해, 국가의 미래 안정을 위해 그 담론들이 어떻게 그어
지고 지워지는지를 기억한다면, 이러한 여성 정체성을 드러내
는 공적 영역의 구성이 왜 필요한지를 확인할 수 있을 것이다.
여기에서 '공론에의 참여' 여부는 단지 여성들 몇 명이 그 담
론에 참여했는가에 달린 것이 아니다. 즉, 아렌트의 용어로 '다
수성(multiplicity)'의 문제가 아니라 '차이(difference)'의 문제인
것이다.

　여성들의 목소리가 공론 영역에 등장할 때 그 목소리는 기존
의 지배적 입장들에 전유되어 그 차이가 지워져 버리는 경향이
있다. 예컨대, 성매매 특별법 제정의 과정에서 그 법을 추진하

---

19) Iris Marion Young, *Justice and the Politics of Difference*, Princeton,
　New Jersey: Princeton University Press, 1990.

는 여성주의자들의 목소리는, 성이 시장에서 거래될 수 있는 것인지의 여부에 대한 기존 윤리학적 입장 차이들 속에 재편되면서, 성 보수주의에 해당되는 것으로 분류되어 버리기도 한다.

이러한 경향은 모든 성매매 여성을 '시장에 내다 팔아서는 안 되는 것을 판 타락한 여성'으로 단일하게 분류해 버리는 보수주의적 논의에 반대하는 여성주의자들의 목소리를 지워 버리는 것이다. 이런 식의 전유는 여성주의 안에서 등장하는 다양한 목소리들 간의 관계 역시 왜곡한다. 성 노동권을 주장하는 성매매 여성들을 지원하는 여성주의자들의 목소리는 성 자유주의를 주장하는 것으로 해석되고 분류되는 것이다. 사실상 이들 여성주의자들은 성매매 여성이 처해 있는 삶의 지점에서 최소한 이들이 시민으로서의 삶을 살아가는 데 필요한 제도적 보호 장치가 무엇인가에 관심을 가지고 있다. 그럼에도 불구하고 이러한 논의는 여성주의자들의 목소리를 자신의 몸에 대한 자기 결정권과 개인의 의사에 따라 성을 사고팔 수 있다는 자유주의자의 입장으로 분류해 버리는 것이다. 이렇게 되면 성매매를 둘러싸고 여성주의자들 사이에 서로 화해할 수 없는 상호 대립이 있는 것으로, 더 나아가서 여성주의는 상호 모순적 입장을 견지하는 것으로, 따라서 여성주의 입장이란 아예 존재하지 않는 것으로 간주되기도 한다.

이 같은 현상은 어떤 특정 문제에 국한된 특수한 것이 아니라 여성의 목소리가 공론 영역에 등장할 때 나타나곤 하는 일반적 현상이기도 한데, 이것은 여성들의 목소리가 공적인 담론을 형성하는 '다른 목소리'가 되지 못할 만큼 여전히 미약하다는 것을 보여주는 것이다. 여성의 입장에서 보자면, 현재는 젠더 갈등의 시대라기보다는 여전히 젠더 억압의 시대라고 말해야 할지도 모른다.

7. 나가는 말

지난 10여 년 동안 한국사회에서는 여성의 삶으로부터 제기된 굵직한 쟁점들이 사회적으로 공론화되면서 여러 가지 제도적 변화들을 만들어왔다. 1990년대에는 우여곡절 끝에 비로소 가정폭력방지법이 제정되었고, 여성의 경제참여가 활발해지면서 여성의 사회적 활동을 제약하는 성희롱의 범죄성에 대한 사회적 인식이 확산되어 이에 대한 법적 제재를 가할 수 있는 제도적 장치가 마련되었다. 또한 여성의 공직 참여 비율 제고를 위한 여성 공무원 채용 목표제가 도입되었으며, 2004년에는 성매매특별법이 시행되었다. 그리고 2005년에는 부계혈통가족제도의 기본 틀이 되었던 호주제에 헌법 불합치 결정이 내려졌다. 사적 또는 개인적인 차원에서 해결되어야 할 것으로 분류되어 사회적으로는 묵인되거나 은폐되어 왔던 성차별적이고 억압적인 관행들에 대한 제도적 접근과 해결이 일부 가능해진 것이다.

물론 이 과정에서는 끊임없는 비판과 저항이 있어 왔다. 그 내용은 이러한 제도적 변화가 사적인 문제들을 정치화함으로써 공론의 장을 훼손할 뿐 아니라, 전통적 가족관계와 미풍양속을 허문다는 것, 여성에 대한 적극적 조치는 남성에 대한 역차별이라는 것, 이미 여성은 남성과 동등할 뿐 아니라 더 유리한 지점에 놓여 있다는 주장 등으로 다양했다.

이 글은 여성들의 차별과 억압의 문제를 가족이나 개인적 관계 속에서 일어나는 일로 취급하면서 공론의 장에서 해결을 모색하는 것을 부적절한 것으로 보게 만드는 '공적인 것'과 '사적인 것'의 구분 방식에 집중해서 기존의 논의를 검토해 보았다. 공과 사의 구분이 어떻게 역사적으로 변화되었는가를 추적하면서, 그 변화가 어떤 방식으로 젠더 억압을 증폭시켜 왔는지를 살펴본 것이다. 그리스의 공사 구분이 필요를 위한 활동 영역과 자유를 위한 활동 영역으로 이루어져 있으며, 이후 근대에서 그 구분이 여성의 활동 영역과 남성의 활동 영역으로 변하게 된 것을 보면서, 이러한 공사의 구분이 여성의 문제를 공적인 장에서 정치적 의제로 다루는 것을 부적절한 것으로 보도록 만들고 있으며, 젠더 억압을 가중시키는 결과를 가져오는 것을 살펴보았다. 끝으로, 여성의 목소리가 공론 영역에 '다른 목소리'로 참여하기 위해서는 여성 정체성을 가시화하는 것 속에서 이루어지는, 다수의 형식적 '다원주의 정치학'이 아닌 차이가 실질적인 경합의 장을 형성하는, 진정한 의미의 '다원주의 정치학'이 필요하다는 점을 주장하였다.

참고문헌

아리스토텔레스, 『정치학』, 서울: 숭문출판사, 1985.
_____, 『니코마코스 윤리학』, 서울: 을유문화사, 1994.
존 롤즈, 『사회정의론』, 서울: 서광사, 1981.
A. 바루치, 『정치철학』, 서울: 서광사, 1991.

허라금, 「서구 정치사상에서의 공사개념과 가부장적 성차별성」, 『여성학논집』 13권, 1996.

_____, 「보살핌의 사회화를 위한 여성주의의 사유」, 『한국여성학』 22권 1호, 2006.

Arendt, Hannah, *The Human Condition*, 1958, 이진우·태정호 옮김, 『인간의 조건』, 한길사, 1996.

Canovan, Margaret, "Rousseau's Two Concepts of Citizenship", in *Women in Western Political Philosophy*, edited by Ellen Kennedy and Susan Mendus, Wheatsheaf Books, 1987.

Elshtain, Jean Bethke, *Public Man, Private Woman: Women in Social and Political Thought*, Princeton University Press, 1981.

_____, "Feminism, Family, and Community", 1983, in *Feminism and Community*, edited by Penny A. Weiss and Marilyn Friedman, Temple University Press, 1995.

Frye, Marilyn, "Oppression", in *The Politics of Reality*, New York: Crossing, 1983.

Gould, Carol, *Rethinking Democracy: Freedom and Social Cooperation in Politics, Economy, and Society*, Cambridge: Cambridge University Press, 1988.

Jakobsen, Janet R., *Working Alliances and the Politics of Difference: Diversity and Feminist Ethics*, Indiana University Press, 1997.

James, Susan, "The Good-enough Citizen: Citizenship and Independence", in *Beyond Equality and Difference*, edited by Gisela Bock and Susan James, London and New York: Routledge, 1992.

Kittay, Eva Feder, "Social Policy", in *A Companion to Feminist Philosophy*, edited by Alison Jaggar and Iris Young, Oxford: Blackwell Publisher, 1998.

_____, *Love's Labour*, New York: Routledge, 1999.

Locke, John, *A Letter Concerning Toleration*, 1689, 2nd ed., Indianapolis, Ind.: Bobbs-Merrill, 1955.

Moon, J. Donald, *Constructing Community: Moral Pluralism and Tragic Conflicts*, Princeton University Press, 1993.

Mouffe, Chantal, "Feminism, Citizenship and Radical Democratic Politics", in *Feminist Theorize the Political*, edited by Judith Butler and Joan W. Scott, Routledge, 1992.

Pateman, Carole, *The Sexual Contract*, Polity Press, 1988.

_____, "Equality, Difference, Subordination: the Politics of Motherhood and Women's Citizenship", in *Beyond Equality and Difference*, edited by Gisela Bock and Susan James, London and New York: Routledge, 1992.

Rousseau, J. J., *On the Social Contract*, 1762, New York: St. Martin's Press, 1978.

Young, Iris Marion, *Justice and the Politics of Difference*, Princeton, New Jersey: Princeton University Press, 1990.

_____, *Intersecting Voices: Dilemmas of Gender, Political Philosophy, and Policy*, Princeton University Press, 1997.

세계화 시대의 갈등과 대화

윤리의 보편성 문제와 철인왕 콤플렉스 　김선욱

한국철학에서의 세계화 갈등 　김형찬

세계화 시대의 보편화 가능성 탐구 　권용혁

윤리의 보편성 문제와 철인왕 콤플렉스*

김 선 욱

숭실대 철학과

1. 들어가는 말

윤리학개론 강의는 윤리상대주의 또는 회의주의에 대한 소개에서 시작하는 것이 효과적이다. 그것이 오늘의 윤리학이 서 있는 지점이기 때문이다. 윤리학을 처음 본격적으로 공부하는 학생들은 윤리학의 보편성이 절대적인 특성을 갖기를 바라기는 하지만 도덕적 절대주의가 가능하지 않다는 것은 이미 짐작을 하고 있기 때문에, 오히려 윤리학의 출발점을 상대주의나 회의주의로 삼는 것이 학생들과의 솔직한 공감대를 기초로 강의를 이끌어 갈 수 있는 방편이 된다. 하지만 상대주의나 회의주의

* 본 연구는 숭실대학교 교내연구비 지원으로 이루어졌음.

가 본래적으로 처할 수밖에 없는 수행적 모순(the performative contradiction)[1]을 지적하지 않더라도 이는 절대주의와 마찬가지로 우리의 삶을 정초시킬 수 있는 안정적 지반은 되지 못한다. 그러니 윤리학 강의는 한 학기 내내 이 양극단 사이에 있을 적절한 지점을 찾는 수고로 학생과 더불어 채우게 된다.

당위, 즉 어떻게 살 것인가의 문제를 해결하기 위한 노력이 윤리학이지만 그에 대한 대답이 손쉽게 주어지지는 않으리라는 것은 교실에 있는 학생이나 교수가 함께 공감하고 있는 터에 윤리학 강의는 때때로 실용적 강의로 변모하기도 한다. 자연주의 윤리설이나 신의 명령 윤리설에 대한 비판은 소박한 태도나 종교적 신앙을 가진 동료 학생들의 신념을 흔들어 놓는 가운데 자신의 입장을 관철시킬 수 있는 도구로 활용할 수 있게 해주기도 하고, 또 윤리학 시간에 다루는 다양한 주제들에 대한 논의들은 논술 등의 목적에 유용하기 때문에 윤리학 강의는 당위의 학습장이 아니라 사회적 관계에서 유용하게 활용할 수 있는 논리 훈련장이 되기 쉽다. 마치 탈레스가 철학의 유용성을 입증하라는 친구들의 요구에 부응하여 올리브 짜는 기계를 매점 매석하는 방식으로 일확천금을 함으로써 철학의 유용성을 입증하려 했던 것처럼, 오늘날의 윤리학 교수들은 윤리학의 유용성이 사회적 관계 속에서 인간의 윤리적 판단의 기제를 파악하여 상대를 제어하는 기술의 습득에 있음을, 또는 요새 유행하는

---

1) Jürgen Habermas, "Discourse Ethics: Notes on a Program of Philosophical Justification", *Moral Consciousness and Communicative Action*, trans. by Christian Lenhardt and Shierry Weber Nicholsen, Cambridge, Mass.: The MIT Press, 1993, 95쪽.

논술 주제들에 포함된 윤리적 딜레마를 잘 처리하는 논리적 기술의 습득에 있음을 보여줌으로써 확인해 보이기도 하는 것 같다.

현대 사회에서 유용성은 학문을 포함한 모든 것을 평가하는 최고의 가치로서 존중되고 있고, 이 유용성의 확인은 곧 교환가치를 가진 금전으로 환산되어 높은 숫자를 확보함으로써 가능해지는 바, 철학이나 윤리학도 현사회의 주요 관심사에 대해 유용한 주장을 더해 줌으로써 비로소 그 존재의의를 확인해야 한다는 조바심을 내게 되는 것은 당연한 현상이다.2) 이러한 주요 관심사 가운데 하나가 세계화 현상이며, 이에 대한 윤리학적 작업 가운데 하나가 세계화에 대응하는 철학적 자세의 확립으로서의 보편윤리의 기획이다. 그런데 이 보편윤리의 기획에는 앞서 언급한 철학자, 또는 윤리학자의 실용적 관심이 개입되어 있는데, 이 관심에는 오래 전 플라톤이 제안한 국가의 기획에서 나타난 철학자의 역할이 반영되어 있다. 플라톤의 국가 구상에 포함된 철인왕 관념 속에는 이성 중심의 이론구성을 추구하는 가운데 철학자가 지배자의 위치에 서 있어야 한다는 생각이 포함되어 있다. 필자는 이러한 의식을 철인왕 콤플렉스라고 부르고자 한다.

철인왕 콤플렉스의 문제는 바로 이 콤플렉스가 철학자들로 하여금 현실의 문제를 해결하는 데 필요한 것을 보지 못하게 만드는 데 있다. 실용성과 지배욕이 적절하게 조합된 이 철인왕 콤플렉스를 철학자들이 적절하게 반성하지 못한다면, 철학

---

2) Hannah Arendt, *The Human Condition*, Chicago: The Chicago University Press, 1958, 92쪽.

자들이 현실의 주요 문제들에 대해 제시하는 대안들이 무력하게 되거나 또는 사람들에 의해 수용되지 못하게 되는 결과를 낳게 될 것이다. 이 논문에서는 보편윤리의 기획에서 나타나는 철인왕 콤플렉스를 분석하고, 이러한 태도 때문에 발생하는 결여점이 무엇인가를 밝히면서, 실천적 차원에서 우리에게 가능한 보편성의 특성이 무엇인가를 점검하는 데 목적이 있다.

2. 보편윤리 기획과 코스모폴리탄의 우울

그동안 세계화 현상들에 대해 그 부정적 측면과 긍정적 측면에 대한 이해, 새롭게 제기되는 국가 간의 관계에 대한 물음, 윤리적 대응방안 등에 대해 우리 철학자들은 다양한 견해들을 제시해 왔다. 특히 유네스코를 통해 만들어진 보편윤리의 기획은 "21세기 윤리를 위한 공동의 틀"을 그 결실로 가져오기도 했다.3) 그런데 이와 같은 수고와 노력들이 단지 그러한 논문들의 생산이나 윤리적 선언문의 도출 자체에 의의가 있는 것이 아니라 그에 상응하는 실질적인 효과를 얻는 데 있다고 볼 때, 과연 그 같은 것이 의도한 결실을 실질적으로 산출해 내었는가를 우리는 물어보아야 한다. 이때 우리는 비로소 그 같은 노력의 본질이 과연 무엇인가를 묻는 것이 된다.

세계화에 대한 수많은 철학적 담론 가운데 보편윤리를 향한 기획은 세계화 시대에 철학이 과연 어떤 유용성을 갖고 있는지를 입증하는 대표적인 노력으로 보인다. 그리고 윤리학은 이

---

3) 김여수, 「21세기 윤리를 위한 공동의 틀」, 『철학과 현실』 vol. 46, 2000 및 http://www.unesco.org/opi2/philosophyandethics/ 참조.

같은 노력을 통해 학생들로 하여금 세계화 시대에 적합한 태도를 가질 수 있도록 훈련하는 과정으로 여겨질 수도 있을 것 같아 보인다. 최근 성공회대에서 '인도의 창'이라는 프로그램을 만들어 학생들을 1년 간 인도로 보내 새로운 환경에서 영어를 습득시키고 IT 교육을 받게 하여 졸업 후 좋은 직장에 취업하도록 기회를 제공하였다. 이 프로그램의 성과, 그리고 학생들이 세계화 과정에 스스로를 창조적으로 적용시켜 가는 과정을 김용호 교수는 "공력 쌓기"라는 표현으로 묘사하였다.4) 이 말은 중국 무협소설에서 한 제자가 백발의 스승 밑에서 수련하는 과정에 내공을 쌓아 가는 모습을 빗댄 것이다. 이처럼 철학자들은 철학의 역사를 통해 형성된 내공 수련의 과정의 하나로 보편윤리를 기획하고, 이제 철학도들을 이러한 공력 쌓기에 진력시킬 준비가 된 것 같기도 하다.

하지만 보편윤리의 기획이 그 철학적 선구자들의 사유에 잇대어 코스모폴리탄적 성향을 분명히 할 때, 보편윤리는 코스모폴리탄의 우울을 노출한다. 윤리적 세계화를 "서양지성사의 흐름에 면면히 흐르는 그리스적 '코스모폴리스(cosmopolis)' 이념, 즉 '세계시민사회' 이념의 21세기 버전"5)이라고 지적한 것은 적절한 것이었다. 이 이념은 로마 제국주의 팽창의 정당화 이데올로기였으며, 중세의 기독교 세계관의 한 축을 담당했고, 계몽주의 정치사상의 근간이기도 했다. 그리고 우리나라 학자들

---

4) 김용호, 『세계화 시대의 공력 쌓기: 대중교육의 새로운 패러다임』, 서울: 삼성경제연구소, 2005.

5) 이창우, 「'코스모폴리스' 개념」, 『哲學研究』 vol. 50, no. 1, 2000, 184쪽.

이 세계화에 대한 대응을 모색할 때 그 사상적 원류로 지목하여 되짚어 보았던 부분6)이며, 칸트를 매개로 하는 오늘의 절차주의적 자유주의적 보편윤리의 기획과 맥락이 닿아 있는 부분이기도 하다.7)

물론 여기서 우리가 오늘의 보편윤리 기획이 지향하는 세계시민 이성 개념이, 견유파8)나 스토아학파의 그것과 동일하다고 주장할 수는 없다. 그러나 견유파와 스토아학파의 사람들이 느낀 세계질서의 자율성에 대한 개인의 무력감과, 오늘날 철학자들이 애써 파악하려고 노력하는 세계화 현상의 확산에 대한 개인의 무력감은 동일하다는 것이다. 비록 오늘의 철학자들의 노력이 담론의 장을 형성하고 보편윤리를 추출해 내고 이를 바탕으로 세계경제를 이끌어 가는 기관들에 저항하는 등의 활동으로 이어진다고 해도, 이들이 기초하고 있는 코스모폴리탄적 기획은 세계화의 물결을 근본적으로 중단시킨다거나 그 방향을 획기적으로 되돌릴 수 있다고 기대할 수 없다. 그러므로 보편윤리의 기획은 어떤 점에서는 세계화의 물결에 대해 이념적으

---

6) 성염, 「고대 그리스, 로마세계의 세계시민사상 — 세계화 운동의 그리스적 발원」, 성염 외, 『세계화의 철학적 기초』, 서울: 철학과현실사, 1999; 이경재, 「보편윤리의 현실적 가능성과 그 전제: 토마스 아퀴나스 사상에 입각하여」, 『보편윤리와 전통문화 2』, 제15회 한국철학자대회보, 2002. 11 참조.

7) 이삼열, 「세계화의 불안과 세계시민적 이성」, 『철학과 현실』 vol. 42, 1999 가을, 77쪽; 장동진·장휘, 「칸트와 롤즈의 세계시민주의: 도덕적 기획과 정치적 기획」, 『정치사상연구』 vol. 9, 한국정치사상학회, 2003 가을, 196쪽 참조.

8) 이 표현은 견유학파 대신 사용할 것으로 제안한 이창우 교수의 생각을 따른 것이다. 이창우, 앞의 글, 185쪽 이하의 주 6 참조.

로, 그리고 사상적으로 개인들을 세계시민으로서 준비시키는 이데올로기적 역할을 암암리에 내포하고 있지 않은가 의심할 수밖에 없다. 이런 까닭에, 스토아학파가 창시되고 유행했던 헬레니즘 시대는 개인이 소외된 시대인 데 반해 우리 시대는 개인의 인권이 존중되고 개인이 주목받는 사회이기는 하지만, 여전히 "그렇게 확장된 세계 속에서 극도로 위축된 개인에게 세계는 낯설고 미래는 불확실하며 나는 아무런 능력도 없"다는 김상봉 교수의 스토아학파의 시대에 대한 평가9)는 오늘에도 유효하다고 생각된다. 우울, 즉 "전체의 힘 앞에서 무기력하게 굴복할 수밖에 없는 개인의 정신적 상황"10)이라는 정서가 오늘의 보편주의의 기획을 바라볼 때 느끼는 감정상태가 될 수 있다.

보편윤리가 의존하는 정신적 힘은 이성이다. 그것은 "철학적 이성"11)이기도 하며, "세계시민적 이성"12)이 될 수도 있다. 그런데 그 힘이 이성에서 나오는 한 우리는 이와 연관하여, 플라톤이 정치철학을 최초로 쓰면서 가졌던 철인왕 기획을 상기할 수 있다. 국가가 정의로워지기 위해서는 철학자가 왕이 되거나, 왕이 철학자가 되는 방법13)이 있다고 했다고 했던 플라톤은 전자의 방법을 『국가』에서 설명했다. 철인은 지혜로운 자이며 이

---

9) 김상봉, 『호모 에티쿠스: 윤리적 인간의 탄생』, 서울: 한길사, 1999, 111쪽.

10) 위의 책, 144쪽.

11) 권용혁, 「세계화와 보편윤리」, 『사회와 철학』 vol. 1, 사회와철학연구회, 2001, 126쪽.

12) 이삼열, 앞의 글, 78쪽.

13) Platon, *The Seventh Letter*, 326b.

데아의 세계를 알고 있는 진리의 인식자이다. 그는 국가가 어떻게 구성될 것인지의 지침을 제공하고 그 지침은 옳은 지침인 것으로 전제된다. 여기에 대하여, 철학자의 오류 가능성이 전제로서 배제된 점을 놓고 인간의 지적 능력의 한계를 들면서 플라톤의 기획이 잘못되었음을 지적하는 것은 너무나 손쉬운 비판이 될 것이다. 오히려 우리가 플라톤의 전제를 그대로 수용하여 그가 과연 진리를 아는 자라고 인정했을 때에도 여전히 문제가 있는가에 논의의 초점을 둘 필요가 있다. 그런데 진리를 아는 진정한 철학자가 국가를 이끌 때에도 심각한 문제가 있다는 것을 한나 아렌트는 지적한다. 국가의 경영이 국가 내 거주자의 삶의 문제를 해결하기 위한 노동과 작업의 여러 활동과 그들의 생산물을 지켜 내려는 수호자 계급과 사회의 안정적 조직을 기획하는 통치자 계급으로 구성되어 이루어지는 것이라면 정의는 플라톤이 말한 대로 각자가 각자의 할 일을 충실히 함으로써 이룩될 것이고 그 결과 국가적으로 조화와 안정을 누릴 수 있을 것이다. 그러나 여기서 결여된 고려점은 인간이 근본적으로 정치적 동물이며, 각자는 정치적 행위, 즉 자신의 개성을 드러내고 자신의 의견을 타인들 앞에서 보이고 들려주기를 바라며, 또한 이러한 행위들이 어울리고 진행되는 가운데 이루어지는 것이 정치라는 점이다. 플라톤의 구상에서는 이러한 정치가 실종되고 오직 진리의 실현으로서의 행정만이 존재하는 형국이 되어 버린 것이다.

플라톤이 국가의 기획을 이런 방식으로 추구했던 것은 스승인 소크라테스의 죽음 때문이었다. 소크라테스의 재판과 죽음에서 플라톤이 생각한 것은 진리와 의견(또는 억견)의 대립이었고, 철학과 정치의 대립이었으며, 영원(the eternal)하고 불변하는 것에 대한 관심과 불멸(the immortal)하는 명예에 대한 관심의 대립이었다. 이 대립을 염두에 두면서 플라톤은 영원한 진리의 인식을 정치적 구조의 최상부에 놓고, 마치 정신이 육체를 지배하듯 철학자가 철학자와는 다른 욕망을 가진 사람들, 즉 생산자와 상인과 수호자들을 지배하는 통치 모형을 이상적인 국가의 구조로 제안하게 된 것이다.14) 여기서 우리가 주목할 것은 아렌트가 말한 대로 철학자들이 자신의 철학적 사유를 방해받지 않고 수행할 수 있는 최적의 환경을 만들어주는 상태를 정의의 이름으로 플라톤이 제시했다는 것 외에도, 이 과정에서 철인을 왕으로 삼음으로써만 이러한 것이 가능하다고 제안한 점이다. 철인이 왕이 되건, 왕이 철인이 되건, 결국은 철학자와 최고 통치자가 동일하게 될 때 국가는 이상적 모습을 띠게 된다는 것이다. 플라톤에 의한 최초의 정치철학에서 철학자가 차지하는 통치조직 내의 위상은 이후의 정치사상사에 있어 절대적인 영향력을 미치게 된다. 즉 철학자는 이성적 사유를 통해 전체를 지배하는 원리와 규칙을 제공하는 존재이다(또는 이어야 한다)는 것이다. 플라톤은 이처럼 현실 문제에 관심을 갖는 철학자들에게 철인왕 콤플렉스(the Philosopher King Complex)를 무반성적으로 수용하게 만들고 이를 정당화한 것이다.

철인왕 콤플렉스는 철학자들이 탁월하게 발휘할 수 있는 이성적 사유를 통해 사회를 규율할 수 있는 원리를 발견함으로써

---

14) Hannah Arendt, "Socrates", *The Promise of Politics*, New York: Schocken Books, 2005 참조.

사회 내에서 지배적 위치를 꾀하려는 철학자의 심리상태를 지칭한다. 이러한 심리상태는 실천철학의 영역에 속한 정치철학, 사회철학, 사회윤리학의 연구가들이 쉽게 빠질 수 있는 것이다. 또한 이런 영역의 공부를 시작하는 학생들이, 자신이 절대적인 진리를 발견하여 이를 이 사회에 적용함으로써 세계를 변화시키겠다는 포부를 갖는 것도 철인왕 콤플렉스의 발현으로 볼 수 있다. 철인왕 콤플렉스에는 자신의 이성적 사유를 통해 원리를 발견해 내려는 태도와 이 원리를 통해 지배적 위치를 점하려는 태도 등의 두 요소가 내포되어 있다. 이뿐 아니라 이 개념은 전문적 철학자들 외에도 위와 같은 두 요소를 가진 모든 이론가들에게 적용될 수 있는 개념이다.

그런데 철인왕 콤플렉스가 문제시 되는 이유는, 플라톤의 철인왕 기획이 갖고 있는 문제와 직결된다. 즉 현실의 다원적인 정치적 현실에 대한 무고려, 이성적 사유에 철저하게 의존하는 보편성의 추구 등으로 말미암아 실제로는 정치적 문제들을 해결해 낼 수 없는 원리들을 제시하면서 스스로는 모든 문제를 일거에 해결할 수 있는 대원리를 제시하고 있다는 착각에 스스로 몰입할 뿐만 아니라, 그러한 원리를 수용하지 못하는 현실을 비윤리적이고 정의에서 벗어나 있다고 비난하는 가운데 자신만을 정의롭게 여기는 자기기만이 작용하기 때문이다. 이는 철인왕 콤플렉스에 빠진 스스로를 불행하게 만들기도 하지만, 그의 말을 믿고 따르는 사람들까지도 위험에 빠트린다.

3. 철인왕 콤플렉스와 폭력

철인왕 콤플렉스는 철학자가 철학적 태도를 가지고 정치문제, 다양한 인간들이 모여 발생하게 되는 인간사에 대해 처방을 제시하려는 가운데 표출된다. 이러한 태도의 문제의 근원은 철학적 활동과 정치적 활동의 차이를 인정하지 못하는 데 있다. 정치철학이나 윤리학은 바로 이 두 영역이 만나는 곳이다. 1절에서 언급했듯이 오늘날의 윤리학의 출발점은 문화상대주의나 회의주의인데, 문화상대주의가 윤리학의 근간을 뒤흔드는 것은 그간의 윤리학이 다양한 인간의 모습을 고려하는 데 실패한 결과이며 이때 윤리학은 철학적이고 이성적인 태도를 고수함으로써 도덕의 원리를 제시하려고 노력했던 것이다. 정치철학도 마찬가지이다. 정치철학은 정치를 철학자의 관점에서 바라보거나 또는 철학을 정치의 입장에서 바라보는 것일 텐데, 정치철학의 전통의 출발점에 서 있는 플라톤은 바로 전자의 태도로 정치철학을 구성하려 하여, 철학자의 견지에서 국가의 바람직한 구조를 제시하였던 것이다.15) 그러므로 이제 우리는 철학적 경험과 정치적 경험의 본질적 차이는 무엇이며, 특히 철학적 태도로 정치 영역에 접근했을 때 발생하는 문제가 무엇인지를 짚어 보아야 한다.

정치의 특성은 인간의 복수성(the human plurality)을 바탕으로 하는데, 이는 사람들의 의견(opinion, doxa)을 통해 드러난다. 정치적 공간은 사람들이 자기에게 보여진 것(dokei moi),

---

15) 위의 글, 27쪽.

즉 'doxa'를 표현하고 이를 설득을 통해 다른 사람의 동의를 얻어 함께 살아가는 공동생활의 장이다. 그런데 소크라테스의 죽음으로 말미암아 플라톤은 의견을 통해 정치를 이룩하는 방식에 대해 "불같은 비난"[16]을 하며, 정치에 대해서는 스승과는 다른 길을 걸어가게 된다. 플라톤의 길은 철학과 정치를 대립시키며, 철학적 사유를 통해 절대적 진리를 발견하는 방식으로 의견을 무력하게 만드는 것이었다. 우리가 'knowledge'와 'opinion'을 철학의 영역에서 만날 때 전자를 인식 또는 지식으로 후자를 억견(臆見)이라고 옮길 때, 우리는 이미 이 같은 플라톤의 영향력 아래에 있는 것이다.

사유를 통해 발견한 정치의 원리를 국가에 적용하려는 태도는 정치적 활동의 특성에 기초하여 정치를 수행하려 한 것이 아니라, 철학적 활동의 특성에 기초하여 정치를 수행하려 한 것이다. 정치적 활동의 특성은 인간의 복수성에 대한 인정을 바탕으로, 한 공동체에 속한 다양한 개인들이 서로 자신의 생각을 표현하고 소통하는 가운데 스스로 공동체의 원리를 발견하고 꾸려나가는 데 있다. 이를 위해서는 자유로운 공적 공간, 즉 정치영역이 필요하고, 또 개인이 여기에 참여하여 자신을 표출할 자유가 요구된다. 서로가 다른 생각을 가진 존재이며, 어느 누구도 다른 사람이 갖고 있는 다른 생각의 차이를 들어볼 필요도 없이 다 아는 전지전능한 존재로 인정할 수 없는 것이 정치영역에 참여하는 개인들 간에 놓인 공동의 이해가 된다. 하지만 철학적 특징이란 자신의 내면세계로 침잠하여 사유

---

16) 위의 글, 7쪽.

를 통해 진리를 발견하는 것(플라톤의 표현대로라면 이데아를 관조하는 것)이고, 혼자서 하는 활동이며, 이러한 활동을 탁월하게 하는 철학자와 그렇지 못한 사람들의 차별은 확실히 존재하는 것이다. 철학자는 이러한 철학적 특징의 활동에 탁월한 재능을 가진 사람이다. 이러한 사람이 사유를 통해 발견한 공동생활의 원리, 바람직한 국가의 원리를 제시하려는 것이 플라톤 이후에서 마르크스에 이르기까지의 정치철학이 가져온 태도[17]였다. 여기서 가장 탁월한 정치철학적 역량을 가진 사람이 철학자이므로, 철학자는 이러한 일을 가장 잘하는 사람이며, 또한 이런 점에서 정치적 관계에 있어 최고의 지위를 차지해야만 하는 사람이 되어야 한다고 생각하게 된 것이다.

서구의 정치철학의 전통 맨 첫머리에 놓인 플라톤의 이러한 선택은 정치를 살리는 것이 아니라 정치를 파괴한다. 플라톤의 길이 철학자로 하여금 폴리스에서 안전하게 살아가는 길, 또는 폴리스의 번거로운 정치적 삶으로부터 자유롭게 철학적 삶을 추구하는 길이 될지는 몰라도, 플라톤이 열어 놓은 이상주의적인 정치철학은 진리의 폭정(the tyranny of the truth)[18]을 정치 영역에 도입한 것이며, 또한 이와 동시에 철학자는 이로써 정치의 문제들을 다 해결했다는 환상을 갖게 된다는 것이다. 여기에 바로 필자가 철인왕 콤플렉스라는 개념을 통해 지적하려는 현상과 문제점이 있다.

"철학자가 국가를 다스리게 된다면, 그는 자신의 육체에 대

---

17) 위의 글, 38쪽.
18) 위의 글, 28쪽.

해 했던 것과 같은 것을 자신의 주민에게 수행할 것이다"[19]라고 아렌트가 말할 때 플라톤의 정치철학을 통해 실질적으로 구현되는 것은 폭력임을 분명히 보여준다. 철학자가 사유를 통해 발견한 정치원리를 제시하여 이를 국가에 시행하려는 태도를 가질 때, 정치적 관계란 지배와 피지배의 관계로, 또는 원리의 제시와 이의 수행(execution)이라는 관계로 이해되고 있다.[20] 바람직한 정치원리가 객관적이고 절대적인 진리처럼 존재하는 것이며, 정치철학자는 이를 '발견'하는 것이 임무이고, 시민은 이들이 '발견'한 원리를 '수행'하기만 하면 된다는 것처럼 말이다. 이때 정치적 행위자로서의 시민의 자유와 자율은 훼손되고, 단순한 지시 이행자로서의 역할만이 남게 된다. 지도자와 추종자의 관계로서 말이다. 이러한 태도를 취할 때 표현되는 철인왕 콤플렉스가 행사하는 폭력은 이중적이다. 하나는 자기의 정치철학적 충고를 따르는 사람에 대한 것으로 그들을 정치과정으로부터 소외시키고 지시 이행자의 역할만을 갖게 함으로써 발생하는 폭력이다. 다른 하나는 자기 자신에 대한 것으로, 가능하지 않은 방식으로 스스로를 지배자의 위치에 올려 놓음으로써 스스로는 교만에 빠지고 타인으로부터는 조롱을 받게 된다.

물론, 철학적 태도로 정치에 대한 처방을 제시하려는 태도가 모두 다 철인왕 콤플렉스를 포함하고 있는 것은 아니다. 이성

---

19) 위의 글.

20) Hannah Arendt, "The Tradition of Political Thought", *The Promise of Politics*, 52쪽 및 "The End of Tradition", *The Promise of Politics*, 91쪽 참조.

이 가진 반사실적(counter-factual) 특성은 현실을 개선하고 수 정할 방향을 제시하는 것으로 이 자체를 부정할 수는 없다. 철 인왕 콤플렉스 개념을 통해 지칭하려는 것은 현실을 무시하고 벗어난 사유 속에서 어떤 원리를 획득하여 이를 현실 위에 부 과하려는 태도이다. 현실에 충실하고 그에 따라 사유와 반성을 수행하는 것은 철인왕 콤플렉스에 속하는 것이 아니라 오히려 철학자들로 하여금 철인왕 콤플렉스를 벗어나게 하는 것이다. 현실에 충실하여 살 때 우리는 현실 속의 사람들과 함께 공유 하는 공동체 감각(sensus communis) 또는 상식(the common sense)을 갖는다. 아렌트는 공통감을 "현실과 사실성을 지각하 고 이해하고 처리하는 우리의 정신기관"21)이라고도 말했다. 사 유 속에 빠질 때 우리는 이러한 감각을 상실하며 현실과 사실 성에서 멀어진다. 아렌트가 본 사유의 왕, 하이데거의 문제점이 바로 이처럼 사유에 깊이 침잠하는 가운데 현실세계로부터 물 러서게 되고, 이런 가운데 공동체 감각을 상실한 상태에서 현 실정치의 원리를 제시하고 참여를 독려한 데 있었던 것이다.22) 즉 철인왕 콤플렉스에 빠진 것이다. 흥미 있게도, 무사유의 대 표자인 아이히만도 이와 유사한 이상주의적 태도를 가지고 있 었다.23)

---

21) Hannah Arendt, "On Violence", *Crises of the Republic*, San Diago: A Harvest/HBJ Book, 1972, 110쪽.

22) Hannah Arendt, "Heidegger at Eighty", *Heidegger and Modern Philosophy: Critical Essays*, ed. by Michael Murray, New Haven: Yale University Press, 1978, 208-303쪽.

23) Hannah Arendt, *Eichmann in Jerusalem*, New York: Penguin Books, 1965, 41쪽.

4. 정치철학, 윤리, 그리고 보편성 문제

철인왕 콤플렉스가 나타나는 대표적인 예를 미국의 신보수주의의 기본 신조 가운데 하나에서 찾을 수 있다. 자유민주주의로 대표되는 미국적 가치가 보편적 가치이며, 이 가치가 무력을 통해서라도 세계에 확산되는 것이 필요하다는 것이 그것이다. 이러한 주장은 레오 스트라우스의 정치이론에 바탕을 둔것으로, 조지 W. 부시 행정부가 이라크를 침공하면서 명분으로 삼은 것이다. 그러나 이 같은 주장이 이라크 침공의 실질적인 명분이라고 믿는 사람은 아무도 없고, 또 이라크 침공이 실질적으로 그런 결과를 가져왔다고 주장하거나 장차 그렇게 될 것이라고 믿는 사람들은 없을 것이다. 그런데 여기서 우리는 가설적인 상황을 생각해 보자. 만일 한 나라가 다른 나라에 민주주의가 실행되지 않는 모습을 보고 연민을 느껴 그 나라를 지배하고 있는 독재정권을 무력으로 무너뜨리고 민주주의를 심어주려고 노력을 한다면, 그것은 용납될 수 있는 것일까? 즉 부시 행정부의 이라크 침공은 분명히 잘못된 것이었지만, 만일 그것이 진정으로 이라크에 민주주의를 가져오기 위해서 한 전쟁이었다면 정당화될 수 있었을까?

자유는 강압을 통해서도 실현되어야 하고, 민주주의적 가치는 외적 억압을 통해서라도 도입되어야 한다는 주장은 유감스럽게도 아직까지 그다지 설득력 있게 논파되지는 않았던 것 같다. 이러한 문제에 대한 대답은 철인왕 콤플렉스에 대한 이해를 통해서 가능하다. 그 같은 주장이 전제하고 있는 정치의 본질은 철학적 태도로 포착된 정치일 뿐이다. 즉 정치는 정치원리나 정치제도를 부여하는 것이고, 시민들은 그것을 수행하면 된다는 식의 정치관을 이러한 주장은 내포하고 있는 것이다. 결국 이러한 태도는 정치의 본질석 특성을 석설하게 반엉하시 못한 처방이며, 폭력을 필연적으로 수반하게 될 것이다.

서구의 자유 개념에 대해 그것에는 "오히려 억압이 깃들어 있다는 배리와 역설"을 적절하게 지적하는 방식으로 설명하는 것은 김상봉 교수가 『나르시스의 꿈: 서양정신의 극복을 위한 연습』24)에서 수행한 방식이다. 김상봉 교수는 서양정신사에 대한 다분히 독일 관념철학적인 해명을 통해서 이러한 작업을 수행하고 있다. 그에 따르면 서양정신은 타자적 정신 속에서 자기를 상실하지 못하는데, 그렇게 된 더욱 근본적인 이유는 서양의 자유 이념 자체가 타자적 주체를 배제한 자기관계를 본질로 삼고 있기 때문이라는 것이다. 타자를 자기 속에서 정립하여 자기의 내재적 계기로 만드는 것이 서양의 정신이라는 지적이다.25)

이러한 성격의 정신은 그리스 신화에 나오는 나르시스의 신화로 은유되며, 따라서 서구의 정신사는 나르시시즘의 역사라고 한다. 이를 통해 입증되는 것은 서양정신이 주장하는 보편성은 사실상 진정한 보편성이 될 수 없으며, 지역성에 불과하다는 것이다. 이러한 논리는 서양적 정신에서 발생하는 자유 개념과 민주주의 이념에 내재된 배리와 역설의 존재가 우연적인 것이 아니라 필연적임을 주장하는 근거가 된다. 역사적으로

---

24) 김상봉, 『나르시스의 꿈: 서양정신의 극복을 위한 연습』, 한길사, 2002.
25) 김상봉, 「나르시스의 꿈을 넘어」, 『시민과 세계』 제7호, 참여사회연구소, 2005, 275쪽.

북미 대륙에서 있었던 미국인들의 인디언 학살에서 그 필연성이 노정된다는 것이다.26)

철인왕 콤플렉스 개념에 비추어 김상봉 교수의 논리를 보면, 서양정신이 주장하는 보편성이 사실상 진정한 보편성이 될 수 없다는 주장보다는, 오히려 그것의 보편성의 정도가 너무 높아서 (플라톤이 추구한 보편처럼 신적 수준의 보편성이므로) 오히려 제약적 요인이 되어 버렸다고 말할 수 있을 것이다. 또한, 타자를 자기의 내면적 계기로 삼음으로써 도구화하고 노예화하는 서양의 자유로운 주체성은 철인왕 콤플렉스의 지배의지의 측면과 그대로 일치한다.

그리고 서양의 주체성이 홀로주체성이고, 그 한계를 극복한 것은 새로운 주체성, 즉 서로주체성인데, 서양정신에서는 가능하지 않은 서로주체성이 어떻게 가능할 것인가를 김상봉 교수는 보여주려 하며, 이에 따라 자유도 또한 어떤 것이 진정한, 다른 자유인가를 설명하려 한다. 우리는 너무나 남루하여 서양의 정신처럼 스스로에 대해 나르시시즘에 빠질 아름다움을 갖지 못했고, 따라서 우리의 자기의식은 부끄러움과 슬픔으로 점철된다. 자기상실을 경험한 우리는 서양처럼 자기에게로 돌아가는 경험을 자기의식 속에서 한 것이 아니라 잃어버린 자기를 찾아야 하는 불행을 감내해야 했다. 서구의 정신은 물 속에 비친 모습을 보고 그것이 자기임을 인식하여 반성 속에서 자기와 타자의 근원적 통일을 확인했지만, 우리에게 있어서 타자는 실

---

26) 김상봉 교수의 논리에 필자의 자세한 논평은 졸고, 「정치철학적 관점에서 본『나르시스의 꿈』」,『시민과 세계』제7호, 참여사회연구소, 2005, 328-338쪽 참조.

체적 타자였고, 우리가 아니었으며, 동시에 매력적인 타자였다. 그래서 우리는 그 타자와 반성을 통해 동일화의 확인을 이룰 수가 없었고, 스스로 동일하다고 해봐도 결국은 타자로 남아 있음을 확인하게 됨으로써 결국은 그 타자와 만남과 헤어짐을 반복적으로 경험할 수밖에 없었다. 그런데 김상봉 교수는 바로 이러한 불행한 자기의식이 역설적으로 진정한 주체성, 서양의 주체성과는 다른 주체성, 즉 서로주체성을 가능하게 해준다고 설명한다. 왜냐하면 서양의 정신처럼 타자를 자기화하지 못하는 가운데 우리의 자기의식은 타자를 진정한 타자적 주체로 인정하게 되고, '고향이 다른' 자아들을 그곳으로 돌려보낼 수도 있기 때문이다.

이러한 주장을 철인왕 패러독스의 관점에서 다시 설명하자면, 나르시스가 느낀 자신의 아름다움은 자신이 철인왕으로서의 높은 지위에서 말미암은 것이고, 우리가 느껴야 했던 불행한 자기의식은 철인왕이 지시한 것을 수행해야 하는 수행자의 의식이라고 볼 수 있다. 하지만 김상봉 교수는 서양이 확보하지 못한 서로주체성이 부끄러움과 슬픔으로 점철된 우리에게서 가능하다고 보지만, 철인왕 패러독스의 관점에서 보자면 서로주체성의 확보는 이 구조에서는 근원적으로 불가능하며, 이러한 구조 자체를 붕괴하고 모두가 평등한 정치적 관계를 회복할 때에만 서로주체성이 가능하다는 주장이 된다.

사실 김상봉 교수가 제안한 서로주체성이란 주체들 간의 평등한 상태에서 이루어지는 관계를 말하는 것이고, 이는 철인왕 콤플렉스에서는 처음부터 배제되었던 것이다. 이제 이러한 논의를 통해 우리가 다시 생각해 보아야 할 것은 우리가 보편성이라는 말로 확보하려고 했던 이론의 힘이다. 보편적 원리를 발견한다는 것은 그 원리가 모든 사람들에 대해 단 한 사람의 예외도 없이 적용할 수 있는 원리를 발견한다는 것, 다시 말해 모든 사람들에게 강제할 수 있는 원리를 발견한다는 것이다. 보편화 가능성이란 보편적 강제의 가능성을 말한다. 강제가 상부에서 오는 권위처럼 되도록 하는 것이 철인왕의 기능이라면, 이 강제가 평등한 개별 주체들이 상호적 관계에서 발견하도록 하는 것이 동일한 문제를 철인왕 콤플렉스를 벗어나 바라보려고 하는 시각이다. 이렇게 볼 때 이 두 입장은 보편성의 출발점이나 지위를 달리 보고 있는 것이다. 전자의 경우는, 비유적으로 말해, 상부에서 권위적 형태로 부과되는 것인 반면, 후자의 경우는 옆에서 수평적으로 형성되는 것이라고 할 수 있다.

철인왕의 진리 통찰에 기초한 보편성의 확보나 절대주의의 입장은 동일한 것이다. 여기에는 한 개인 또는 집단이 다른 개인 또는 집단보다 우월하다는 의식이 지배하고 있다. 그리고 이 의식의 바탕에는 능력을 가르는 어떤 기준이 작용하고 있는 것이다. 철학적 사유의 실천에서 철학자는 이러한 기준에 비추어 탁월성을 지닌 사람들이다. 하지만 이러한 기준을 인간사의 영역, 정치의 영역에 적용할 때는 문제는 달라진다. 철학자들이 자신의 전공 영역에서 벗어나 일상사에서도 마찬가지의 탁월성을 가지고 있다고 생각할 때 철학자들은 사람들의 비난을 받기가 십상이다. 자신의 배우자로부터나 주변의 친구들로부터 빈정거림을 받는 것은 물론이다. 이는 학문의 영역에서 활동하는 사람이 공통적으로 처해 있는 운명이다. 선생을 하던 사람이 사업을 하면 모두 실패한다는 말은 선생이 움직이고 권위를 갖는 세계와 일상사의 세계가 다르기 때문이다. 철인왕 콤플렉스의 문제는 수직적 권위가 가능한 세계에서 획득한 지위를 평등한 관계가 요구되는 세계에 적용하려는 데 있는 것이다.

5. 맺는 말

보편윤리에 대한 관심에서 중요한 것은 어떤 보편성을 추구하는가 하는 점이다. 이성적 권위에 의존하여 철인왕과 같은 태도로 찾아낸 보편윤리를 모든 사람에게 적용할 수 있다고 믿는 태도는 실패할 수밖에 없다. 세계화에 대한 철학적 담론으로서의 보편윤리가 이러한 구조를 취할 때 실패는 필연적이다. 보편윤리를 통해 확보하려고 의도한 세계는 결코 그러한 방법으로는 획득될 수 없다는 말이다. 또한 그러한 보편성은 개인 간의 진정한 관계의 형성이 아니라 피상적 관계를 만들어낼 뿐이며, 따라서 코스모폴리탄적 우울과 타인의 조소를 낳을 수밖에 없다.

인권의 보편성도 마찬가지이다. 철인왕과 같은 태도로 주장된 인권 개념도 역시 공허할 수밖에 없다. 인권의 내용을 들여다보면 내용이 텅 빈 형식으로 나타난다는 황경식 교수의 말[27]도 인권이 철인왕 콤플렉스에 기초할 때의 모습이다. 다음과 같은 한 재일동포의 예를 들어보자.

소학교(초등학교) 시절 어느 재일조선인 아이가 두들겨 맞고 있

---

27) 황경식, 『철학: 구름에서 내려와서』, 동아일보사, 2001, 146쪽.

는 현장을 우연히 목격한 적이 있다. 일본인 악동들이 "조센, 조센"이라 욕하면서 때리고 있었다. 그 아이는 가난한 조선인들이 모여 사는 지역에 살고 있었고 할머니가 흰 치마저고리 차림에 배 모양의 고무신을 신고 다녔기 때문에 누가 보더라도 조선인임을 한눈에 알아볼 수 있었던 것이다.

나는 아이가 낼 수 있는 최대의 용기를 발휘해 "폭력은 그만둬", "약자에게 이지메(해코지) 하지 마"라고 외치며 말리고 나섰다. 그 래서 그 일은 수습이 됐지만 내게는 꺼림칙한 생각이 남았다. 내게 는 기껏 "폭력은 그만둬"라는 일반적인 도덕률을 휘두를 용기밖에 없었고 "나도 조선인이야"라고 선언한 용기는 없었다. 자신도 두들 겨 맞을 각오까지는 할 수 있었지만 굳이 일상적인 차별을 받는 처 지까지를 감내할 각오는 할 수 없었던 것이다. "약자에게 이지메 하 지 마"라는 건 자신을 '약자' 즉 '조선인'이 아닌 위치에 두고 하는 말투로, 위선적인 말이다. 두들겨 맞고 있던 조선인 아이는 그 자리 를 떠날 때 힐끗 나를 쳐다봤는데 그것은 도와준 데 대해 감사하는 눈빛이 아니었다. 자신을 때린 일본인을 보는 것과 같은 눈빛이었 다. 당연했을 것이다. 그가 보기에 나는 아무리 정의파처럼 처신해 도 자신을 차별하고 때린 또래들의 한 명에 지나지 않았던 것이다. 그때부터 나는 '일본인'만은 되지 않겠다고 계속 다짐했다.[28]

이 글의 저자 서경식이 어린 마음에 가졌던 '꺼림칙함'은 자 신이 철인왕의 자리에서 문제해결을 하였던 데서 발생하는 것 이며 따라서 그는 '일본인이 되지 않겠다'는 마음으로 그 자리 에서 물러나올 것을 생각한 것이다. 또한 그의 '꺼림칙함'은 철 인왕의 태도로 만들어진 '일반적 도덕률'로는 문제의 해결이 되지 않았다는 자각에서 온 것이다. 문제의 해결은 역시 일본

---

28) 서경식, 「일본인입니까?」, 『한겨레신문』(한겨레 18.0), 2006년 4월 14 일자, 7면.

인이 되지 않고 조선임임을 회복하는 데 있음을 자각한 것이다.

윤리의 보편성을 주상한다고 해서 무소건 철인왕 콤플렉스에 빠져 있는 것은 아니다. 보편성의 지위를 어떻게 이해하고 있는가가 관건이 된다. 인류를 보편성의 기준으로 단일적 인간존재(Man)로 볼 것인가, 아니면 다양한 사람들(men)이 모여 형성된 것으로 이해할 것인가가 중요하다.[29] 우리에게 중요한 것은 이러한 개개인들과의 구체적인 만남을 통해 보편성을 확인하는 것이라고 할 수 있다. 이러한 만남 속에서 일상을 영위하는 개인들에게 '보편윤리'가 존재하지 않는 것처럼 보이지만, 어쩌면 이 구체적인 개인이 갖고 있지 못한 것은 자신이 살아내고 있는 '보편윤리'를 구체적인 언어로 명료화하는 능력인지도 모른다. 철학자가 할 일은 이들에게 보편윤리를 부과하는 것이 아니라, 그들이 살아내고 있는 보편윤리를 읽어내는 작업이 아닐까.

참고문헌

강성위, 「세계평화와 윤리」, 『아카데미論叢』 vol. 11, no. 1(983).
권용혁, 「세계화와 보편윤리」, 『사회와 철학』 vol. 1, 사회와철학연구회, 2001.

---

29) Hannah Arendt, *Lectures on Kant's Political Philosophy*, Chicago: The Chicago University Press, 1982, 김선욱 옮김, 『칸트정치철학강의』, 푸른숲, 2002, 67쪽.

김경현, 「기원전 2세기 로마의 정치와 스토아사상」, 『西洋史論』 vol. 27, no. 1, 1986.

김상봉, 「나르시스의 꿈을 넘어서」, 『시민과 세계』 vol. 7, 2005.

_____, 『나르시스의 꿈: 서양정신의 극복을 위한 연습』, 서울: 한길사, 2002.

_____, 『호모 에티쿠스: 윤리적 인간의 탄생』, 서울: 한길사, 1999.

김선욱, 『정치와 진리』, 서울: 책세상, 2001.

_____, 『한나 아렌트 정치판단이론』, 서울: 푸른숲, 2002.

_____, 「정치철학적 관점에서 본 『나르시스의 꿈』」, 『시민과 세계』 vol. 7, 2005.

_____, 「세계화 시대의 국가 개념에 대한 철학적 반성」, 한국철학회 편, 『철학과 인접학문의 대화』, 서울: 철학과현실사, 2004.

김여수, 「21세기 윤리를 위한 공동의 틀」, 『철학과 현실』 vol. 46, 2000.

김영한, 「보편 윤리와 기독교 문화」, 『보편윤리와 전통문화 1』, 제15회 한국철학자대회보, 2002. 11.

김용호, 『세계화 시대의 공력 쌓기: 대중교육의 새로운 패러다임』, 서울: 삼성경제연구소, 2005.

김재홍, 「상식의 철학자 에픽테토스와 스토아 윤리학」, 『西洋古典學研究』 vol. 17, 2001.

박영희, 「헬레니즘 시대의 교육과 철학」, 『西洋古典學研究』 vol. 12, no. 1, 1998.

박정순, 「인권 이념의 철학적 고찰」, 『철학과 현실』 vol. 68, 2006 봄.

안병영·임혁백, 『세계화와 신자유주의: 이념, 현실, 대응』, 서울: 나남출판, 2000.

양해림, 「문화다원주의 시대는 보편적 정치윤리를 요구하는가?」, 『哲學研究』 vol. 87, 2003.

오영달, 「칸트의 영구평화론: 개인, 국가 그리고 국제적 분석 수준」, 『평화연구』 vol. 11, no. 4, 2003.

이경재, 「보편윤리의 현실적 가능성과 그 전제: 토미스 이퀴니스 사상에 입각하여」, 『보편윤리와 전통문화 2』, 제15회 한국철학자대회보, 2002. 11.

이동희, 「동아시아적 콘텍스트와 인권, 그리고 보편윤리」, 『사회와 철학』 vol. 5, 사회와철학연구회, 2003.

이삼열, 「세계화의 불안과 세계시민적 이성」, 『철학과 현실』 vol. 42, 1999 가을.

이상인, 「스토아의 자유 정초」, 『汎韓哲學』 vol. 36, 2005.

이창우, 「스토아 윤리학의 아리스토텔레스적 해석」, 『哲學硏究』 vol. 46, no. 1, 1999.

_____, 「스토아 철학에 있어서 자기지각과 자기애」, 『철학사상』 vol. 17, 2003.

_____, 「'코스모폴리스' 개념」, 『哲學硏究』 vol. 50, no. 1, 2000.

이효선, 「사회복지 기본가치와 보편적 윤리의 관계성에 관한 연구: 칸트를 넘어 하버마스까지」, 『한국사회복지』 vol. 6, 2002.

장동진·장휘, 「칸트와 롤즈의 세계시민주의」, 『정치사상연구』 vol. 9, 2003.

조난심, 『도덕과 교육과정 개선 방안 연구』, 한국교과과정평가원 보고서, 서울: 신성인쇄사, 2005.

조남진, 「스토아 사상과 로마법」, 『서양고대사연구』 vol. 2, 1994.

황경식, 「보편윤리와 지구촌 정의」, 『人文科學』 vol. 32, 2002.

_____, 『철학: 구름에서 내려와서』, 동아일보사, 2001.

데이비드 헬드 외, 『전지구적 변환』, 조효제 옮김, 서울: 창작과비평사, 2002.

Arendt, Hannah, "Heidegger at Eighty", *Heidegger and Modern Philosophy: Critical Essays*, ed. by Michael Murray, New

Haven: Yale University Press, 1978.

_____, *Crises of the Republic*, San Diago: A Harvest/HBJ Book, 1972.

_____, *Eichmann in Jerusalem*, New York: Penguin Books, 1963.

_____, *The Human Condition*, Chicago: The Chicago University Press, 1958.

_____, *Lectures on Kant's Political Philosophy*, Chicago: The Chicago University Press, 1980, 김선욱 옮김, 『칸트정치철학강의』, 서울: 푸른숲, 2002.

_____, *The Promise of Politics*, New York: Schoken Books, 2005.

Habermas, Jürgen, "Discourse Ethics: Notes on a Program of Philosophical Justification", *Moral Consciousness and Communicative Action*, trans. by Christian Lenhardt and Shierry Weber Nicholsen, Cambridge, Mass.: The MIT Press, 1993.

Aurelius, Marcus, *The Meditations*, trans. by G. M. A Grube, Indianapolis: Hackett Publishing Company, 1983.

Platon, *The Collected Dialogues*, ed. by Edith Hamilton and Huntington Cairns, Princeton: The Princeton University Press, 1961.

http://www.sarangbang.or.kr/kr/info/UN/un1_UDHR.html

http://www.unesco.org/opi2/philosophyandethics/

한국철학에서의 세계화 갈등*
조선 유학을 중심으로

김 형 찬

고려대 철학과

1. 들어가는 말

새로운 외래문화를 빠른 시간 내에 받아들이되, 어떻게 하면 지역 내에서 형성된 문화적 전통과의 갈등을 최소화하며 소화해 낼 것인가? 이것은 그 시대를 주시하면서 살아가는 지식인이라면 어느 지역의 지식인이든 가지게 되는 고민일 것이다. 특히 대륙과 해양의 문화가 들고나는 흐름의 길목에 있는 한반도의 지식인이라면 어느 시대에나 가질 수밖에 없는 현실적 고

* 이 글은 '2006년 한국철학회 춘계학술대회'(2006년 5월 27일)에서 발표됐던 것으로, 당시 지정토론자였던 이상호 교수(대구한의대) 및 참가자들의 질의를 참고하여 일부 수정·보완한 것이다.

민이다. 늘 외래문화의 유입에 대응하며 자신의 정체성을 형성하고 지켜내 온 한반도의 인문지리적 조건은 '한국철학'에도 그대로 적용된다. 한국철학은 18세기까지 '아시아'라는 세계 속에서 동북아시아의 정세 변화와 문화 변동에 대처하면서 만들어졌고, 서구인들의 동아시아 진출이 본격화된 19세기 무렵부터는 그야말로 전지구적 질서의 재편 속에서 살아남기 위해 고투를 벌이면서 또 다른 방식으로 변모했다.

그런데 일제강점기 36년을 거치고 미국을 비롯한 서구의 절대적 영향력 아래에서 60여 년을 지내오면서, 한국의 지식인들은 일제의 식민사관 아래서 한없이 왜소해진 한민족의 자존심을 회복하는 데 한세월을 보냈고, 서구문물의 압도적 우위 속에서 한국문화의 존재 가치를 주장하느라 다시 한세월을 지냈다. 그 중에서도 한국철학 연구자들은 서구의 이른바 '근대적' 학문틀에 맞춰서 한국 전통의 지적 자산을 분석하고 재구성하는 데 대부분의 시간과 노력을 바쳐야 했다. 그 과정에서 한국철학의 관심 영역은 '한국전통철학의 복원과 재평가'라는 데로 집중됐고, 당면한 현실의 문제에 대한 철학적 대응의 역할은 뒷전으로 밀려났다.

하지만 한국철학이 당대의 문제로부터 한 발 물러서서 지난 시대의 문헌을 재해석하는 데만 골몰한 것은 일제강점기 이후 나타난 현상이다. 한국철학이 한반도 밖의 세계 변화에 대해 침묵한 채 한반도 내의 지적 유산에 시선을 고정한 것도 일제강점기 이후 일반화된 현상이다. 물론 20세기의 관점에서 한국인의 지적 전통을 재평가하는 일은 식민지 시대를 겪은 한국의 지식인들에게 주어진 피할 수 없는 사명이었고, 그런 방식의 연구 과정에서 얻은 성과도 적지 않았다. 하지만 그 과정에서 한반도 안팎에 펼쳐진 새로운 문화와 현실의 변동에 대응하며 한국철학이 당대의 역사 속에서 작동하도록 하는 데 소홀했던 것도 사실이다.

이 글에서는 한국철학이 어떻게 한반도 안팎의 세계에 대처하고 현재와 미래의 변화에 대비하는 현실 대응 기능을 회복할 수 있는가 하는 문제를 제기해 보고자 한다.[1] 이러한 논의를 위해 주제를 '한국철학에서의 세계화 갈등'으로 정했다. 강대국들의 이해관계가 첨예하게 교차하는 한반도의 지식인들이 현실에서 부딪히게 되는 가장 중요한 문제 중 하나가 바로 한반도의 운명에 절대적 영향력을 미치는 세계질서의 변화를 어떻게 받아들일 것인가 하는 문제이기 때문이다. 사실상 이런 문제의식은 역사 이래로 한반도의 지식인이라면 누구나 가져왔을 법한 것이다. 그것은 한반도 바깥 세계의 흐름을 어떻게 수용하면서 다른 한편으로 한국의 정체성을 지켜나갈 수 있을 것인가 하는 문제이고, 달리 말하면 어떻게 한국인의 가치 기준을 이른바 전지구적 기준(global standard)에 맞추면서도 '한국인'답게 살아갈 수 있는가 하는 문제이다.

그런데 이런 오래된 문제가 이제 와서 새삼 어렵게 느껴지는 것은, 앞에서 지적했듯이 일제강점기 이래로 한국철학이 그 현

---

1) 필자는 이 문제를 최근 논란이 되고 있는 '동아시아공동체' 논의와 관련해서 다룬 바 있다(「동아시아공동체와 한국철학의 정체성」, 『오늘의 동양사상』 제14호, 2006 봄·여름호, 예문동양사상연구원). 그리고 이번에는 조선시대의 지식인들이 현실의 변화에 철학적으로 어떻게 대처했는가를 검토하며 논의를 조금이나마 진전시키고자 한다.

실대응력을 상당 부분 상실했기 때문일 것이다. 그러므로 필자는 이 문제를 논의하기 위해 근 백 년의 예외적 공백기를 건너뛰어 19세기 이전의 한국철학사 속으로 들어간다. 물론 한국철학의 오랜 역사를 돌아보면 고구려·백제·신라의 불교, 여말선초의 성리학, 18세기의 청나라 문화, 18-19세기 천주교와 서구문화 등 새로운 외래문화를 받아들이는 과정에서 여러 차례의 심각한 '세계화' 갈등이 있었음을 확인할 수 있다. 하지만 필자는 논의를 효율적으로 진행하기 위해, 수천 년의 한국철학사 속에서도 일제강점기의 바로 앞 시기인 조선시대에 주목한다. 그리고 다양한 방식으로 이루어진 갈등의 과정들보다는 그러한 갈등과정을 거쳐 뚜렷한 성과를 거둔 한국철학의 '성공사례'에 초점을 맞추고자 한다.

즉, '일제강점기의 앞 시기인 조선시대에 자신들의 사회와 세계(동아시아)의 문제의식을 자신의 학문 속에 담아냈고, 나아가 이에 대한 고뇌와 탐구를 통해 당대의 사회뿐 아니라 인류역사에서 보편적으로도 유의미한 성과를 내놓았다고 평가할 수 있는 한국철학'의 사례를 검토하겠다는 것이다. 필자는 이러한 기준에 적합한 대상으로 조선시대의 대표적인 철학자로 평가되는 이황, 정약용, 최한기를 선택했다. 이들의 학문 형성과정에 대한 고찰을 통해 한국의 지식인이 한반도에서 세계의 변화에 대해 어떻게 대응해 왔는지, 그리고 어떻게 철학사에 의미 있는 성과를 내놓을 수 있었는지 밝혀보고자 한다. 현재의 한국철학이 당면한 세계화의 문제도 이와 같은 과거의 경험에 대한 고찰을 통해 그 대응책의 실마리를 찾을 수 있을 것이다.

2. 도덕에 의한 통치의 구상

이황(李滉, 1501-1570)이 태어난 시기는 불교와 귀족정치의
폐해를 비판하고 성리학을 국가이념으로 표방한 혁명세력이 조
선을 건국한(1392) 지 한 세기가 지나서였다. 그 사이 혁명세
대는 세상을 떠났고, 왕위계승을 둘러싼 치열한 투쟁을 거치면
서 1455년 세조 옹립과 1506년 중종 반정을 통해 권력을 장악
한 훈구파와, 재지사족 출신의 신흥 지식인 관료층인 사림파가
정치 · 경제적으로 집권층의 양대 세력을 형성하고 있었다.

이 시기는 또한 권력의 중심부에 진입한 사림파 지식인들이
성리학의 이상을 현실정치에서 구현하려다 권력투쟁 과정에서
집단적으로 희생되는, 이른바 '사화(士禍)'의 시대였다. 지식인
들이 국가권력에 깊숙이 개입하는 만큼 그에 대한 견제도 거세
졌던 것이다. 김종직, 김굉필, 조광조, 이언적 등 수많은 지식인
관료들이 1498년(연산군 4) 무오사화, 1504년(연산군 10) 갑자
사화, 1519년(중종 14) 기묘사화, 1545년(명종 즉위) 을사사화,
1547년(명종 2) 정미사화 등 연이은 사화로 인해 죽음을 당했
다. 특히 을사사화와 정미사화는 왕실의 외척이 훈구파와 사림
파보다도 더 강력한 정치세력으로 부상하면서 일으킨 사화였
다.

이황이 관직에 나아가 활동하던 시기(1534-1549)는 이처럼
외척의 득세에 따라 훈구파 대 사림파의 양립구도도 무너지고,
지식인 관료에 의한 통치를 지향했던 성리학적 정치의 이상이
크게 왜곡돼 가던 시기였다. 이황은 을사사화 이후 외척세력에
의해 농단되는 정치현실로 인해 무력감에 빠져 가던 지식인 사

회의 모습을 보면서 관직을 떠나 학문에 전념하기로 마음을 정했던 것으로 보인다.2) 1549년 말(49세) 그는 수차례에 걸쳐 제출했던 사직서가 받아들여지지 않자 임지를 무단이탈해 고향인 안동으로 돌아갔다. 그 이듬해 8월에는 이황의 형인 이해(李瀣)가 외척 윤원형의 심복인 이기(李芑)를 탄핵했던 일로 인하여 장형을 받고 귀양 가다가 사망하는 일도 발생했다. 안동 출신의 재지사족인 이황이 관직을 떠나 고향으로 돌아간 것은 바로 1545년 을사사화부터 1565년 문정왕후의 사망으로 사림이 복권되기까지 사림파 최악의 시기 중 한복판이었다. 그는 바로 이 시기에 15년 간의 관직생활을 마감하고 고향에 내려와, 도산서당을 건립해 성리학을 연구·전파하고 예안향약을 세워 성리학적 삶의 양식이 사람들의 의식과 생활 속에 뿌리내리도록 하는 일에 전념했다.3)

당시 그가 가졌던 문제의식은 낙향 후 죽는 날까지 21년 간 이루어진 그의 학문활동을 통해서 엿볼 수 있다. 대표적인 그의 학술적 저술을 연도별로 정리해 보면 다음과 같다.4)

---

2) 이황의 제자인 趙穆은 이황이 "20여 세에 진사로서 성균관에 있을 때 을사사화를 겪은 뒤인지라 선비들의 습속들이 날마다 방탕해져" 가고 있었다며 당시 이황이 목격했을 지식인 사회의 상황을 전하고 있다. 정순목 역편, 「退溪先生 言行錄」, 『퇴계학 연구논총』 10, 경북대 퇴계연구소, 1997, 162-163쪽.

3) 이황의 생애에 관한 내용은 「退溪先生年譜」, 『退溪集』 3, 한국문집총간 31 및 「퇴계선생연보」, 김광순 주해, 『퇴계학 연구논총』 10 참조.

4) 연도별 저서 분류는 「退溪先生年譜」 및 「연도별 주요저술 목록」(정순목 요약, 『퇴계학 연구총서』 10)을 참고하여 정리함.

1553년 「천명도설후서(天命圖說後敍)」

1556년 『주자서절요(朱子書節要)』

1559-1563년 『송계원명이학통록(宋季元明理學通錄)』

1560년 '사단칠정논변(四端七情論辨)' 시작

1566년 「심경후론(心經後論)」

1568년 「무진육조소(戊辰六條疏)」, 『성학십도(聖學十圖)』

이 중 「천명도설후서」, 『주자서절요』, 『송계원명이학통록』, 「심경후론」은 이황이 자기 학문의 기반이 된 글들을 정리하거나 그 글들에 대한 자신의 생각을 기술한 것이고, '사단칠정논변'은 이황 자신의 철학적 입장을 확립하는 데 중요한 계기가 된 논쟁이다. 그리고 17세의 소년왕 선조에게 바친 「무진육조소」와 『성학십도』는 성리학적 이상을 구현하기 위해 통치자로서 취해야 할 자세와 학문에 대해, 이황이 평생 연구한 학문의 성과를 바탕으로 정리한 것이다.

이러한 학문 활동의 기반이 된 것은 『성리대전(性理大全)』, 『심경부주(心經附註)』, 『주자대전(朱子大全)』이었다.5) 이황은 19세에 『성리대전』의 일부를 처음 보았고, 33세에 『심경부주』, 43세에 『주자대전』을 읽고는 평생 그의 학문의 지침으로 삼았다. 『심경부주』는 주희를 사숙한 진덕수(眞德秀)가 편찬하고 명나라의 유학자 정민정(程敏政)이 주석을 단 책으로 도덕적 심성의 수양에 관한 글을 모아 정리한 것이다. 『성리대전』 역

---

5) 이 세 가지 서적과 이황의 학문 형성 사이의 관계에 대한 상세한 내용에 관해서는 이상은, 『퇴계의 생애와 학문』, 예문서원, 1999, 83-107쪽 참조.

시 명나라 때 편찬된 책으로 북송오자(北宋五子: 張載, 邵雍, 周敦頤, 程顥, 程頤)와 주희의 저술을 비롯해 제자백가를 섭렵하며 우주론에서 심성론, 통치론에 이르는 성리학의 전체 구조를 체계적으로 보여줄 수 있도록 편찬된 것이고, 『주자대전』은 성리학을 집대성한 주희의 글들을 모은 것이다. 이처럼 이황은 주희가 세운 성리학의 체계를 그의 학문의 기반으로 삼았다.

관직을 버리고 고향으로 돌아와 학문에 전념하던 그는 우선 주자학의 핵심을 정리해 학습과 교육을 위한 자료집(『주자서절요』)을 편찬하고, 입수 가능한 모든 자료를 모아 주희와 그 주변 인물들의 학문을 검토하며 당대의 철학사(『송계원명이학통록』)를 집필했다. 이렇게 기존의 학문적 성과에 대한 검토를 바탕으로 젊은 학자인 기대승(奇大升)과 사단칠정의 문제에 관해 논하며 인간의 도덕적 심성이 어떤 과정을 거쳐 현실에서 기능하는가에 대해 심도 깊은 논의를 진행했다. 그리고 이러한 학문적 탐구의 과정에는 그가 늘 제자들에게 읽기를 권했던 책인 『심경부주』의 심성·수양론이 기반이 되었다.

여기서 한 가지 주목할 것은 그의 학문방법이다. 그는 『주자서절요』를 편찬하면서 주자학의 핵심 이론만을 정리하는 데 목표를 두지 않았다. 이론적 저술보다는 주희가 제자나 지인들과 나눈 편지글들을 두루 수록해 주희의 학문이 그의 삶 속에서 드러나는 모습을 보여주고자 했다. 주자학 관련자들의 학문을 정리해 『송계원명이학통록』을 저술한 것도 다양한 사람들과의 교류를 통해 펼쳐지는 주자학의 생생한 면모를 전해 주기 위해서였다.

또한 기대승과 사단칠정논변을 벌이면서도 이황이 궁극적으로 추구했던 것은 논리적 정합성을 갖춘 치밀한 논증이나 이론 체계가 아니었다. 그는 사단과 칠정이 모두 기가 발하고 리가 그것을 타고 있는 형식으로 드러난다(氣發而理乘之)는 기대승의 설명이 잘못되었다고 비판하지 않았다. 그가 지적하는 것은 "맹자의 의도가 다만 '인의예지(仁義禮智)'로부터 순수하게 발출하는 것을 지목해서 말함으로써 성(性)이 본래 선함을 드러내려 한 것"이듯이, 선한 본성의 온전한 발현인 사단과 선악의 가능성을 모두 가진 칠정의 발현과정을 명확히 구분함으로써 인간이 자신의 선한 성정(性情)을 능동적으로 구현할 수 있다는 것을 분명히 제시하는 것이 교육상 효율적이라는 입장이었다.[6] 이황이 지향했던 것은 논리적 정합성이나 이론적 체계성을 넘어서는 실천적·교육적 효과였고, 그것은 물론 도덕적 본성의 온전한 발현을 통해 조화로운 이상사회를 구현한다는 성리학적 사회관을 바탕으로 한 것이었다. 그가 무작위(無作爲), 무형상(無形狀)을 그 특징으로 하는 리(理)에 대해 리발(理發), 리동(理動), 리자도(理自到) 등 오해를 불러일으킬 수도 있는 용어를 사용하면서까지 사단을 칠정과 다른 방식(理發而氣隨之)으로 설명하려 한 것은 그 때문이었다.[7] 그 후 19세기까지 조선의 지식인이라면 누구나 이 문제에 대해 나름의 입장을 가져야만 했을 정도로 조선 최대의 학문논쟁이 된 이 논쟁은, 이

---

6) 李滉, 「答奇明彦(論四端七情第二書)-後論」, 『退溪集』(한국문집총간), 16:41a-b. 사단칠정논변에 대한 이황의 입장에 대해서는 김형찬, 「理氣論의 一元論化 연구」(고려대 박사학위논문), 1996, 53-58쪽 참조.

7) 이황이 理發, 理動, 理自到 등을 주장하는 의미에 대한 구체적인 논의는 윤사순, 「존재와 당위에 관한 퇴계 이황의 일치시」, 『한국유학사상론』, 예문서원, 1997; 김형찬, 앞의 논문, 46-58쪽 참조.

황의 입장에서 보면, 누구의 이론이 논리적으로 옳은가를 따지는 문제가 아니었다. 그것은 어떻게 설명하는 것이 사람들로 하여금 도덕적 본성과 그 작용과정을 이해하고 도덕적 실천을 하도록 하는 데 더 효율적인가를 밝히는 교육·실천의 문제였다. 이러한 이황의 문제의식은 그가 말년에 소년왕 선조에게 바친 「무진육조소」와 『성학십도』에서 더욱 분명하게 드러난다.

「무진육조소」는 심성의 수양을 통해 인(仁)·효(孝)를 실천함으로써 주변의 간신배들에게 흔들리지 않고 바른 정치를 행할 수 있도록 왕이 지켜야 할 자세를 여섯 가지 조목으로 정리한 것이다. 『성학십도』는 우주론에서 심성론, 수양론에 이르는 성리학의 핵심을 요약·정리해 평소에 학문과 수양의 지침으로 삼도록 편찬한 책으로, 선조가 성리학을 학문적 토대로 하여 선정(善政)을 펼치도록 하려는 것이었다. 이황은 '내성외왕(內聖外王)'을 학문·수양의 궁극적 목적으로 삼는 유학의 전통을 충실히 계승했고, 그러한 학문적 성과의 결정체가 바로 「무진육조소」와 『성학십도』였다. 인간이 자연으로부터 도덕적 본성을 부여받았을 뿐 아니라 이를 실천할 의지와 능력을 가지고 있음을 체계적으로 설명하는 것이 이황이 학문을 하는 일차적 목표였고, 이를 현실에서 구현할 수 있도록 학습하고 수양함으로써 성리학적 이상사회를 만들어 가도록 하는 것이 그 궁극적 목표였던 셈이다. 특히 새로 즉위한 어린 군왕을 위해 말년의 노학자가 편찬한 『성학십도』에는 『심경부주』에서 그가 주목했던 심성·수양론의 문제의식과 사단칠정논변을 통해 구축된 그의 심성이론이 명시적으로 반영돼 있어, 그의 학문이 지향했던 바를 상징적으로 보여준다.8)

그가 세상을 떠나기 1년 전인 1569년 선조와의 최후 대면에
서 마지막으로 강조했던 것은, 바로 그가 관직을 떠나게 된 간
접적 원인이었던 사화(士禍)에 대한 경계였다. 간신의 무리들이
군주의 곁에서 권력을 농단하지 못하도록 군주의 총명함을 지
키라는 것9)이 군왕을 위해 그가 했던 최후의 조언이었고, 「무
진육조소」와 『성학십도』는 이를 위한 지침서였던 셈이다. 이러
한 사실을 미루어 볼 때, 관직을 떠나올 때부터 말년까지 이황
이 추구했던 것은 세상의 혼돈 속에서도 흔들리지 않고 '내성
외왕(內聖外王)'의 자세를 견지하며 의·리(義·理)를 실천할
수 있는 학문적 토대와 실천적 수양방법을 구축하는 것이었음
을 알 수 있다. 이황은 법과 제도에 의한 통치가 아니라 도덕
에 의한 통치를 지향했던 유학 혹은 성리학의 이상을 험난한
정치현실에서 구현하기 위해, 당시 중국에서 진행되고 있던 성
리학의 최신 성과들을 바탕으로 이론적 탐구를 했던 것이다.
그리고 그 학문적 성과와 문제의식은 조선의 지식인들에게 계
승되어 조선이 성리학의 이상을 지향하는 국가로 300년 이상을
더 존속하는 데 기여하게 된다.

3. 18-19세기 조선에서 요청된 절대자

전도유망한 학자로서 지식인 관료의 길을 순탄하게 가고 있

---

8) 이황은 특히 『성학십도』 중 「心統性情圖」에서 中圖와 下圖를 직접 그
   려서 사단칠정논변을 통해 자신이 세운 心性에 대한 입장을 반영했다.
   「第六心統性情圖」, 『退溪集』 1(한국문집총간 29), 7:22b.

9) 「年譜」, 三年 己巳(69歲) 三月條, 『退溪集』 3, 年譜2:19a-b.

던 정약용(丁若鏞, 1762-1836)의 삶을 바꾸어 놓은 것은 서학 (西學)과의 만남이었다. 서학이라는 이름으로 전해진 천주교는 정약용의 삶과 학문에서 질곡인 동시에 새로운 가능성이었다. 군왕의 총애를 받던 그가 관직에서 물러나는 빌미가 됐던 것도 천주교를 공부했다는 사실이었고, 형제와 조카들이 죽어 가는 것을 그저 지켜보아야만 했던 것도 천주교와의 인연 때문이었 다. 또한 한창 뜻을 펼치던 40세에 유배를 가서 18년 간이나 돌아오지 못했던 것도 천주교 때문이었다. 수차례의 상소문과 「자찬묘지명(自撰墓誌銘)」에서 밝힌 대로 정약용이 진실로 천 주교와 결별했는가에 대해서는 아직도 논란이 있지만, 여하튼 천주교를 접한 경험은 잘 나가던 그의 인생길을 가로막는 장애 물이 된 동시에, 18년 간의 유배생활을 통해 자신만의 학문세 계를 구축할 수 있는 시공간적 기회와 사상적 돌파구를 얻는 계기가 되기도 했다.

그럼에도 지적, 사상적 기반을 고려할 때 정약용은 역시 조 선의 유학을 정통으로 계승한 유학자였다.10) 그는 16세(1777) 때 기호남인인 이익(李瀷, 1681-1763)의 유고를 처음 본 뒤 줄 곧 그를 사숙했고, 또한 남인의 학문적 원조인 이황을 존경하 며 그의 글에 깊은 감화를 받았다. 그는 유배 가기 전에 이미 「십삼경책(十三經策)」(29세, 1790), 『시경강의(詩經講義)』(30세, 1791), 『사기찬주(史記纂註)』(37세, 1798) 등을 저술하고 『춘 추좌씨전(春秋左氏傳)』(36세, 1797)을 교정해 군왕 정조에게

---

10) 정약용의 생애와 학문활동에 관한 이하의 서술은 정약용의 「自撰墓誌 銘」(集中本 및 壙中本, 『與猶堂全書』, 한국문집총간 281, 제1집 16: 1a-20a)을 토대로 한 것이다.

바친 총명하고 성실한 조선의 경학자(經學者)였고, 또한 18세기의 '개혁군주'로 평가되는 정조의 왕권강화를 통해 조선을 변화시키려 했던 유생 성지가였다. 그는 또한 조선 후기 실학의 선구자로 평가되는 이익을 사숙했다는 데서도 알 수 있듯이, 새로운 문물과 학문에 대해 남다른 관심을 가진 지식인이었다. 그는 한강 부교(浮橋, 28세, 1789)나 수원 화성(華城, 31세, 1792) 등의 건설에 기술적인 조언을 하며 직접 관여했을 뿐 아니라, 『마과회통(麻科會通)』이라는 의서(醫書)를 저술했을(36세, 1791) 정도로 현실에 적용할 수 있는 새로운 지식의 습득과 전파에 적극적이었다. 그런 그가 당시 지식인들 사이에 새로운 학문으로 유행하던 천주교에 관심을 기울이게 된 것은 당연한 일이었다.

17세기 초에 중국을 거쳐 조선에 알려진 천주교는 18세기 후반 무렵에 조선의 지식인 사이에서 유행처럼 번지고 있었다. 이익의 수제자인 안정복의 기록에 따르면, 당시 지식인이라면 천주교 서적 한두 권쯤은 도교나 불교 서적과 같이 서재에 비치해 두고 읽는 것이 일반화된 현상이었다.11) 이 무렵 서학에 대해 특히 관심을 기울인 일군의 지식인이 바로 이익을 중심으로 한 성호학파였다. 나아가 성호학파 내부에서는 천주교를 신앙으로 받아들이는 신서파(信西派)와 천주교의 이단적(異端的) 성격을 공격하는 공서파(攻西派)로 나뉘어 논란을 벌이기도 했다.12)

---

11) 安鼎福, 「天學考」, 『順菴全集』(한국문집총간 230), 17:1a.
12) 조선에서의 천주교 전파 과정 및 이를 둘러싼 논란에 대해서는 김형찬, 「서학 논쟁: 서학 도입을 둘러싼 조선 후기 지식인들의 갈등」, 『논쟁으

이익은 "천주교는 유학을 보완한다(補儒論)"며 마테오 리치가 『천주실의(天主實義)』에서 주장한 바를 긍정적으로 받아들여 "천주(天主)란 곧 유가의 상제(上帝)"라고 설명했지만,13) 이익의 그러한 천주 이해는 유학의 체계 내에서 천주를 해석한 것이었다. 그런데 이익을 사숙했던 정약용은 천주교를 신앙으로 받아들이려 했던 신서파 계열의 사람들과 주로 어울렸다. 23세(1784)의 정약용에게 처음 천주교란 것을 알려주었던 이벽(李檗, 1754-1785)은 그가 학문적으로 존경했던 친구인 동시에 이복 맏형 정약현(丁若鉉, 1751-1821)의 처남이었고, 이미 그 한 해 전(1783)에 북경에 가서 세례를 받고 돌아온 이승훈(李承薰, 1756-1801)은 정약용의 매형이었으며, 한국의 천주교 발상지가 된 경기 광주의 천진암에서 서학 관련 강학회를 이끌었던 권철신(權哲身, 1736-1801)은 정약용 형제가 스승으로 섬긴 사람이었다. 게다가 정약용의 막내 형인 정약종(丁若鍾, 1760-1801)은 다른 양반들이 천주교를 버릴 때에도 끝까지 신앙을 지키며 죽음을 택한 사람이었고, 막내 형의 아들 정하상(丁夏祥)은 「상재상서(上宰相書)」를 써서 끝까지 천주교의 정당성을 항변하다 죽어간 순교자였다.

이러한 인적, 지적 관계 속에 얽혀 있던 정약용은 이단배척을 명분으로 삼은 서인들의 공세가 거세지던 1797년(36세)에 「변방사동부승지소(辨謗辭同副承旨疏)」를 올려 자신이 천주교를 버렸다고 주장했고, 유배지에서 회갑을 맞은 1822년에 자신

로 보는 한국철학』, 예문서원, 1995 참조.

13) 李瀷, 「跋天主實義」, 『星湖先生文集』(한국문집총간 199), 55:27b.

의 삶을 정리한 「자찬묘지명」에서도 천주교와의 인연이 젊은 시절의 잠시 철없는 짓이었다고 상세히 해명했다. 하지만 정약용이 구축한 철학체계 중심에는 '상제(上帝)'라는 천수교의 흔적이 뚜렷하게 남아 있다. '상제'는 『시경』, 『서경』 등에서부터 사용되어 온 인격신적 개념이었지만, 송명성리학을 거치며 그 인격신적 의미가 대부분 탈각되고 근원적 원리로서의 태극(太極), 도(道), 리(理) 등의 개념으로 대체되어 왔다. 그런데 정약용은 조선유학의 이념을 상징하는 개념인 '리(理)'를 일반 개념의 위치로 끌어내리고 그 자리에 인격신적 절대자의 개념인 '상제'를 올려놓았다. 그럴 경우, 그가 그동안 벗어버리려 안간힘을 썼던 천주교도의 혐의를 피하기 어려우리란 점을 정약용이 몰랐을 리 없다. 하지만 그는 '상제'를 그의 철학체계 정점에 놓았고, 이를 통해 당시 현실 대응의 기능을 사실상 상실했다고 판단한 조선성리학을 수정·보완하려 했다.

현재로서는 정약용이 실제로 천주교도였는지 아닌지를 판명하기는 곤란하다. 하지만 그가 왜 천주교도의 혐의를 무릅쓰면서까지 '상제'를 도입하려 했는지는 그의 글을 통해 추론해 볼 수 있다. 그는 당시 조선성리학이 사회이념으로서의 현실적 기능을 상실하고 공허함에 빠져들었다고 판단했고, 그 주요 원인을 리(理) 중심의 성리학 체계에서 찾았다. 그는 "이른바 하나의 '리'에서 시작해서 중간에는 분산되어 온갖 개체가 되었다가 끝에 가서 다시 하나의 '리'로 돌아온다는" 리 중심의 철학체계는 "조주(趙州)의 만법귀일설(萬法歸一說)과 조금도 다를 것이 없다"고 비판했다.14) 그는 불교를 극복하기 위해 불교의 형식을 수용해서 유학의 형이상학적인 측면을 보완하려 했던 성리학이 도리어 불교의 공허함에 물들었다고 판단한 것이다. 그가 더 우려한 것은 아무런 감응(感應)도 없는 '리'를 근간으로 한 정합적 이론체계만 가지고는 사람들로부터 도덕적 실천을 이끌어내기가 어렵다는 사실이었다.15)

정약용은 지각도 위엄도 없는 '리' 대신에 늘 인간을 지켜보고 있는 존재로서의 '상제'에 주목했다. 그가 천주교와 결별했다는 주장을 사실로 인정한다고 할지라도, 그는 국가권력에 맞서서 당당하게 죽음을 택하는 신념의 원동력을 제공한 천주교의 '힘'을 목격했고, 사회의 온갖 편견에 대항하며 자신들의 가치관을 생활 속에서 구현해 나가는 천주교도들의 실천력을 잊을 수 없었을 것이다. 그는 무형상(無形狀)·무작위(無作爲)의 '리' 대신 늘 저 하늘에서 지켜보고 계시는 '상제'를 생각하며 '신독(愼獨)'할 것을 주장했다. '신독'이란 "희로애락(喜怒哀樂)의 감정이 아직 발현되지 않았을 때에 조심스럽게 상제를 섬기되 늘 신명(神明)이 자기 방을 굽어보고 있는 듯이 삼가고 두려워하며" 그릇된 마음과 행위의 싹이 자라나지 않도록 마음가짐을 가지런히 하여 상황에 대처하는 태도를 가리킨다.16) 나아가 그는 상제가 인간에게 부여한 도덕적 '기호(嗜好)', 즉 선을 좋아하고 악을 부끄러워하는 성향을 온전히 발휘하도록 '신독'의 자세로 끊임없이 노력할 것을 역설했다.

---

14) 丁若鏞, 『孟子要義』, 『與猶堂全書』(한국문집총간 282), 민족문화추진회, 2002, 6:38a.

15) 정약용이 理 대신 上帝를 '요청'하게 된 연유에 대한 더 상세한 내용은 김형찬, 「완결된 질서로서의 理와 미완성 세계의 上帝」, 『철학연구』 제30집, 고려대 철학연구소, 2005. 9 참조.

16) 丁若鏞, 『中庸自箴』, 『與猶堂全書』 2집, 3:6b.

여기서 또 한 가지 주목할 점은 그가 유학의 발전 과정에서 배제되어 왔던 '상제'를 재도입한 방법이 전통적인 경학이었다는 사실이다. 그는 『모시강의(毛詩講義)』, 『매씨상서평(梅氏尙書平)』, 『상서고훈(尙書古訓)』, 『상례사전(喪禮四箋)』, 『주역심전(周易心箋)』, 『춘추고징(春秋考徵)』, 『논어고금주(論語古今註)』, 『맹자요의(孟子要義)』, 『중용자잠(中庸自箴)』, 『중용강의보(中庸講義補)』, 『대학공의(大學公議)』 등 수백 권에 달하는 경전 주석서를 통해 전통적 방법으로 기존의 학문적 성과들을 광범위하게 재검토했다. 다시는 자신을 함부로 이단으로 몰아붙일 수 없도록 치밀한 고증을 통해 경전을 재해석하는 과정을 거쳐 '리(理)'를 '상제(上帝)'로 대체해 가면서 자신의 철학체계를 세운 것이다. 이처럼 정약용은 자연의 이치와 인간의 본성 사이의 관계에 대한 논증과 이해, 그리고 그렇게 받아들여진 인간의 도덕성에 대한 자율적 수양과 실천을 통해 도덕적 이상 사회를 구현하려 했던 기존 조선유학의 시대적 한계를 인식했고, 그 이상을 19세기 초 조선에서 다시 실현하기 위해 경학(經學)이라는 전통적 학문방법을 원용해 인격신적 절대자를 조선유학의 체계 내에 도입한 것이다.

4. 경험세계 위에 재구축한 인간의 길(人道)

최한기(崔漢綺, 1803-1877)는 왕권 중심의 개혁을 시도하던 정조가 사망한(1800) 뒤, 서인 노론이 신유사옥(1801)을 단행하며 19세기 후반까지 이어지게 될 세도정치시대를 열고, 정약용이 강진에서 18년 간의 유배생활을 시작하던 무렵에 태어났다.

1831년에는 로마교황청이 조선 교구를 창설했지만 조선 정부는 1839년 기해사옥, 1866년 병인사옥 등을 통해 천주교에 대한 탄압정책을 지속했다. 그 사이 1811-1812년에는 평안도에서 홍경래난이 일어났고 1860년에는 최제우가 동학을 제창한 뒤 그 이듬해부터 포교를 시작했다. 하지만 이 시기는 조선사회의 내적인 변동보다 외적인 충격이 더 심각했던 시대였다. 최한기가 30대 후반이던 1840-1842년 중국은 아편전쟁에 패하고 남경조약으로 서구에 문호를 개방했으며, 1850년 일어난 태평천국의 난도 1864년 서구제국의 원조를 받아서야 진압되었다. 1860년에는 영불연합군에 의해 북경이 함락됐으며, 조선에서도 1866년 병인사옥에 이은 병인양요, 1871년 신미양요가 일어나는 등 동아시아지역에 대한 서구세력의 진출이 본격화되고 있었다. 한편 일본은 1854년에 개항을 하고 1868년에는 명치유신을 단행했다. 그리고 조선이 일본과 강화도조약을 맺고 개항을 한(1876) 다음 해에 최한기는 사망했다.

정약용은 1818년 경기도 남양주의 고향으로 돌아와 1836년까지 한양을 오가며 살았고, 1866년 병인양요 이후로는 외세에 대해 적극 대응할 것을 주장하는 이항로, 최익현 등 위정척사파 유생들의 상소로 서울 장안이 시끄러웠으며, 1870년대에는 박지원의 손자인 박규수(朴珪壽, 1807-1877)의 사랑방에 김윤식, 오경석, 김옥균 등 당대의 젊은 인재들이 모여 함께 공부하며 시국을 논했다. 그런데 적어도 21세(1823) 이후 줄곧 한양에서 살았던 것으로 알려진 최한기는 이들 중 누구와도 교류한 흔적이 보이지 않는다.17) 그는 서양 각국의 새로운 지식을 습득하기 위해 가산을 탕진해 가며 서적을 구해 보았고, 그 때문

에 한양을 떠나지 않은 사람이었다. 그 폭넓은 학식이 세간에
도 알려져 관직에 추천되기도 하고 신미양요 때는 강화유수가
자문을 청하기도 했지만, 그는 당대의 수류 지식인 사회나 권
력층과 거리를 두고 있었다. 영의정 조인영이 37세의 최한기를
관직에 추천하려 했고 이건창이 '혜강최공전(惠崗崔公傳)'이라
는 약전(略傳)까지 지은 것으로 보아, 최한기의 학덕은 30대부
터 세상에 알려져 있었고, 그가 하려고만 했다면 주류 지식인
사회에 가까이 갈 수도 있었으리라 추정된다. 하지만 그에 대
해서는 평민 출신의 김정호(金正浩)와 교류한 기록이 남아 있
고, 서족(庶族) 출신인 이규경(李圭景)의 『오주연문장전산고(五
洲衍文長箋散稿)』에 간단히 언급될 뿐이다. 최한기는 한양에서
누구보다도 새로운 문물과 세상의 변화에 촉각을 곤두세우고
있었지만, 개성 무인 집안 출신의 그로서는 한양에서 주류 지
식인 사회의 언저리를 맴돌기보다는, 기존 조선유학계의 학문
풍토에 얽매이지 않고 다른 방식으로 새로운 학문을 구축하려
했던 듯하다.

그의 저서 곳곳에 드러나듯이 그는 당시 조선유학계에서 일
반화된 학문 방식의 한계를 분명하게 인식하고 있었다. 그것은
우선 기존의 학문이 "흔히 무형의 리(理)와 무형의 신(神)을 종
지(宗旨)로 삼아 이것을 수준 높고 고매한 것으로 여겼고, 반대
로 유형의 물체(物)와 검증할 수 있는 사태(事)를 종지로 삼는

---

17) 최한기의 생애에 관한 서술은 『增補 明南樓叢書 1』(성균관대 대동문
화연구원, 2002)에 수록된 이우성의 「解題」와 이건창의 「惠崗崔公傳」;
권오영, 「최한기의 삶과 학문편력」, 『최한기의 철학과 사상』, 철학과현
실사, 2000 등을 참조.

것을 천박하고 하찮은 것으로 여긴다"[18]는 것이다. 서구 자연과학 서적을 통해 경험지식의 중요성을 알고 있었던 최한기는 그 해결의 실마리를 인식의 경험성에서 찾았다. 그는 외적 대상과 인식주체를 명확히 구분하고, 그 소통의 통로인 감각 및 인식 기관들을 어떻게 효과적으로 이용해 정확한 경험적 지식을 획득할 수 있는가에 대해 집요하게 탐구했다. 그리고 그 성과는 34세(1836)에 저술한 『신기통(神氣通)』으로 정리됐다. 감각기관에 의한 인식이 올바른 판단을 저해한다고 보고 감각기관을 통한 인식의 영향을 최소화하면서 선천적으로 부여된 도덕적 본성의 온전한 발현을 위한 학습과 수양에 몰두하려 했던 것이 당시 성리학자들의 일반적인 입장이었다면, 반대로 최한기는 몸, 눈, 코, 입, 손, 발 등 경험적 인식의 통로를 면밀하게 탐구함으로써 감각기관을 최대한 활용해 '진리'에 다가가려 했다.[19] 그리고 이렇게 감각기관으로 인식된 자료를 통해 진리에 다가가는 추론의 방법을 『추측록(推測錄)』(34세, 1836)으로 정리해 놓았다.

이러한 인식론의 전환을 통해 그가 확보한 것은 진리의 '가변성(可變性)'이었다. 그는 인류가 경험적 지식의 축적을 통해 진리에 더 가까이 다가갈 수 있다고 생각했고, 이를 통해 성현들이 전해 준 과거의 지식보다 후대의 지식이 더 진리와 가까울 수 있다고 주장했다.[20] 이것은 과거에 성현들이 전해 준 지

---

18) 崔漢綺, 「序」, 『氣學』, 1:1a.
19) 감각 인식의 방법에 대한 최한기의 탐구에 대해서는 김형찬, 「氣철학에서의 총체적 통찰과 경험적 인식」, 『철학연구』 제69집, 철학연구회, 2005, 55-58쪽 참조.

식에 대한 절대적 믿음을 전제로 했던 조선성리학자들의 진리
관에 대한 근본적인 반박을 의미했다. 그는 이러한 진리관의
전환을 통해 현실의 변화와 서양에서 축적된 지식을 수용해 낼
수 있는 학문체계를 마련할 수 있었다.

　이런 경험지식을 토대로 하여 그의 새로운 우주론을 체계화
한 것이 바로 55세(1857)에 저술한 『기학(氣學)』이었다. 그는
기존 성리학에서 원리·법칙을 의미하는 리(理)와 질료·에너
지를 의미하는 기(氣)를 각각 무형의 기인 '운화의 기(運化之
氣)'와 유형의 기인 '형질의 기(形質之氣)', 즉 감각기관으로
인식하기 어려운 기와 인식하기 쉬운 기라고 재규정함으로써
리(理)의 신비성을 제거했다. 나아가 다시 운화의 기를 대기운
화(大氣運化), 통민운화(通民運化), 일신운화(一身運化), 즉 우
주자연, 인간사회, 인간개체의 세 차원으로 나누어 우주로부터
개체에 이르는 일관된 기학의 체계를 만들었다.[21] 이렇게 감각
인식을 바탕으로 한 세계인식, 이를 기반으로 한 자연-사회-인
간의 관계 설정, 그리고 이를 통한 진리에의 접근방법에 대한
탐구 등은 결국 시대의 변화에 따라 인간이 어떤 사회를 어떻
게 구성·운용하며 살아가야 할 것인가를 밝히기 위한 것이었
다. 그리고 그 성과는 58세(1860)에 완성한 『인정(人政)』을 통
하여 체계화됐다.

　최한기는 이렇게 동서양의 지적 성과를 아우르며 새로운 보
편적 학문체계를 구축하려 했다. 그럼에도 그는 적어도 23세

---

20) 崔漢綺, 『氣學』, 1:13b; 「推氣測理 — 推測以流行理爲準」, 『推測錄』,
　　2:23b.
21) 崔漢綺, 『氣學』, 2:39a-b.

(1825)에 생원시에 합격할 때까지 정통 유학을 공부한 유학자였고, 서구 자연과학에 대한 지식을 습득해 그의 새로운 학문 체계를 만들면서도 그 기본틀은 여전히 유학에 뿌리내리고 있었다. 그는 '무형의 기'인 '리'가 바로 인간이 살아가야 할 원리라는 것을 부정한 것이 아니라, 인간에게 인식된 '리'가 인간이 본받아야 할 우주자연의 '리'와 불일치하고 있는 당대 현실의 원인을 규명하여 바로잡고자 했다. 그는 여전히 자연으로부터 인간이 살아가야 할 도덕적 규범과 사회운용 원리를 읽어내려 했고, 당대의 다른 지식인들보다 더 '정확히' 읽어내는 것이 그의 목표였다. 그는 자신의 역저의 제목이기도 한 '인정(人政)'을 다음과 같이 정의했다.

"사람의 삶을 깊이 궁구할 때는 도리에 어긋나서는 안 되고 오직 순조로운 도리를 따라야 한다. 일신운화(一身運化)에서부터 교접운화(交接運化)와 통민운화(統民運化)에 이르기까지 모두 대기운화(大氣運化)를 본받는다면, 나아가고 물러남(進退), 느리고 빠름(遲速), 어긋나고 합치됨(違合), 순조롭고 거스름(順逆)에 저절로 운행의 절도와 마땅함이 있게 되며, 형세에 따라 잘 인도하면 온갖 이론(異論)도 모두 사라지고 일통운화(一統運化)로서 하늘(天)과 사람(人)이 합일되는 것이니, 이를 일러 인정(人政)이라고 한다."[22]

우주자연의 이치에 따라 인간이 살아간다는 것, 그 천인합일의 오래된 이상은 최한기에게도 유효한 것이었다. 그는 세상을 만들고 움직이는 데 사람의 역할이 중요하다는 인식을 가졌고, 그러한 사람의 선발 방법을 찾는 데 많은 노력을 기울였다. 사

---

22) 崔漢綺,「人政凡例」,『人政』, 1:4a-b.

람을 선택하고 그 사람이 사람답게 사는 길(人道)을 따라 사회를 운용하는 데 여전히 오륜(五倫)과 같은 도덕률이 기본이 된다는 데는 그 역시 선혀 의심을 가지지 않았다.[23] 그가 의도한 것은 그러한 오륜이 자연의 법칙에 어긋나지 않게 해석되고 실천될 수 있도록 하는 방법을 밝히는 것이었고, 이를 위해 도입한 것이 세상의 변화를 담아낼 수 있는 경험적 인식론이었다. 그리고 이렇게 밝혀진 진리와 사회운용 방법은 일차적으로 당시 조선유학의 방법론적 한계를 극복하기 위한 것이었지만, 최한기는 이를 통해 얻은 성과가 궁극적으로 전 인류에게 보편적으로 통용될 수 있는 진리가 될 수 있다고 생각했다.[24]

5. 법·제도에 의한 통치와 도덕에 의한 통치

조선의 학자들은 한문이라는 동북아시아 공통의 문자언어를 통해 한자문화권의 지적 자산을 두루 활용하며 자신들의 학문을 만들어갈 수 있었다. 이황이 조선의 변방인 안동에 들어앉아 세계 최초의 중국철학사를 집필할 수 있었던 것도 중국에서 축적된 지적 성과들을 별다른 언어 장벽 없이 이용할 수 있었기 때문이었다. 정약용이 천주교를 접한 것도 한문번역서를 통해서였으며, 최한기가 보았던 서구의 자연과학 관련서적도 한문으로 번역된 것이었다. 또한 최한기가 자신의 저서인 『기측

---

23) 崔漢綺, 「測人門」, 『人政』, 1:44b-45a.
24) 최한기의 저서, 특히 『기학』에는 기학의 체계를 통해 당시까지 누구도 밝히지 못한 우주자연과 인간사회의 진리를 파악했다는 자부심이 곳곳에 드러나 있다.

체의(氣測體義)』를 중국 북경에서 출판해(1836) 자신이 이룬 학문적 성과를 전세계에 알리려 한 것도 그가 글쓰기를 한문으로 했기 때문이었다. 지금에 비해 교통·통신이 덜 발달했던 시대였지만 한문이라는 문자언어를 동아시아인과 공유함으로써 조선시대의 지식인들은 이처럼 세계와 소통할 수 있었다. 구술언어와 문자언어의 불일치로 인한 불편함, 표의문자언어인 한문의 난해함으로 인한 지식 보급의 한계 등이 치명적인 약점으로 작용했지만, 조선 지식인들의 지적인 문제의식만큼은 조선 사회의 당면 과제와 함께 세계사(동아시아사)의 흐름을 상시적으로 반영하고 있었다.

이황은 인간의 심성 작용에 관한 연구를 통해 인간이 자연으로부터 부여받은 도덕적 본성을 의식적인 노력을 통해서 일상의 삶 속에서 온전히 구현할 수 있다는 것을 밝히려 했고, 이로써 조선의 건국세력이 꿈꿨던 도덕에 의한 통치를 이론·실천적으로 구현할 수 있는 학문체계를 만들려 했다. 그는 그 이론의 기반을 중국의 성리학에서 찾았고, 당시까지 중국에서 이루어진 성리학의 성과에 대한 면밀한 검토를 통해『성학십도』와 같은 내성외왕(內聖外王)의 학문체계를 구축했다. 이는 조선 건국 후 한 세기를 거치면서, 잇따른 사화를 야기한 권력투쟁으로 인해 성리학적 이상사회 건설이라는 조선의 국가이념이 훼손돼 가는 것을 막기 위한 것이었다. 이러한 그의 철학적 성과는 조선에서 학문활동의 방향성을 재정립함으로써, 그 후 조선의 지식인들 대다수가 도덕적 본성의 구현 과정에 대한 탐구와 교육을 통해 성리학적 이상사회를 구현하려는 노력에 동참하도록 하는 결과를 가져왔다. 또한 그 과정에서 만들어진 이황의 철학은 인간의 도덕적 감응·판단·행위가 진행되는 과정에 대한 면밀한 성찰의 성과를 축적했고, 나아가 그러한 도덕적 행위를 구현하기 위한 실천적 수행의 방안도 제시했다.

정약용은 이황이 지향했던 것과 같은 도덕에 의한 사회질서의 유지가 18세기 말-19세기 초 조선사회 전반의 혼란 속에서 실현 불가능해지고 있는 현실을 보면서, 천주교의 인격적 절대자가 가진 사회적 영향력에 주목했다. 그는 당시 국가이데올로기로서의 역할을 제대로 해내지 못하고 있던 성리학의 대안을 찾기 위해, 고증학적 방법으로 방대한 문헌에 대한 검토를 거쳐 고전에 대한 주석서들을 저술했고, 그 토대 위에 무형상·무작위의 '리' 대신 늘 이 세상을 지켜보고 있는 '상제'를 도입함으로써 인간의 자율성에 기반한 기존의 성리학적 도덕론보다 훨씬 강력한 도덕적 실천성을 확보해 내려 했다.

한편 최한기는 19세기에 중국을 통해 전해지던 서구 자연과학의 지식을 적극적으로 수용하면서 경험지식의 중요성을 인식했고, 이를 바탕으로 '기학'이라는 새로운 우주론을 세운 뒤, 이를 바탕으로 도덕적 이상사회를 구현할 수 있는 사회철학을 구상했다. 그는 감각주체와 감각대상의 분리, 감각기관의 인식을 통한 지식의 축적, 그리고 이를 바탕으로 한 진리의 가변성 인정 등의 방식을 통해 서구 자연과학의 성과를 원용해서 당대의 현실변화를 반영할 수 있는 철학체계를 만들었다. 그런데 이러한 인식론과 우주론을 통해 그가 지향했던 것은 이황, 정약용과 마찬가지로 자연 내 존재로서의 인간이 자연의 이치에 따라 도덕을 구현하며 살아가는 사회·국가였고, 최한기는 자신이 구축한 기학의 체계를 통해 그러한 이상사회에 더 가깝게

다가갈 수 있다고 생각했다.

이상과 같이 볼 때 정약용과 최한기의 경우 성리학 또는 주자학 중심으로 이루어지고 있던 당시 조선의 학문 풍토를 근본적으로 비판했지만, 그들이 새로운 학문방법을 통해 구현하고자 했던 것은 기본적으로 이황의 경우와 마찬가지로 유학적 가치관에 기반한 도덕적 이상사회의 구현이었다. 이황이 지향했던 도덕에 의한 통치는 교육에 의해 인간의 자발적 도덕 판단 및 행위를 이끌어내는 것이라는 점에서 법이나 제도의 강제에 의한 통치보다 차원이 높은 것이었다. 정약용이나 최한기는 바로 그들의 시기까지 뚜렷한 흔적이 남아 있던, 도덕에 의한 통치의 성공 경험을 잊을 수 없었던 것으로 보인다. 그들은 기존의 조선유학을 비판하며 서학(천주교) 또는 서구 자연과학의 성과를 수용해 새로운 철학체계를 만들었지만, 그들이 궁극적으로 추구한 것은 역시 이황과 마찬가지로 '도덕에 의한 통치'의 구현이었다.

한반도 안팎에서 형성되는 새로운 문물을 받아들이고 이를 더 나은 미래를 위한 재료로 사용하는 것은 예나 지금이나 한국철학 연구자들이 취하는 연구방법이다. 물론 현재 한국철학이 풀어야 할 최우선의 당면 과제를 무엇으로 설정할 것인가에 대해서는 다른 자리에서 좀더 논의가 필요할 것이다.[25] 다만, 지금까지의 고찰을 통해 얻을 수 있는 교훈은 법과 제도의 강제에 의한 통치보다 도덕의 자율적 실천에 의한 통치를 지향하

---

25) 이 문제에 관해서는 최근 발표한 「동아시아공동체와 한국철학의 정체성」(『오늘의 동양사상』 제14호, 2006 봄·여름호, 예문동양사상연구원)에서 다룬 바 있으므로, 좀더 구체적인 논의는 다음 기회로 미룬다.

고 그것을 상당한 수준까지 구현했던 조선시대의 경험은 정약
용이나 최한기도 포기할 수 없었을 만큼 소중한 한국사의 자산
이라는 사실이나. 유례가 없을 성도로 빠른 속도로 민주화와
산업화를 이루어 놓고도 늘 불안정한 한국사회의 현실은 법과
제도의 개혁과 정비만으로 해결될 수 없는 무언가 중요한 요소
들을 결여하고 있기 때문일 것이다. 법과 제도가 채워줄 수 없
는 빈틈을 섬세하게 메워서 사회의 복잡한 메커니즘을 매끄럽
게 돌아가게 하는 것은 바로 일상에서 이루어지는 인간의 도덕
적 감응·판단·행위일 수밖에 없다. 인류의 역사에서 일반적
으로 무력이 지배하던 15-19세기에 도덕에 의한 통치를 구현하
며 500여 년 동안 국가를 운영했던 조선사회의 경험은 그것을
가능하게 했던 조선유학의 성과와 함께 현재와 미래의 한국철
학에 주요한 기반이 될 자산이다. 더욱이 앞에서 살펴본 이황,
정약용, 최한기처럼, 혹은 그밖에도 조선유학사에서 거론되는
수많은 지식인들의 경우처럼, 현실 사회와 정치의 안팎에서 도
덕에 의한 통치의 이상을 구현하기 위해 다양한 방식으로 시도
돼 왔던 수많은 지적, 실천적 경험들은 한반도에 풍부한 지적
자산으로 축적돼 있다. 그리고 그것을 어떻게 활용할 것인가는
현재 한국철학 연구자들이 현실을 어떻게 인식하고 당면 과제
를 어떻게 설정하는가에 달려 있다.

세계화 시대의 보편화 가능성 탐구

권 용 혁

울산대 철학과

1. 문제 제기

20세기에는 국민국가 중심의 제도와 체계가 주요 담론이었다면, 21세기는 시작부터 세계화라는 거센 파도가 밀려오고 있다. 인류 역사상 처음으로 맞는 기술과 자본 그리고 정보의 실질적인 세계화는 점차 확대되고 있다. 이 경향을 무시하거나 비켜가기란 쉽지 않다. 우리의 삶 자체가 지대한 영향을 받고 있기 때문이다. 오히려 그 특징을 정확하게 파악하고 그에 대응하는 해결방안을 모색하는 것이 더 합리적으로 보인다.

현실은 어떠한가? 자본과 기술 그리고 정보의 영역에서 진행되고 있는 세계화는 돌이킬 수 없는 상태다. 이들 사이의 상호 연관성이 강화되면서 지구적 단위에서의 소통이 급격하게 확대되고 있다. 이들은 기존의 국민국가적 차원에서 설정된 법과 규범들을 무시하면서 국민국가 단위의 경제·사회 영역에 깊숙이 개입하고 있다. IMF 이후 한국사회를 대상으로 한 금융투기 자본과 글로벌 기업의 득세는 그 전형적인 예라고 할 수 있다. 이들은 국내의 법망을 피해 가면서 마음껏 자기자본을 증식시키고 있다. 특히 투기성 자본들이 단기 이익을 추구하는 것을 막을 수 없는 이유는 이를 규제할 수 있는 세계적 차원에서의 법과 제도들이 아직 마련되어 있지 않기 때문이다. 이 과정에서 세계화는 무자비한 승자의 독식 논리를 당연한 것으로 받아들임으로써 제일세계 국가들과 제삼세계 국가들 사이뿐만 아니라, 특정 국가 안에서의 부익부 빈익빈 현상도 더욱 심화되고 있다. 세계화의 논리가 이처럼 단기적 경쟁의 결과에만 집중할 경우 이는 장기적인 비전과 실행 전략의 부재로 이어지면서 기존의 사회적 안정망이 무너지고 후손들의 일터와 삶터도 유지되기 힘들어질 것이다.

이러한 현실의 전개과정은 피할 수 없는 숙명적인 것으로 받아들여야만 하는가? 인간의 얼굴을 한 세계화는 불가능한 것인가? 세계화가 세계구성원 대부분을 불행하게 한다면, 분명 그건 받아들여질 수 있는 것이 아니다. 세계 곳곳에서 거세지고 있는 반세계화 운동은 그걸 반증하는 사례들이다. 그러나 현재 진행형인 세계화 과정이 많은 문제점을 내포하고 있는 것도 사실이지만, 그 흐름을 전면 거부할 수는 없는 상태라는 점도 인정해야 한다.

그렇다면 인류의 생존과 공영을 보장하면서 지속적으로 유지될 수 있는 세계화를 가능하게 하는 제 3의 방안들은 존재하지 않는 것일까? 만약 그러한 것을 만들 수 있다면 어떤 방식으로 구성해야 할 것인가? 규범적인 차원에서만 고려하자면, 모든 인간을 동류로 파악하고 모든 인간에게 자유와 평등을 부여한 다면, 우리는 이상적인 인류공동체를 상정할 수 있다. 또한 이 인류공동체가 가져야 할 적절한 규범과 제도들을 제안할 수도 있다.

이 글에서는 세계화의 전개와 이로부터 파생된 문제들에 대한 대안 모색이라는 두 개의 문제 영역을 함께 고찰한 후, 철학적 대안의 정당화 가능성을 모색해 보겠다.

2. 세계화의 두 영역

탈국가주의적인 현상이 심화되고 있는 현재의 세계화 과정에 있어서는 영토, 사회 그리고 정치적 정체성을 중심으로 구성된 동일성은 더욱 약화되고 있다. 오히려 사회는 그 내부로부터 세계화되어 가고 있다. 사람들은 점점 더 세계와의 연관성 속에서 행위하고 일하며, 여행하고 소비하고 소통하고 있다. 따라서 정치적 정체성과 충성심은 더 이상 한 국가 안에 귀속된 정체성과 충성심일 필요가 없다. 개개인의 비교와 선택의 폭이 넓어지고 있기 때문이다.

자신의 삶에 영향을 주고 있는 '공동체'도 더 이상 고립된 지역공간에 귀속되지 않는다. 이제는 시공간적 한계를 갖는 공동체를 벗어나 다양하고 새로운 공동체를 구성하고 선택할 수도 있다. 전자적으로 연결된 세계는 어디서나 같은 삶을 가능하게 해주며, 사회적 결속과 의미까지도 부여하기 때문이다. 이런 상황에서는 세계화와 개인화는 서로 중첩되어 있으며 서로를 강화시킨다.[1]

그러나 우리가 개인주의화되면 될수록 우리는 더욱더 타인의 개인주의화에 의해 제약받는다. 이기적 자아의 개인주의화는 종종 기존의 공동체적 규칙과 규범뿐만 아니라 타인의 개인주의화를 제한하거나 중지시키는 결과를 가져오기 때문이다. 이는 또한 타인의 개인주의화로 자신의 자유가 제한될 수 있다는 것을 의미한다. 이처럼 개인주의화의 발전이 동시에 개인주의화의 자기제한을 병행한다면, 새롭게 개인주의화된 개인들 간의 상호 인정과 공영을 보장하는 새로운 공동체적 질서를 구성할 필요가 있다. 특히 기존의 법과 제도가 작동되지 않는 현재의 세계화 과정에서는 더욱 그렇다.

전자네트워크의 발달은 세계화 시대의 새로운 공동체의 모습을 보여주고 있다. 이를 통해 민족국가적 경계가 무너지면서 시간과 공간에 대한 사유가 혁명적으로 변화하고 있다. "전자네트워크에서 하는 행위는 거리를 없애고 통로와 중력이 없는 새로운 이동성의 형태를 가능하게 한다."[2] 전자네트워크와 결합된 자본은 새로운 권력을 형성하는데, 이를 앞세운 세계화의 논리에 따르면 "여기가 아니라면 저기로 가면 된다. 그러니까 여기"[3]라는 새로운 권력주장을 한다. 이처럼 전지구를 자유롭

---

1) 울리히 벡, 「탈민족국가 사회와 그 적들」, 귄터 그라스 외, 『세계화 이후의 민주주의』, 서울: 평사리, 2005, 56쪽 이하 참조.
2) 위의 논문, 63쪽 이하.
3) 위의 논문, 67쪽.

게 떠돌아다니는 경제적, 기술적 세계화의 논리는 국민국가 안에서 작동되는 정치적 결정 체계에게 선택을 강요한다. 즉 " '이곳에서 우리가 원하는 것을 하도록 허용하지 않는다면, 우리는 다른 곳에서 우리가 원하는 것을 하면 된다. 자! 우리가 다른 곳으로 가길 원하는가? 그렇지 않다면 이곳에서 우리가 원하는 것을 할 수 있도록 해라!' 이러한 협박과도 같은 강요된 선택의 논리가 바로 세계화의 논리이다."4)

기술적 혁신의 목표와 결과에 대한 공식적 설명에도 단일화된 무한경쟁의 논리가 포함되어 있다. 그러한 결과는 어차피 일어나게 될 일인데, 그것에서 파생되는 역작용에 대해서 굳이 문제 삼는 이유가 무엇인가라는 논리이다. 이러한 논리는 기술의 발전을 불가역적인 진화적 과정으로, 정해진 경로에 따라 발전해 가는 것으로 본다. 따라서 기술발전이 가져오게 될 사회적 영향은 그것이 좋은 것이든 나쁜 것이든 어쩔 수 없다는 입장을 취한다. 오히려 전지구적 경쟁하에서는 무엇보다도 기술혁신을 계속해서 선점해 나가는 것이 중요하다고 본다. 따라서 과학 및 기술의 사회성 및 윤리성에 대한 논쟁은 소모적이고 불필요한 것으로 취급된다.

이와 유사하게 모든 조세정책 및 규제를 위한 국민국가 단위에서의 정치의 경제 개입은 투자 철수를 위한 논거가 된다. 그러나 역설적이지만 투자자들도 사회적 기반구조, 즉 교통체계, 학교와 대학, 민주적 삶의 질, 길거리 안전, 모범적이며 자기착취를 당할 각오가 되어 있는 직장 동료 등을 필요로 한다. 이

---

4) 위의 논문, 67쪽.

모든 것을 갖추기 위해서는 많은 돈이 필요하다. 한 국가가 경쟁력을 갖추고 있거나 확보하고자 한다면, 결국에는 요구되는 사회적 기반구조를 제공할 수 있어야 한다. 그런데 이러한 사회적 기반구조의 확보는 누구나 알고 있듯이 투자자를 몰아내는 세금인상을 통해서만 가능하다. 무한경쟁의 논리는 이 점을 간과하고 있다.5)

---

5) 위의 논문, 68쪽 참조. 이러한 역설적 상황을 해결하려면, 세계화로 이익을 얻을 자들이 안정적인 복지 및 사회적 신뢰를 높일 수 있는 사회적 기반구조를 개선하는 데 있어서 책임을 져야 한다. 울리히 벡, 『적이 사라진 민주주의』, 정일준 옮김, 서울: 새물결, 2000, 134쪽 이하 참조.

세계화를 인정하는 담론은 단순화하면 둘로 나뉜다. 하나는 기업세계화론자들의 견해인데, 이들은 공적 자산을 사유화하고 정부의 시장개입에 반대하면서 더 많은 시장에서의 자유를 요구한다. 이를 통해 물질적 부가 창출되며 결국은 이를 기반으로 빈곤을 종식시키고 환경을 보호할 수 있다고 주장한다. 다른 하나는 지구시민운동 진영의 견해인데, 이들은 전자들에 의해 주도된 세계화로 인해 불공평이 확대되고 사회적 신뢰가 파괴되며 지구 생명보존 체제가 위협받고 있다고 주장한다. 따라서 이들은 모든 사람을 위한 경제정의, 국제협력, 생동하는 문화다양성, 돈보다 삶에 더 가치를 두는 건강하고 지속 가능한 사회를 실현하고자 한다. 세계화국제포럼, 『더 나은 세계는 가능하다― 세계화, 비판을 넘어 대안으로』, 이주영 옮김, 서울: 필맥, 2005, 48-51쪽 참조. 이 책에서는 지속 가능한 사회의 열 가지 원칙을 제시하고 있는데(새로운 민주주의, 부차성, 생태적 지속가능성, 공동유산, 다양성, 인권, 일터 생계고용의 보장, 식량의 안정적 공급과 안전성, 형평성, 예방의 원칙) 그 상세한 내용은 같은 책, 121-149쪽을 참조하기 바람. 이 두 관점은 세계화(Globalisierng)와 세계주의(Globalismus)를 구분하고 전자를 세계사회의 다층적인 변화 현상으로, 그리고 후자를 신자유주의적 세계시장 단일화 논법으로 파악하고 있는 벡의 논점과 같은 맥락에서 이해된다. Ulrich Beck, *Was ist Globalisierung?*, Frankfurt a.M.: Suhukamp Verlag, 1998, 195-213쪽 참조.

어쨌든 경제적 세계화와 더불어 경제에 대한 정치의 우위는 사라지고 있다. 특히 이로 인해 국민국가, 지역 그리고 도시에 이르는 모든 층위에서 세계화된 경세와 사회적 공동체 사이의 거리는 엄청나게 벌어졌다. 국민국가 단위에서의 실질적 민주화를 통해 민주주의가 다수의 헤게모니 지향으로부터 소수자를 지켜오는 동안, 국제자본주의는 다수와 다양한 소수로 구성된 사회적 복합체를 파편화시켰다.6)

그러나 민주주의는 본질적으로 모든 인간이 시민으로서 자신이 속해 있는 정치적 공동체의 구성원이 될 수 있는 자격을 부여한다. "민주주의적 정치란 이들에게 부여된 권리와 의무를

---

6) 알랭 뚜렌느, 「시민사회에 대한 찬사」, 권터 그라스 외, 『세계화 이후의 민주주의』, 서울: 평사리, 2005, 86쪽 참조.

그렇다고 국민국가의 영향력이 급격히 몰락하지는 않을 것이다. 국민국가에 기초해 있는 근대 민주주의는 그것을 벗어나서 제기되고 있는 다양한 요구들을 (이주 노동자, 기업의 타국 이전, 국제결혼 및 자본의 국제화, 광역화된 환경의 문제 등을) 해결하기 어려운 것도 사실이다. 그러나 이는 새로운 환경에 대한 새로운 해석과 적응의 방식이 아직 마련되지 않아서 나타나는 문제들이다. 즉, 이 틀을 대체할 만한 설득력 있는 대안이 제시되어서가 아니다. 오히려 이 틀이 없다면, 더욱더 모든 행위자가 무법과 무질서가 횡행하는 홉스식 자연상태를 대비해야 할 것이다. 언급된 새로운 요구들은 오히려 국가 내 민주주의의 심화와 국가 간 협력으로 대부분 해소될 것이다. 이런 점에서 세계화에도 불구하고 국민국가에 기초한 민주주의는 국제화된 경제와 정치 사이에서, 그리고 전지구적 차원과 지역 사이에서 중심적인 중재자로 남게 될 것임을 상기할 필요가 있다.

그럼에도 불구하고 뚜렌느는 사회통합과 국가적 통일성의 낡은 수호자인 전통적인 공화제적 민주주의가 이러한 발전에 의해 분명하게 약화될 것으로 보고 있다. 외적으로는 금융네트워크와 초국적 기업들에 의해 위협받고 있으며, 내적으로는 개인주의적 문화가 정신적 공황을 불러오고 있기 때문이다. 같은 논문, 87쪽 참조.

어떻게 보호하고 관리하느냐에 달려 있다. 이러한 민주주의적 정치가 갖는 특징은 무엇보다도 공동체 속에서 자유롭게 행위하는 구성원으로서의 인간이 차지하는 지위를 위협하는 구조적 불평등을 해소하는 데 있다."[7] 따라서 경제적 세계화의 시대에 세계경제적 조건에 걸맞은 정치적 대안이 설득력을 가지려면, 경제적 세계화가 숙명적 현실이 아니라, 현실에서 다른 요인들과 영향을 주고받으면서 변화한다는 점을 보여줄 수 있어야 하며, 세계적 차원에서 기획된 정치적 대안들이 이 변화과정에서 합리적으로 개입할 수 있다는 점을 보여줘야 한다.[8]

이를 위해서 헬드가 제안한 세계화에 대한 민주주의적인 접근은 전지구적 경제질서에 더 많은 투명성과 책임성을 관철시킨다는 정치적 목표를 갖고 있다. 또한 이러한 목표를 실현하기 위해서 그는 다섯 가지 제안을 하고 있다.[9] 이를 축약하면 (1) 시장이 발생시키는 사회적 및 생태적 비용 줄이기, (2) 전

---

7) 데이비드 헬드, 「정치로의 귀환」, 귄터 그라스 외, 『세계화 이후의 민주주의』, 서울: 평사리, 2005, 140쪽.

8) 위의 논문, 141쪽. 경제적 세계화와 금융세계화라는 문제에 대해 민주주의를 매개로 접근하려는 국제적 다양한 시도는 자유주의적 시장방안과 구별된다. 자유주의적 시장방안은 시장이 더 잘 작동할 수 있도록 해고와 시장에 대한 탈규제를 공식처럼 강조한다. 민주주의적 접근은 또한 국가적 경제경영을 우선하는 국가주의적이고 개입주의적인 전략과도 구분된다.
지구적 차원에서의 민주주의를 구축하는 일은 한편으로는 민주적인 헌법국가들의 원칙을 세계적인 차원으로 확장해서 실현하는 일이며 다른 한편으로는 국제적인 제도와 통(通)국가적인 행위자들에 의해서 채택될 수 있는 규범들을 구체화하는 일이다. Klaus Mueller, *Globalisierung*, Frankfurt a.M.: Campus Verlag, 2002, 22-25쪽 참조.

9) 데이비드 헬드, 앞의 논문, 141쪽 이하.

지구적인 차원에서 경제문제에 대한 정책을 조율하는 과제를 수행할 새로운 경제기구 설립하기, (3) 국제금융시장이 보이고 있는 불안징싱과 단기이윤에 대한 투기적 주구를 규제하기 위한 방안을 마련하기, (4) 제3세계의 부채 탕감과 같은 시급한 경제적 위기를 극복하기 위한 조치들 취하기, (5) 세계적인 단위의 민주주의적인 형식 및 절차 도입하기이다.

이것들은 범세계주의적인 민주주의 구상에 반드시 필요한 요소들이자 동시에 전지구적 책임성으로 나아가기 위해 설정된 목표들이다. 왜냐하면 서로 중첩되는 운명공동체라는 관점에서 볼 때, 미래의 시민들은 자신들이 속한 공동체에서 뿐만 아니라, 자신들이 살고 있는 지역과 더 나아가 거대한 전지구적 질서 속에서 능동적인 시민이 되어야 하기 때문이다.

이런 점에서 우리는 세계화를 경제적일 뿐만 아니라, 정치적이고 기술적이며 문화적인 것으로 이해해야 한다. 그 이유는 오늘날 세계화가 우리의 생존상황 자체를 변화시키고 있을 뿐만 아니라, 우리가 살아가는 데 있어 필수적으로 고려해야만 하는 것으로 자리잡아 가고 있기 때문이다. 세계화 시대의 민주주의는 이런 점에서 국민국가 내에서만 머무를 수 없다. 기존의 국민국가의 틀로서는 해명되지 않는 현실적인 조건 변화가 일어나고 있기 때문이다.10)

---

10) 세계는 한 세기 전보다 훨씬 더 상호의존적으로 변했기 때문에, 초국가적 기구에 의한 민주주의의 촉진도 필요하다. 특히 유럽연합은 초국가적 관리운영의 형태를 개척하고 있다. 예를 들면, 유럽 법원은 개인의 권리를 보호하는 조처를 포함하여 회원 국가들 내부에서 효력을 갖는 일정 범위의 판결을 내려왔다. 그것은 초국가적 체계가 국가들 사이뿐만 아니라 국가들 내에서의 민주주의에 적극적으로 공헌할 수 있다는

오늘날 세계화 단계에서 요구되는 것은 사실적인 세계화에 부응하는 규범과 제도들을 만들고 그것에 대해 함께 책임지는 것이다. 특히 새로운 기술의 발전에 힘입어 가속도가 붙고 있는 세계경제의 조건 변화는 새로운 문제들을 파생시키고 있으며 이를 해결하기 위해서는 그에 상응하는 새로운 기준들이 요구되고 있는데, 세계시민사회에서의 연대 책임의 문제와 정의의 문제가 그 핵심이다. 이는 지구공동체라는 다문화사회에서의 공생을 위한 기반으로서 국민국가적 전통과 관례를 넘어서서 제기되는 것이다.

사회화 과정 속에서 본래 의사소통 공동체의 구성원으로 활동하는 인간은 특정한 사회의 제도들에 따라 행위한다. 그러나 인간은 다른 한편으로는 현재의 세계화 단계에서 그 세계화를 가능하게 하고 타당하게 하는 조건에 대한 반성적 재구성을 통해 그 세계화의 올바른 방향을 제시해야 한다. 세계적 차원에서의 경제와 기술이 가져온 영향력과 그 결과는 세계시민으로 구성된 공동체에서의 비판적인 담화를 통해 검토되고 조절되어야 하기 때문이다. 특히 지구공동체에 적용될 수 있는 법과 제도를 만들기 위해서도 그것에 부응하는 거대이론에 대한 철학적 정당화는 필요하다.

"이런 의미에서 기술적-경제적인 측면에서 자연스럽게 형성되고 있는 일차적인 세계화 질서는 윤리적으로 책임질 수 있는 이차적 세계화 질서를 통해서 재구성되거나 보충되어야만 한

것을 의미한다. 앤서니 기든스, 『질주하는 세계』, 박찬욱 옮김, 서울: 생각의 나무, 2000, 152쪽 이하 참조.

다. 우리는 다문화사회에 있어서 공생을 위한 테두리조건으로서 세계시민의 법적 질서와 규범들을 시급하게 필요로 하고 있기 때문이다."11)

일차적 세계화 질서에서 파생되는 문제들은 (예를 들자면, 생태학적인 위기, 제 3 세계의 기아, 거대한 자본의 흐름에 대한 무기력한 대응 등의 문제들은) 이차적 세계화 질서에서 요구되는 정의의 문제와 책임윤리적인 문제와 함께 다루어야 한다. 지구의 모든 동거인들이 현 상황에서 운명공동체로 존재하고 있다는 관점에 서면, 우리는 모두 연대해서 제도와 법을 만들고 그것을 공정하게 적용함으로써 이 문제를 함께 풀어가야 하는 것은 자연스러운 수순이다. 이 관점에 의거한다면, 예를 들어 제 3 세계의 대부분의 사람들의 기아를 대가로 영리를 추구하는 것을 못하도록 할 수 있으며 또 그렇게 해야만 한다.

참가하지 않은 제 3 자를 희생하고 부정의하게 만들어진 해결책을 논박하고 수정하기 위해서는 그리고 기존의 국가를 단위로 한 국제정치적인 관계를 보편적으로 타당한 정의의 근본 규범에 의거해서 변경하기 위해서는 규범적이며 규제적인 원칙을 세워야 한다. 도덕적이며 정치적인 문제들도 세계화되고 있는 현 상황에서 인류 미래세대의 이해관계를 고려한 세계경제질서와 환경정책을 세우기 위해서는 이러한 규범적이며 규제적인

---

11) K.-O. Apel, "Das Problem der Gerechtigkeit in einer multikuturellen Gesellschaft?", in: R. Fornet-Betancourt(Hg.), *Armut im Spannungsfeld zwischen Globalisierung und dem Recht auf eigene Kultur*, Aachen: Augustinus-Buchhandlung, 1997, 107쪽; Kwon Yong-Hyek, "Eine Vernunft im Prozess der Golbalisierung", *CONCORDIA* 44, Aachen, 2003, 31쪽 이하 참조.

원칙이 필요하다.12)

"예를 들면, 제 3 세계의 국민 대다수를 배제할 경우에는 배제된 자들의 재통합을 가능하게 하는 세계적인 경제정책을 만들기 위해 노력해야 한다. 또한 서구의 주도권에 대항해서 비서구문화들이 방어하는 행위를 할 경우에는, 다문화사회를 자리잡게 함으로써 위협적인 문명충돌(헌팅턴)을 피해 가야 한다."13)

따라서 철학의 과제는 다문화주의를 기본으로 하면서도 그들 사이의 상호이해와 공생 그리고 공영의 기반을 위한 규범적인 원칙들을 정당화하는 일이다.

"다문화적인 사회에 기초한 국가질서와 법질서는 두 개의 논리적으로 상반되는 측면을 그 안에서 하나로 결합하고 있다: 문화적 가치전통에 있어서의 특수주의와 다원주의의 측면이 그 하나이며, 상호문화적인 정의(正義)라는 의미에 있어서 통일적인 법과 그 법의 도덕적인 근거설정의 측면이 또 다른 하나이다."14)

이 경우에 있어서 모든 세계시민들과 관련해서 도덕적으로 근거설정할 수 있는 법적 질서의 실현 가능성에 중점을 두는 것이 중요하다. 이런 관점에서는 문화전통에 근거를 둔 상이한 가치질서가 포함하고 있는 다원주의적이며 목적론적으로 이해

---

12) K.-O. Apel, 앞의 논문(1997), 123쪽.
13) K.-O. Apel, "Die Tatsache der >>Globalisierung<< und die Aufgabe der Philosophie", in: K.-O. Apel, V. Hoesle, R. Simon-Schaefer(Hg.), *Herausforderung für die Philosophie*, Universitäts-Verlag Bamberg, 1998, 80쪽 이하 참조.
14) K.-O. Apel, 앞의 논문(1997), 110쪽.

된 '좋음'(자기실현의 윤리학)에 앞서서 누구에게나 동등하게 적용될 수 있는 법칙론적으로 정당화된 '옳음'(정의의 윤리학)에 우선성이 부여되어야 한다. 물론 이 두 논점은 상호 보완적인 것으로 이해되어야 하는데, 후자는 자신의 정당성을 입증할 수 있는 전제조건으로서 전자를 필요로 하며, 전자는 후자의 제한성을 받아들임으로써 다원적 공생과 공존을 보장받을 수 있다.

전지구적인 차원에서도 그렇고 인종적이며 종교적으로 다원주의적인 사회들에서도 다원주의 문제에 대한 비동화적인 해결책은 설득력이 있다. 그 이유는 그러한 해결책이 모든 민주주의적인 법치국가와 헌법국가들에 있어서는 이미 제공되고 있기 때문이다. 또한 공생을 위한 조건으로서 고안된 세계시민의 법적 질서와 규범은 국민국가 안에서 혹은 국민국가를 넘어서서 존재하는 상이한 인종적이거나 종교적인 혹은 문화적인 전통적 공동사회들 사이의 평화로운 공존과 책임 있는 협력을 가능하게 할 수도 있다. 이를 위해서는 그 질서가 모든 개별적인 법치국가들의 구성을 위한 기초 모형으로 채택되어야 하는데, 민주주의 국가에서는 그것들이 부분적으로 제공되고 있다. 따라서 특정 공동체나 개별 국가들의 특수한 원리와 그 안에 포함된 보편적인 논거들을 연관짓는 논점을 구성하는 것이 중요하다.

"비동화적인 해결책은 사람들이 상이한 문화들의 자기실현 권리들에 포함된 다원주의와 특수수의를 한편으로, 그리고 법적 규범들의 도덕적인 경향성으로서의 보편주의를 다른 한편으로 서로 보충적인 것으로 파악하는 데에 있다."15)

우리는 서로 공생해야만 한다. 그리고 공생할 경우에 상호 문화적인 정의가 있어야 한다는 의미에 있어서 그리고 모든 인류의 문제나 세계적인 위기와 관련해서 모든 이의 협력과 연대 책임이 있어야 한다는 의미에 있어서 특정한 보편적인 도덕을 구속력 있게 만들어야 한다.

이것이 바로 다문화주의의 문제를 동화적으로가 아니라 보충적으로 해결하려는 기획의 출발점이다. 즉, 상이하게 사회문화적으로 전개되는 다원주의적인 좋은 삶의 형태들을 존중하는 것과 그리고 상호 문화적인 정의와 연대책임의 보편적인 구속성을 동시에 존중하는 것 사이의 보충적인 해결책을 추구하려는 논점이다.16)

3. 의사소통 공동체 이론과 선험적 공동체주의

이 점을 좀더 명확하게 해보자. 이는 문화와 언어사용의 전통에 대한 더 보편적인 논점에서의 해석과 연관된다. 원래 개개인은 자신이 그 안에서 자라온 전통 안에서 작동되는 규범과 제도들에 의거해서 행위한다. 따라서 개개인이 어떤 전통 속에서 삶을 이해하고 있는지를 파악하는 것이 중요하다. 삶에 대한 다원주의적 이해는 이처럼 특정한 공동체에서 생성되고 조탁된 전통에 기반하고 있다. 이는 전통에 함유된 사실성이 무엇보다도 선행한다는 점에 의거해 있다.17)

---

15) K.-O. Apel, 앞의 논문(1998), 81쪽.

16) 위의 논문, 113쪽 참조.

17) K.-O. Apel, "Das Anliegen des anglo-amerikanischen >>Kommuni-

그러나 이처럼 사실성에 근거해 있는 사유의 한계는 도덕적인 규범들의 의미와 보편적인 타당성을 논증하지 못한다는 데 있다. 개별적인 공동체 전통에 의거해서 보편적으로 타당한 규범들을 구성하고자 하는 맥락주의적 보편주의의 논의도 그것이 제안한 '복합평등'이니 생명권과 자유권과 같은 '최소한의 도덕'도 그것에 대한 정당화 작업에 성공하지 못하는 한, 특정한 공동체 안에서는 그것 또한 하나의 선택의 문제로 전락한다 해도 그것을 논박하기 어렵다.18)

이처럼 사실성과 전통에 의거해 있는 논점이 갖는 한계를 보강하기 위해 제안된 선험화용론은 규범들의 타당성을 의사소통적으로 중재하려는 시도로서 이상적인 의사소통 공동체의 이념을 전개하고 있다. 이 이상적인 공동체는 모든 실재적인 담화를 평가하는 이상적인 기준으로서 작동되는데, 이런 점에서 이 공동체의 이념은 규제적인 이념이다. 이처럼 선험철학의 선험화용론적 변형에 의거해서 보편적인 공동체를 설정할 경우에야

---

tarismus<< in der Sicht der Diskursethik", in: M. Brumlik und H. Brunkhorst(Hg.), *Gemeinschaft und Gerechtigkeit*, Frankfurt a.M.: Fischer Verlag, 1993, 156쪽 참조. 영미 공동체주의 사유의 핵심은 구체적인 공동체 및 그 형태로부터 출발한다. 따라서 사실성과 전통에 의거해 있는 영미 공동체주의자들은 기존의 공동체 문화와 전통을 강조하고 확장하는 것에 치중함으로써, 공동체주의적 사유를 보편주의적으로 확장하는 문제에 중점을 두지 않고 있으며 세계적인 차원에서 발생하고 있는 문제들에 대해 규범적 처방을 제공하는 데에도 관심을 두지 않고 있다.

18) M. Walzer(1983), *Spheres of Justice*, Basic Books, 1983, 18쪽; 권용혁, 「세계화와 보편윤리」, 사회와철학연구회, 『세계화와 자아정체성』, 서울: 이학사, 2001, 123쪽 이하 참조. 그 예로 이슬람 문화권에서 전통적으로 인정되어 온 '명예살인'을 들 수 있다.

비로소 특수한 공동체의 규범들을 보편적으로 검토할 수 있다. 이것을 우리는 '선험적인 공동체주의(ein transzendentaler Kommunitarismus)'라고 명명할 수 있다.[19]

이 선험적인 공동체주의는 규범들의 보편타당성은 개별적인 공동체 전통을 초월해 있는 원칙들에 의거해서 근거설정되어야 한다고 판단한다. 사실성이 갖는 맥락주의적인 해석의 한계를 넘어서 보편주의로의 이행이 가능할 수 있기 위해서는 특정한 사회적 제도의 발생과 그것의 정당화의 문제를 구분해야 한다. 즉, 사회존재론적인 전망과 도덕인식론적인 전망을 명확하게 구분해야 한다.[20]

이 논점은 전세계적으로 확산되고 있는 다층 문화적 사회구조와 보편적 민주주의 가치인 정의와 인권의 문제 등을 올바르게 자리매김하는 일에도 적용할 수 있다. 규범적인 면에서는 정의나 인권을 인종중심주의, 문화중심주의에서 벗어나서 누구

---

19) K. -O. Apel, 앞의 논문(1993), 158쪽 이하 참조. 이러한 논점은 퍼스 (C. S. Peirce)에 의해서 제기된 무한한 이상적인 탐구(의사소통) 공동체의 철학으로 존재한다. 이는 고유한 전통에서 유래한 규범과 제도들을 강하게 가치평가할 경우 보편적으로 타당한 규범들을 암암리에 전제할 수밖에 없다는 점에서도 요청되는 것이다.

20) Wolfgang Kersting, "Liberalismus und Kommunitarismus", in: *Information Philosophie*, 1993 Juli, 14쪽 참조. 우리의 모든 이해와 가치가 특정한 언어공동체와 문화공동체의 전통에 소속되어 있다는 점을 밝힌 가다머와 후기 비트겐슈타인 그리고 이 논점에 의거해 있는 공동체주의적 사유와 이에 대한 비판적 고찰에 관해서는 권용혁, 앞의 논문, 121쪽 이하와 K.-O. Apel, 앞의 논문(1993), 150-159쪽을 참고하기 바람. 비판의 핵심은 이러한 사실성에 의거한 논점이 도덕적인 규범들의 의미와 보편적인 타당성을 의사소통적으로 중재하지 못한다는 점이다. K.-O. Apel, 앞의 논문(1993), 157쪽 참조.

나 보편적으로 수용할 수 있는 가치들로서 정당화하는 일이 우선성을 갖는데, 그 이유는 세계화 시대에 있어서 보편윤리의 문제는 형이상학이나 문화의존적인 철학원리를 전제하지 않고서, 정의와 공동책임의 보편적 원리를 세울 수 있는 가능성을 보여주고 있기 때문이다.

원래 '선험적 공동체주의'는 특정한 공동체의 규범과 제도에 의거해 있는 공동체주의적 논점이 상대주의로 전락하는 것을 방지하기 위한 보편주의적 대안으로서 제시된 것이다. 이것은 우리의 의사소통 구조 내에 선험적으로 조건 지어진 전제들을 의사소통 공동체 이론에 의거해서 밝혀내고 그것을 정당화함으로써 세계화에 대응하는 세계적 수준에서 준수되어야 할 규범을 구성하고자 한다.

의사소통 공동체 이론은 의사소통 공동체의 사실성과 선험성이라는 이중 구조로 구성되어 있다. 하나는 실재하는 의사소통 공동체로서 이것은 사실적으로 존재한다. 다른 하나는 우리의 의사소통을 가능하게 하기 위한 필수적인 전제조건으로서 선험적인 의사소통 공동체이다. 이는 사유의 일관성을 위해서 설정해야 하는 것이다. 실재하는 의사소통 공동체에서는 그 구성원들의 합의만으로도 규칙 제정이 가능하며 또한 그 합의 사항이 그들에게만은 타당할 수 있다. 그러나 합의 사항이 그 공동체를 벗어나서 일반적으로 구속력을 가지려면, 그것은 모든 사람에게 타당해야 한다.

이 타당성 검토를 위해서 의사소통 공동체 이론은 모든 지성적인 존재의 무한한 공동체라는 이념을 제시한다. 이 이념을 상정해야만 우리는 보편적인 의사소통 공동체를 구성할 수 있

으며 여기에서 만들어진 규칙들의 보편적인 구속력을 인정할 수 있게 될 것이기 때문이다.21)

특히 의사소통과 자본의 세계화에 관해서 뿐만 아니라, 인구 성장, 이민물결, 인권, 환율, 채무국/채권국, 전쟁방지를 위한 국가 간 협력, 환경 등의 문제에 관한 국제적인 갈등이 어느 때보다도 심각해지고 있는 오늘날 이러한 국제적인 차원에서의 문제들을 해결하기 위해서는 국가 단위를 뛰어 넘어 모든 세계 시민에게 타당할 수 있는 법칙론적인 정의의 윤리학이 우선권을 갖는다.

선험화용론적인 의사소통 윤리학의 방법론적인 특징은 이처럼 세계적인 수준에서 해결되어야만 하는 문제들에 관해 실재적인 담화를 수행하기 위해서 선험적으로 요구되는 이상적인 절차들을 근거설정하는 데 있다. 보편적으로 타당한 정의의 (그리고 연대책임의) 원칙은 필연적으로 논증하는 모든 사람들에게는 그들이 무한한 의사소통 공동체의 모든 가능한 파트너를 고려할 경우 이미 항상 인정해야만 하는 것이다. 즉, 그 논증자들은 논증의 선험화용론적인 전제조건으로서 동일한 권리를 상호 인정하고 특정 논의가 영향을 미치는 범위에 대해서

21) K.-O. Apel, *Transformation der Philosophie*, Bd. 2, Frankfurt a.M., 1973, 429쪽 이하 참조. 이런 점에서 의사소통 공동체 이론과 공동체주의 사이에는 원칙적인 차이가 존재한다. 의사소통 공동체 이론의 논제인 의사소통 공동체의 선천성은 특정한 공동체 전통으로 회귀하는 사실성의 선천성만을 주장하는 것이 아니다. 그것은 반성적 사유를 통해서 도달할 수 있는 모든 공동체가 정당화를 위해서는 받아들여야만 하는 그러한 반성적인 메타 차원에서 요구되는 것이다. 이러한 논점을 아펠은 이미 1973년에 발간된 저서 『철학의 변형』 2권의 마지막 논문인 '의사소통 공동체의 선천성'(같은 책, 358-435쪽)에서 제시하고 있다.

함께 책임을 져야 한다.22) 그리고 법치국가의 대변자들 사이의 실천적인 담화를 위한 규제적인 원칙으로서 모든 문제를 해결하는 데 있어서 그 문제가 영향을 미칠 수 있는 모든 가능한 당사자들을 고려하는 정의의 원칙을 인정해야 한다.23)

이러한 법칙론적인 정의의 윤리학은 아리스도델레스로 정향되어 있는 목적론적인 자기실현의 윤리학이나 국가적으로 조직된 공동체 윤리학보다 우위를 점한다. 의사소통 공동체 이론에서는 바로 이러한 두 개의 논점이 보완적으로 규정되고 있다. 그것은 실재하는 의사소통 공동체와 이상적인 의사소통 공동체라는 규제적인 선험성의 이중적인 전제에서 출발함으로써 정의에 관한 법칙론적 도덕철학과 좋은 삶에 관한 윤리학 사이의 보완관계를 설정하고 있다. 실재하는 의사소통 공동체는 이상적인 의사소통 공동체의 성립을 위한 필수조건이다. 그러나 후자는 전자에게 그 진정한 보편적인 의미를 부여하는 역할을 함으로써 자신의 우선성을 주장한다.24)

---

22) K.-O. Apel und H. Burckhart(Hrsg.), *Prinzip Mitverantwortung, Verlag Koenigshausen & Nwumann GmbH*, Wuerzburg, 2001, 69쪽 이하 참조. 아펠은 이 글에서 특히 집단적인 행위의 결과에 대한 연대책임의 문제를 강조하고 있다. 따라서 동일한 권리 인정의 문제는 이상적인 의사소통 공동체를 가능하게 하는 조건(근본 규범) 중 하나라면, 연대책임의 문제는 근본 규범의 실천을 위한 보충원리로서 필요한 것이다. 같은 책, 74 쪽 이하; 권용혁, 『이성과 사회』, 서울: 철학과현실사, 1998, 42-53쪽, 180-188쪽 참조. 특히 책임윤리학적 논제는 실재하는 의사소통 공동체 안에서 이상적인 의사소통 공동체를 실현하기 위한 장기적인 전략으로 제시된 것이다.

23) K.-O. Apel, 앞의 논문(1997), 129쪽; Yong-Hyek, Kwon, 앞의 논문, 33쪽 참조.

24) 이 두 공동체 사이의 보완관계는 다음과 같은 형태를 띠고 있다. 특정

두 가지 점에서 그렇다: (1) 모든 개인들과 모든 특수한 공동체들이 좋은 삶을 개방적인 형태로 진실되게 실현하기 위해서는 모든 구성원들 개개인의 동일한 권리를 보증할 수 있는 논점을 정의(正義)의 윤리학을 통해서 도입해야 한다. 이런 점에서 좋은 삶을 실현하려는 진지성과 이성의 자율성은 상호 보완적으로 파악된다. (2) 법칙론적인 정의(正義)의 윤리학이 우선성을 갖는다는 주장의 근거를 우리는 선험적 공동체주의에서 찾을 수 있다. 구체적이며 상황과 연관된 규범들은 실재하는 공동체 안에서 생활하는 당사자들의 실천적인 담화의 판단에 맡긴다. 그러나 이 규범들의 타당성과 관련된 논의는 무제한적으로 개방된 이상적인 공동체의 구성원들의 몫이며 이들은 그 타당성을 검토하기 위해서 준수해야 할 절차적인 규범들을 받아들여야 한다는 점에서 그렇다.

한 공동체를 기반으로 주장된 논증이 타당성을 확보하기 위해서는 그리고 그 논증을 상호 주관적으로 검토하기 위해서는 우리는 '실재하는 의사소통 공동체와 이상적인 의사소통 공동체'라는 두 가지 형태의 공동체를 전제해야만 한다. 즉, "논증하는 사람은, 언제나 꼭 두 가지 것을 동시에 전제로 하고 있는데, 첫째는 그가 스스로 사회화 과정을 통해서 그 구성원으로 된 실재하는 의사소통 공동체이며, 둘째는 원칙적으로 그가 하는 논증의 의미를 적절하게 이해하고 그 논증의 진리성을 확정적으로 판단할 수 있는 이상적인 의사소통 공동체이다." K.-O. Apel, 앞의 책, 429쪽. 이 이중적인 구조로부터 두 개의 규제적인 윤리학의 원리가 도출된다. "첫째로는 모든 행위를 하고 중단하는 데 있어서 실재하는 의사소통 공동체로서의 인류의 생존을 보증하는 것이 문제시되어야 하고, 둘째로는 실재하는 의사소통 공동체 안에서 이상적인 의사소통 공동체를 실현시키는 것이 문제시되어야 한다. 첫 번째 목표는 두 번째 목표의 필수적인 조건이다; 그리고 두 번째 목표는 첫 번째 목표에 그 의미를 부여한다." 같은 책, 431쪽.

이런 점에서 법칙론적인 시각과 가치-목적론적인 시각은 서로 분리되어 있지만, 상호 연관성을 지니고 있기도 하다. 특히 세계회의 단계에서 세계시민을 대상으로 하는 세계시민 공동체에서 준수되어야 하는 절차적 규범들을 만들어야 한다는 점에서는 더욱 그렇다.

4. 세계화 시대의 보편화 가능성 모색

이 논의를 민족문제와 관련해서 고찰해 보자. 세계화 시대에 있어서 민족의 정체성은 이중적 혹은 다중적 소속에 관용을 베풀 수 있어야만 한다. 이제 우리는 자신을 한국인인 동시에 동아시아인이며, 동시에 범세계적 시민의식을 지닌 존재로 파악하는 것이 자연스러운 시대에 살고 있다. 재일한인뿐만 아니라 혼혈인의 경우는 훨씬 다양한 자신의 정체성을 갖고 있다. 각자가 그 중 어느 하나의 특별한 정체성을 채택한다고 해도 그것이 다른 정체성들을 받아들이는 데 방해가 되어서는 안 된다. 중첩적인 정체성이 기본적으로 인정되어야 하기 때문이다. 이는 특정한 민족 정체성을 기반으로 서열화할 수 있는 것이 아니다. 그들의 문화적 고유성과 다양성에 대한 인정은 그들의 인권에 대한 동등한 인정을 기반으로 정당화된다.

이처럼 범세계화 되는 질서 속에서 다중문화적 사회를 이해하기 위해서는 이들을 자리매김할 수 있는 세계주의적 관점이 필요하다. 특히 이 관점은 특정 민족의 경계를 넘어서 조직되고 있는 초국가적 비정부조직들(NGOs)과 범세계적인 시민사회의 등장으로 조금씩 구체화되고 있다. 이 시민사회는 아래로부터의 민주주의의 형태를 띠고 있는데, 이들은 권력을 국가로부터 탈정치화된 범세계적 영역으로 이전시켰다.25) 아래로부터의 범세계화 과정에서 형성되고 있는 이들의 네트워크형 소통의 형태들은 그 구성원들의 민주주의적인 권리와 의무를 강조하고 있다.

이와 같은 세계적 민주주의의 확장은 "세계경제를 효과적으로 조절하고, 범세계적 경제 불평등을 해소하며, 생태적 위험성을 통제하기 위한 조건"26)이기도 하다. 어쨌든 현재 진행형인 다양한 분야에서의 세계화는 상호 소통과 의존성의 증대를 수반한다. 세계인이 이웃처럼 된다는 것이다. 이는 이해의 지평을 넓혀주기도 한다. 그러나 경제적, 문화적 격차를 실감하게 하기도 한다. 또한 세계적 수준의 위험을 실감하기도 한다. 이로 인해 책임감과 공동의 이익에 대해 진지하게 생각하게 한다.

" '세계시민'이 된다는 것은 관심이 직접적인 지역에 한정되지 않고, 세계적 소속감·관여성·책임감 등을 인식하고 이러한 광범위한 관심을 일상생활의 실천영역으로 통합할 수 있는 문화적 성향을 가지는 것이다."27)

세계적으로 영향력을 발휘하는 문제들을 세계적 차원에서 해결하려는 시도는 강한 정치적, 문화적 보편주의를 깔고 있다. 이 보편주의는 세계시민이 자율적으로 참여하는 '세계시민 공

---

25) 앤서니 기든스, 『제 3의 길』, 한상진·박찬욱 옮김, 서울: 생각의 나무, 1998, 203쪽 참조.
26) 위의 책, 216쪽.
27) 존 톰린슨, 『세계화와 문화』, 김승현·정영희 옮김, 서울: 나남, 2004, 264쪽.

동체'에서 '세계적 공론장'을 형성하고 관련 의제에 대한 합리적인 합의를 도출해 내는 과정에서 구체화될 것이다.

"경제적, 정치적 결정이 사회적 공간에 미치는 영향이 보편적이라면, 정치적 시스템과 미디어 시스템 또한 보편적이어야 한다. … 시장의 힘이 세계적이라면, 모든 효율적인 정치적 대응도 세계적이어야 한다. … 핵무기나 환경문제도 마찬가지이다."28)

이 두 과정은 그러나 항상 그 안에 상이성과 다양성을 포함하고 있다. 특히 문화적 영역에서는 더욱 그렇다. 따라서 세계시민 공동체를 형성하기 위해서도 세계시민은 보편주의자인 동시에 다원주의자가 되어야만 한다. 한편으로는 세계화된 세계를 '타자가 존재하지 않는' 하나의 세계로 이해해야 한다. 그러나 다른 한편으로는 세계를 많은 문화적 타자들의 것으로 인식해야 한다. 중요한 것은, 이러한 두 성향이 대조적이고 적대적인 것이 아니라 상호 조정하는 기능을 갖게 하고 우리 스스로에 대해서뿐만 아니라 문화적 타자들과도 지속적으로 대화할 수 있도록 하는 것이다. 이런 점에서 세계시민은 세계적으로도, 지역적으로도 동시에 살 수 있는 사람을 말한다.29)

---

28) N. Garnham, "The Media and the Public Sphere", in: C. Calhoun(ed.), *Habermas and the Public Sphere*, Cambridge, Mass.: MIT Press, 1992, 372쪽.

29) 존 톰린슨, 앞의 책, 274쪽 이하.
"이처럼 세계적인 것과 지역적인 것은 (특수한 것과 보편적인 것은) 문화적 양극으로 존재하는 것이 아니라 상호 침투적인 원칙으로 존재한다. 이런 점에서 세계화(globalization)보다는 세방화(glocalization)라는 용어가 더 적절하며 범세계주의를 일종의 '윤리적 글로컬리즘'으로 간

정치사회학적 논점에 있어서도 사정은 비슷하다. 기든스는 신자유주의뿐만 아니라, 국민국가의 틀, 유토피아적 국제주의와 변별력을 가지면서 세계화를 지탱할 수 있는 철학으로서 "국제주의적 제 3의 길"30)을 제안한다. 이것은 세계화 시대에 민주주의와 인권 및 책임성을 강조하고 세계적으로 통용될 수 있는 제도를 형성하는 것을 그 내용으로 하고 있다.31)

세계화 과정은 우리를 곧바로 보편적 인류공동체로 안내하지 않는다. 오히려 세계화 담론은 다음과 같은 이분법적인 대립항 내지는 이중성을 공통적으로 담고 있다: 보편화 대 특수화, 동질화 대 차이화, 통합 대 파편화, 중앙집중화 대 분권화, 병렬 대 융합.32) 따라서 세계화 과정에서 발생하는 지역, 계층, 문화권 등의 상호 분열과 파편화는 인류공동체 및 그 정체성을 형

주할 수 있을 것이다." 같은 책, 279쪽.

30) 앤서니 기든스 · 월 허튼, 「세계 자본주의, 그 과감한 대처를 위해」, 앤서니 기든스 · 월 허튼 편, 『기로에 선 자본주의』, 박찬욱 외 옮김, 서울: 생각의 나무, 2000, 417쪽.

31) 기든스는 그것들 중 현재 가장 시급한 것은 국제 금융 체계의 작동이 보여주고 있는 위험들을 축소하는 것으로 파악하고 있다. 위의 논문, 418쪽. 그는 전지구적인 경제의 관리 체계를 발전시키기 위해서 세계 금융당국과 세계 중앙은행의 설립을 제안한다. 같은 논문, 421쪽 참조.

32) 이에 대한 상세한 설명은 앤서니 맥그루, 「전지구 사회?」, 스튜어트 홀 외, 『모더니티의 미래』, 전효관 · 김수진 외 옮김, 서울: 현실문화연구, 2000, 101-103쪽을 참조하기 바람. 이처럼 세계화는 한편으로는 통합의 모습을 보여주기도 하지만, 다른 한편으로는 그에 대립적인 모습도 함께 발생시키기 때문에, 그것은 인류를 보편적 인류공동체로 향하게 하는 단선적인 과정은 아니다. 오히려 세계화 과정은 이 두 특성이 경쟁하고 상호 소통하고 다양한 형태로 융합되어 가는 과정으로 볼 수 있다.

성하는 데 있어 해결해야 할 중요한 문제상황이며 이로 인해 통합과 조화의 방향이 아닌 다양성, 차이, 복수성 등을 증폭시키고 있는 것도 사실이다.[33]

그러나 이와 함께 세계는 정보통신의 발달로 시공적 제약을 벗어나 수평적 네트워크형 소통을 통해 상호 이해와 공유의 폭을 넓혀가고 있다. 이러한 소통에서는 구성원들의 소통을 보장하는 공유 전제들의 상호 인정과 공론장에서의 자유로운 의견 교환과 합리적인 합의 도출 등을 통해 새로운 공집합을 만들어가고 있다. 이는 인류를 그 기초 단위로 하는 공동체 형성의 여명이기도 하다. 특히 사회의 모든 분야뿐만 아니라, 개인적인 일상생활에서까지 세계화의 흐름을 거역할 수 없다는 점을 인정한다면, '하나의 세계'와 하나의 인류를 기본 단위로 하는 철학적 논점이 세계화 과정에서 자연스럽게 요구된다.

이 글에서는 이에 대한 철학적 정당화를 선험화용론에서 제시한 의사소통 공동체 이론을 중심으로 살펴보았다. 선험화용

---

33) 이런 점에서 세계의 본질적인 비일관성을 인정하고, 총체적이고 보편적인 이론적 담론을 통해 이 세계에 질서를 부여하려는 유혹을 피해 가야 한다는 포스트모더니스트들의 주장은 설득력이 있어 보인다. 이들은 보편타당성을 요구하는 사회적 삶을 보편적으로 이해하고 설명할 수 있는 가능성을 부정한다. 그러나 이들은 자신들이 '포스트모던적 지구 공간'이라고 규정한 그 공간에서 이미 인류가 구체적으로 상호 소통하면서 적극적으로 상호 이해하고 상호 동일화되고 있다는 사실을 심각하게 성찰하지 않고 있는 것으로 보인다. 이 점을 고려하고 있는 계몽주의 프로젝트는 이성의 보편성과 과학적 설명의 보편적 성격에 대한 믿음을 전제한다. 이 프로젝트는 보편적 기획에 중점을 두고 있는데, 그 기획은 세계화에 상응하는 세계적 단위에서의 성찰과 성찰의 내용을 강조한다. 위의 논문, 130쪽 참조.

론적 담화윤리학의 방법론을 근거로 한 선험적 공동체주의의 논점은 실재 담화들과 관련해서 선험적으로 이상적인 절차들을 근거설정하는 데 있다. 말하자면, 모든 담화 참가자들의 동일한 권리와 연대책임에 대한 선험적으로 근거설정된 원칙들과 모든 당사자들을 위한 정의의 원칙을 제공한다.34)

보편적으로 타당한 정의의 (그리고 연대책임의) 원칙은 필연적으로 이미 항상 논증하는 모든 사람들을 무제한적인 의사소통 공동체의 구성원으로 상정한다. 그 원칙은 이런 의미에 있어서 특정한 공동체의 구성원들에게 뿐만 아니라, 모든 가능한 의사소통 상대방과 관련해서 인정되어야 한다. 따라서 그것은 엄격한 의미에 있어서 모든 문화전통과 관련해서 그리고 또한 모든 좋은 삶이라는 개인적인 구상과 관련해서도 비당파적이다.

이런 점에서 예를 들자면, 민족을 국가시민이라는 의미의 국민인 정치적 민족으로 이해하는 것과 문화 민족이나 종족 단위로 이해하는 것을 구분할 필요가 있다. 우리가 문화적 전통적 요소만을 강조하면 그것은 특정 공동체의 특수주의에 빠짐으로써 일반화 가능한 규범적 토대, 최종적인 규범적 좌표를 제공하지 못할 것이다. 달리 말하면 국가 내의 특정한 문화적, 종족

---

34) K.-O. Apel, 앞의 논문(1997), 129쪽 참조. 선험화용론적 논증에 따르면, 의사소통을 위해서는 그 소통의 전제로서 네 가지 타당성 요구들 (문장의 이해 가능성, 명제적 부분의 진리성, 수행적 부분의 옳음 그리고 언어 발화자의 진실성)과 논증 참가자들이 상호 전제해야 하는 동일한 권리를 보유한 인격체로서의 모든 논증 구성원들의 상호 인정 등의 윤리적인 규범이 상호 주관적으로 전제된다. 이에 대한 상세한 논의는 권용혁, 앞의 책, 1장 중 26-60쪽을 참조 바람.

적 의미의 민족 개념은 최종의 평가 논점이 될 수 없다. 이런 점에서 국가시민이 준수해야 할 규범적 토대를 인종주의나 종족주의가 아닌 헌법 애국주의에 의기하는 것이 더 실득력이 있다.35)

이보다 더 중요한 점은 세계가 하나의 문명으로 결속되고 있으며 지구촌이 시공간을 뛰어넘어 하나의 공동체화하고 있다는 점이다. 이제는 국민국가적 단위의 개념 설정을 더 넓은 차원으로 재해석해야 하는 단계에 이른 것이다. "민주주의의 범세계적 모델"36)을 제안하는 헬드의 논점도 이러한 맥락에서 이해할 수 있다. 또한 세계적 차원에서 작동하는 민주주의의 가능성을 옹호하는 기든스의 입장도 그 구체적인 사례로 파악된다.37)

---

35) 울리히 뵘 편, 『철학의 오늘』, 이진우 옮김, 서울: 도서출판 끌리오, 1999, 167쪽 이하. 그러나 이 '민족'이라는 개념도 최근 역사의 산물임을 환기시킬 필요가 있다. '민족'이 근대국가를 기초 단위로 하면서 개념화된 것이라고 한다면, 범세계적으로 의사소통이 실질적으로 이루어지고 있는 현재의 세계화를 경험하는 인류는 세계를 하나의 단위로 하는 '시민' 개념에 더 집중해야 할 것이다. '인류'라는 개념은 다인종, 다민족, 다문화, 다국가를 그 안에 포함하고 있다. 이런 점에서 그 개념은 태생적으로 사실적 다층성과 나름의 통일적 정체성을 함께 품고 있다. 이 개념에 걸맞은 내용을 채우기 위해서는 다양한 민족과 인종 그리고 문화들 간의 상호 공존과 이해 그리고 협력적 대화를 이끌 수 있는 기본 틀을 만드는 일이 시급하다.
36) 데이비드 헬드, 「민주주의와 신국제질서」, 롤런드 로버트슨·브라이언 S. 터너 외, 『근대성, 탈근대성 그리고 세계화』, 윤민재 편역, 사회문화연구소, 2000, 362쪽 이하; 데이비드 헬드 외, 『전지구적 변환』, 조효제 옮김, 서울: 창작과비평사, 2002, 712-715쪽.
37) 앤서니 기든스, 앞의 책, 266쪽 이하 참조.

이 논점들은 일차적 세계화 질서에 대항해서 그 대안으로서 이차적 세계화 질서를 구상하는 과정에서 제안된 것들로 간주할 수 있다. 상호 이질적인 다인종, 다문화에도 불구하고 기본적으로 세계화 시대에 세계시민으로서 연대할 수 있는 틀은 국민국가적 단위를 넘어선 세계시민 공동체에서의 민주주의 정착을 그 내용으로 담을 것이기 때문이다.

이 글에서 살펴본 의사소통 공동체 이론과 선험적 공동체주의의 장점은 이러한 틀을 만드는 데 있어 매우 설득력 있는 철학적 방안을 제공하고 있다는 점이다. 인적 소통이 강화되고 있는 실질적인 세계화 시대에 부응하는 민주주의의 틀을 이 이론이 제공하고 있다는 점에서 다른 이론들에 비해서 변별력과 설득력이 있다. 세계시민 공동체의 모든 구성원들에게 그 공동체를 가능하게 하는 조건으로서 생존권과 평등한 권리를 부여한 논점은 정당화 가능하며 현실적인 적실성도 겸비하고 있다는 점에서 앞으로의 논의에서 집중적으로 조명될 것으로 예상된다.

다만 그 논점이 정당화의 수준에서 진행되고 있기 때문에, 세계화의 구체적인 단계에 상응하는 다양한 대응책을 제시하지 못하고 있다는 점에 있어서는 앞으로 많은 보완이 필요하다. 여기서 제시된 논점이 현실 대응전략으로서가 아니라, 규범적인 차원에서 제시된 규제적 이념으로 작동되는 한, 그 한계는 원래부터 그 안에 내포될 수밖에 없는 것이었다. 그럼에도 불구하고 그것이 형식주의에 빠져 있지 않은 것으로 평가될 수 있는 점은 그것이 항상 실재하는 공동체와 상호 보완관계를 맺고 있기 때문이다. 특히 현 단계의 세계화가 통합의 모습이 아니라 분열의 모습이나 파편화의 모습으로 진행되고 있다는 점을 고려한다면, 이러한 보편주의적인 철학적 대안은 역으로 진정한 세계화의 지향점을 논증적으로 보여준다는 점에서 그 현실적 의의를 찾을 수 있을 것이다.

참고문헌

권용혁, 『이성과 사회』, 서울: 철학과현실사, 1998.

＿＿＿, 「세계화와 보편윤리」, 사회와철학연구회, 『세계화와 자아정체성』, 서울: 이학사, 2001.

앤서니 기든스, 『제 3의 길』, 한상진·박찬욱 옮김, 서울: 생각의 나무, 1998.

앤서니 기든스·윌 허튼, 「세계 자본주의, 그 과감한 대처를 위해」, 앤서니 기든스·윌 허튼 편, 『기로에 선 자본주의』, 박찬욱 외 옮김, 서울: 생각의 나무, 2000.

앤서니 기든스, 『질주하는 세계』, 박찬욱 옮김, 서울: 생각의 나무, 2000.

알랭 뚜렌느, 「시민사회에 대한 찬사」, 귄터 그라스 외, 『세계화 이후의 민주주의』, 서울: 평사리, 2005.

앤서니 맥그루, 「전지구 사회?」, 스튜어트 홀 외, 『모더니티의 미래』, 전효관·김수진 외 옮김, 서울: 현실문화연구, 2000.

울리히 벡, 『적이 사라진 민주주의』, 정일준 옮김, 서울: 새물결, 2000.

＿＿＿, 「탈민족국가 사회와 그 적들」, 귄터 그라스 외, 『세계화 이후의 민주주의』, 서울: 평사리, 2005.

울리히 뵘 편, 『철학의 오늘』, 이진우 옮김, 서울: 도서출판 끌리오,

1999.

세계화국제포럼, 『더 나은 세계는 가능하다― 세계화, 비판을 넘어 대안으로』, 이주영 옮김, 서울: 필맥, 2005.

존 톰린슨, 『세계화와 문화』, 김승현·정영희 옮김, 서울: 나남, 2004.

데이비드 헬드, 「민주주의와 신국제질서」, 롤런드 로버트슨·브라이언 S. 터너 외, 『근대성, 탈근대성 그리고 세계화』, 윤민재 편역, 사회문화연구소, 2000.

＿＿＿, 「정치로의 귀환」, 귄터 그라스 외, 『세계화 이후의 민주주의』, 서울: 평사리, 2005.

데이비드 헬드 외, 『전지구적 변환』, 조효제 옮김, 서울: 창작과비평사, 2002.

K.-O. Apel(1973), *Transformation der Philosophie*, Bd. 2, Frankfurt a.M., 1973.

＿＿＿, "Das Anliegen des anglo-amerikanischen >>Kommunitarismus<< in der Sicht der Diskursethik", in: M. Brumlik und H. Brunkhorst(Hg.), *Gemeinschaft und Gerechtigkeit*, Frankfurt a.M.: Fischer Verlag, 1993

＿＿＿, "Das Problem der Gerechtigkeit in einer multikuturellen Gesellschaft?", in: R. Fornet-Betancourt(Hg.), *Armut im Spannungsfeld zwischen Globalisierung und dem Recht auf eigene Kultur*, Aachen: Augustinus-Buchhandlung, 1997.

＿＿＿, "Die Tatsache der >>Globalisierung<< und die Aufgabe der Philosophie", in: K.-O. Apel, V. Hoesle, R. Simon-Schaefer (Hg.), *Herausforderung für die Philosophie*, Universitäts-Verlag Bamberg, 1998.

K.-O. Apel und H. Burckhart(Hrsg.), *Prinzip Mitverantwortung, Verlag Koenigshausen & Nwumann GmbH*, Wuerzburg, 2001.

Ulrich Beck, *Was ist Globalisierung?*, Frankfurt a.M.: Suhukamp Verlag, 1998.

N. Garnham, "The Media and the Public Sphere", in: C. Calhoun (ed.), *Habermas and the Public Sphere*, Cambridge, Mass.: MIT Press, 1992.

Wolfgang Kersting, "Liberalismus und Kommunitarismus", in: *Information Philosophie*, 1993 Juli, S.4-19.

Klaus Mueller, *Globalisierung*, Frankfurt a.M.: Campus Verlag, 2002.

Michael Walzer, *Spheres of Justice*, Basic Books, 1983.

Kwon Yong-Hyek, "Eine Vernunft im Prozess der Golbalisierung", *CONCORDIA* 44, Aachen, 2003.

필자 약력

문성원

서울대학교 철학과 및 동대학원을 졸업하고, 경기대학교, 서울시립대학교, 한국외국어대학교, 서울산업대학교 등에서 강의했으며, 현재 부산대학교 철학과 교수로 재직 중이다. 주요 저서로 『철학의 시추 — 루이 알튀세르의 맑스주의 철학』(백의, 1999), 『배제의 배제와 환대 — 현대와 탈현대의 사회철학』(동녘, 2000) 등이 있으며, 논문으로는 「웰빙에서 윤리로」, 「이미지와 표현의 문제」, 「유물론의 전회?」, 「진리냐 파국이냐」, 「책임 문제에 대한 철학적 일고찰」 등이 있다.

박찬국

서울대학교 철학과를 졸업하고 동대학원에서 석사학위를 받았으며, 독일 뷔르츠부르크대학에서 철학박사학위를 받았다. 호서대학교 철학과 교수를 역임했으며 현재 서울대 철학과 교수로 재직 중이다. 주요 저서로 『니힐리즘의 극복에 대한 하이데거의 존재론적 사유(Die seinsge-schichtliche Überwindung des Nihilismus im Denken Heideggers)』, 『하이데거 — 그의 생애와 사상』, 『에리히 프롬과의 대화』 등이 있고, 역서로는 『헤겔 철학과 현대의 위기』, 『마르크스주의와 헤겔』, 『실존철학과 형이상학의 위기』 등이 있으며, 논문으로는 「하이데거에 있어서 니힐리즘의 극복과 존재 물음」, 「하이데거의 니체 해석에 대한 비판적 고찰」, 「하버마스의 하이데거 해석과 비판에 대한 고찰」, 「현대 기술 문명에 대한 하이데거와 프롬의 사상」 등이 있다.

정재현

서강대학교 철학과를 졸업하고 동대학원에서 석사학위를 받았으며, 미국 하와이주립대학 철학과에서 철학박사학위를 받았다. 서강대, 연세대, 메릴랜드대학 등에서 강의했으며, 현재 제주대학교 철학과 조교수로 재직 중이다.

조은수

서울대학교 철학과에서 석사를 마쳤고, 미국 버클리대학에서 박사학위를 받았다. 미국 미시간대학 조교수를 역임했으며, 현재 서울대 철학과 부교수로 재직 중이다. 전공은 불교철학이다. 역서로 『직지심경』의 영역인 *Jikji: The Essential Passages Directly Pointing at the Essence of the Mind*(John Jorgensen과 공역)가 있고, 논문으로는 "Wonch'uk's Place in the East Asian Buddhist Tradition", 「'통불교' 담론을 통해 본 한국불교사 인식」 등이 있다.

한승완

고려대학교에서 독문학과 철학을 수학한 이후 독일 브레멘대학에서 박사학위를 받았으며, 현재 국제문제조사연구소 선임연구원으로 재직 중이다. 주요 저서로 *Marx in epistemischen Kontexten*, 『공동체란 무엇인가』(공저) 등이 있고, 논문으로 「맑스의 사적 소유 비판과 공공체 사상의 전통」, 「다원주의 시대 합리성으로서 논의적 이성」, 「민주주의의 심화와 동아시아 공동체」, 역서로 『공론장의 구조 변동』 등이 있다.

윤평중

고려대학교 철학과를 졸업하고, 미국 남일리노이 주립대학에서 철학박사학위를 받았다. 버클리대학, 미시간주립대학, 럿거스대학 연구교수를 지냈으며, 현재 한신대학교 철학과 교수로 재직 중이다. 주요 저서로는 『푸코와 하버마스를 넘어서』, 『포스트모더니즘의 철학과 포스트맑스주의』, 『논쟁과 담론』, 『담론이론의 사회철학』, 『주체개념의 비판』(공저) 등이 있고, 역서로는 『비판이론의 이념』(공역) 등이 있으며 사회철학과 정치철학 분야에 걸쳐 다수의 논문이 있다.

허라금

이화여자대학교를 졸업하고 서강대학교에서 박사학위를 받았다. 현재 이화여대 여성학과 교수로 재직 중이다. 여성주의 관점에서 인식론, 윤리학, 사회정치철학 등의 주제를 탐구해 왔으며, 환경, 정책 등 구체적인 문제들로 여성주의 철학적 관심을 확장해 나가고 있다. 주요 저서로 『원칙의 윤리에서 여성주의 윤리로』(철학과현실사, 2004)가 있으며, 논문으로는 「보살핌의 사회화를 위한 여성주의 사유」 등이 있다.

김선욱

숭실대학교 철학과를 졸업하고, 미국 뉴욕주립대학 버팔로대학에서 철학박사학위를 받았다. 현재 숭실대 철학과 교수로 재직 중이며, 사회와철학연구회 총무, 한국정치사상학회 이사, 한국윤리학회 부회장으로 있다. 주요 저서로 『정치와 진리』(책세상, 2001), 『한나 아렌트 정치판단이론』(푸른숲, 2002), 『한나 아렌트가 들려주는 전체주의 이야기』(자음과모음, 2006) 등이 있고, 역서로는 『칸트 정치철학강의』, 『세속화와 현대문명』(공역), 『탈이데올로기 시대의 이데올로기』(공역,), 『예루살렘의 아이히만』, 『정치의 약속』 등이 있으며, 논문으로는 「하버마스 언어철학의 전체론적 특성」 등이 있다.

김형찬

고려대학교 국문학과 및 철학과를 졸업하고 동대학원에서 철학박사학위를 받았다. 한림대학교 부설 태동고전연구소(지곡서당)에서 한문연수과정을 이수하였고, 『동아일보』 학술전문기자를 지냈다. 현재 고려대 철학과 교수로 재직 중이다. 주요 저서로 『오래된 꿈』, 『조선유학의 자연철학』(공저) 등이 있고, 논문으로는 「理氣論의 一元論化 연구」(박사학위논문), 「자연의 도덕성과 근대성의 의미」, 「氣철학에서의 총체적 통찰과 경험적 인식」, 「완결된 질서로서의 理와 미완성 세계의 上帝」 등이 있다.

권용혁

독일 베를린자유대학에서 철학박사학위를 받았으며, 현재 울산대학교 철학과 교수로 재직 중이다.

차이와 갈등에 대한 철학적 성찰

·

2007년 1월 5일 1판 1쇄 인쇄
2007년 1월 10일 1판 1쇄 발행

엮은이 / 한국철학회
발행인 / 전 춘 호
발행처 / 철학과현실사
서울시 서초구 양재동 338-10
전화 579-5908 · 5909
등록 / 1987.12.15.제1-583호

ISBN 89-7775-611-1   03130
값 15,000원